FORUM D PLUS

Die ungestörte Reizung

Dr. Karl-Heinz Kaiser

Deutscher Bridge-Verband e.V.

DEUTSCHER BRIDGE-VERBAND E.V.

Dr. Karl-Heinz Kaiser
FORUM D PLUS – Die ungestörte Reizung
Deutscher Bridge-Verband e.V. 2004
ISBN 3-935485-03-4

Lektorat: Waltraut Vogt, Eckhard Renken
Herausgeber und Verlag: Deutscher Bridge-Verband e.V.

Layout und Druck: Topp+Möller, Detmold

Inhaltsverzeichnis

Vorwort

Dieses Buch ist das Herzstück von drei Lehrbüchern zu FORUM D PLUS. Damit bietet der DBV erstmalig ein vollständig und detailliert beschriebenes Bietsystem für das gehobene Turnierbridge an. Die Paare der französischen Nationalmannschaft (Damen und Herren) haben mit nahezu identischem System Welt- und Europameisterschaften sowie die Bridgeolympiade gewonnen.

Die Philosophie des Systems lässt sich wie folgt charakterisieren: Ein Höchstmaß an Präzision in den Bietsequenzen soll den Spielern perfektes Judgment erlauben. Dabei ist der Anteil natürlicher Bietsequenzen höher als bei vielen anderen Bietsystemen der Spitzenklasse.

Damit Sie dieses Buch nicht nur als Lehrbuch, sondern auch als Nachschlagewerk nutzen können, stehen Ihnen mehrere Suchpfade zur Verfügung:

- das umfangreiche und systematisch aufgebaute Inhaltsverzeichnis,
- das Stichwortverzeichnis,
- das Verzeichnis der Bietsequenzen.

Über das Verzeichnis der Bietsequenzen können Sie prüfen, ob eine spezifische Bietsequenz im Buch behandelt wird, und wenn ja, auf welcher Seite.

Die Zusammenfassung des Inhalts erfolgt nicht kapitelweise, sondern als Kurzbeschreibung des Bietsystems am Ende des Buches. Die Kurzbeschreibung folgt exakt der Gliederung des Buches. Die dort zu jedem Abschnitt angegebenen Seitenzahlen ermöglichen einen gezielten Einstieg in den Langtext.

Praktische Reizübungen stehen jeweils am Ende der einzelnen Kapitel. Für ein intensives praktisches Training des Lehrstoffes am Computer bietet sich vor allem meine FORUM D PLUS-CD an. Zusätzlich ist die FORUM D-CD nützlich, die bereits wesentliche Gebiete wie z.B. 4.Farbe forcing oder Reversereizung trainiert, die dann auf der FORUM D PLUS-CD nicht mehr wiederholt werden. Beide CDs gehören zur DBV-Schriftenreihe.

Ich wünsche Ihnen viele Tops mit präzisen Reizungen nach FORUM D PLUS!

Karl-Heinz Kaiser

A. Blattbewertung und Kontraktentscheidung

I. DIE STANDARD-BLATTBEWERTUNG

Mit Ausnahme von starken Einfärbern und sehr guten Zweifärbern lassen sich Bridgehände im Hinblick auf ihr Stichpotenzial am besten in Punkten bewerten.

1. OHNE FIT

Solange kein Fit gefunden ist, erfolgt die Bewertung in Figuren- und Längenpunkten (FL).

Figurenpunkte:	Ass	= 4 F
	König	= 3 F
	Dame	= 2 F
	Bube	= 1 F

Längenpunkte:

Für jede Karte ab der fünften in einer „entwicklungsfähigen" Farbe zählt man einen Längenpunkt. Als „entwicklungsfähig" gilt eine Farbe dann, wenn sie mindestens drei Figurenpunkte enthält (also mindestens den König oder Dame/Bube).

Beispiele:

	♠ KB864	= 4F (Figurenpunkte) + 1L (Längenpunkt) = 5FL (Figuren-Längenpunkte)
	♠ DB6432	= 3F + 2L = 5FL
	♠ A975432	= 4F + 3L = 7FL
aber:	♠ D97643	= 2F + 0L = 2FL

2. NEUBEWERTUNG NACH GEFUNDENEM FIT

Figurenpunkte zählen unverändert.

Längenpunkte in den Nebenfarben gelten auch nach gefundenem Fit, denn eine gute und lange Nebenfarbe kann auch im Farbspiel zu einer wichtigen Stichquelle werden. In der Trumpffarbe gibt es ex definitione keine Längenpunkte; jedoch sind Verteilungspunkte in der Trumpffarbe möglich (siehe unten).

Verteilungspunkte(V):

➠ Verteilungspunkte für Kürzen

Nach gefundenem Fit rechnet man zusätzlich Verteilungspunkte für Kürzen.

Chicane	= 3V
Single	= 2V
Double	= 1V

- Verteilungspunkte für 9 und mehr gemeinsame Trümpfe
  Die 9. Trumpfkarte in gemeinsamen Händen ist sehr wichtig, sie wird mit 2 zusätzlichen Verteilungspunkten bewertet. Für jede weitere Trumpfkarte ab der 10. addiert man jeweils einen Verteilungspunkt. Derjenige in der Partnerschaft, der als erster erkennt, dass 9 oder mehr Trumpfkarten vorhanden sind, zählt den oder die Verteilungspunkt(e).
- Verteilungspunkt für Doppelfit
  Derjenige in der Partnerschaft, der als erster einen Doppelfit erkennt, rechnet hierfür einen Punkt hinzu.

FV-Punkte

Obwohl man in Nebenfarben durchaus Längenpunkte zählt, spricht man bei Fit der Einfachheit halber von FV-Punkten (Figuren-Verteilungspunkten).

Die dynamische Blattbewertung veranschaulicht am Beispiel:

♠ A K 6 5 4 3	N	♠ D B 8 2
♥ 9	W O	♥ 7 5
♦ A D 8 7		♦ K B 4 3 2
♣ 8 4	S	♣ A 6

Vorabbewertung:	
West: 13F + 2L	= 15FL
Ost: 11F + 1L	= 12FL
Eröffnung West:	1♠
Neubewertung bei Ost:	
Ost erkennt den Pik-Fit:	11F + 1L + 2V für die beiden Doubletons + 2V für die 9.Trumpfkarte (West verspricht 5er-Pik) = 16FV
1. Antwort Ost:	2♦
Neubewertung bei West:	
West erkennt den Karo-Fit:	13F + 2L + 3V für die Kürzen = 18FV (die 9.Karo-Karte auf der Linie erkennt West nicht, denn Ost verspricht 4er-Karo)
2.Gebot West:	3♦
Erneute Neubewertung bei Ost:	
Ost erkennt den Doppelfit:	Im Vergleich zur vorigen Bietrunde addiert er einen weiteren V-Punkt = 17FV
2.Antwort Ost:	3♠

Erneute Neubewertung bei West:
Nun erfährt West, dass Pik die primäre Fit-Farbe ist (Oberfarbe!).

13F
+ 3V für die Kürzen
+ 1 bis 2V für die zusätzliche Trumpf-Karte = 17-18FV

West weiß nicht, ob Ost 3 oder mehr Trümpfe hat;
Längenpunkte in der Trumpffarbe gibt es nicht;
West weiß, dass Osts Blatt durch Erkennen des Doppelfits aufgewertet wurde.

3. AB- UND AUFWERTUNGSFAKTOREN

Um die Blattbewertung weiter zu präzisieren, gilt es zusätzliche Faktoren zu berücksichtigen, die den Wert erhöhen oder vermindern können. Wollte man in der Bewertung in Punkten ganz genau sein, müsste man eine Dezimalstelle hinter dem Komma einfügen. Da das Kopfrechnen mit Bruchteilen von Punkten während der Reizung jedoch unpraktikabel ist, genügt es für eine wesentliche Erhöhung der Genauigkeit schon, ganzzahlig auf- oder abzuwerten; oder im Ausnahmefall auch einmal einen halben Punkt zu addieren oder zu subtrahieren.

Die Auf- und Abwertung um einen halben Punkt kann man im übrigen auch qualitativ vornehmen. Man sagt dann bei einer geringfügigen Abwertung nicht, ich habe statt 14 nur 13,5 Punkte, sondern man spricht (oder denkt) von 14 schlechten Punkten.

Abwertungsfaktoren:

- unbesetzte Figur (z.B. Single K) - 1F
  Eine mit mindestens einer kleinen Karte besetzte Figur ist wertvoller als eine unbesetzte Figur. Des Gegners höhere Figur fängt eine unbesetzte Figur auch dann, wenn letztere dahinter sitzt. Dies gilt natürlich nicht für das Single Ass. Dennoch stellt auch das Single Ass einen Abwertungsfaktor dar, denn die oftmals wichtige Verbindung zum Partnerblatt fehlt in dieser Farbe.
- unbesetzte Figurenkombination (z.B. KD oder AB) - 1F
  Die Abwertung einer unbesetzten Figurenkombination ist in Analogie zur unbesetzten Figur zu sehen.
- Summe der Asse und Zehner = 0 - 1F

  Untersuchungen haben ergeben, dass ein Ass geringfügig mehr als 4 Punkte wert ist.

  Die Zehn ist eine Figur, die jedoch nicht mit Punkten bewertet wird, obwohl klar ist, dass der Besitz einer Zehn manchmal für den Gewinn eines Stiches entscheidend sein kann.

  Die Zehn ist also genau wie das Ass ein wenig unterbewertet.

Statistisch gesehen, stehen jedem Spieler ein Ass und eine Zehn zu. Besitzt nun ein Spieler weder ein Ass noch eine Zehn, dann ist das ein klarer Abwertungsfaktor.
Ist die Summe aus Assen und Zehnen = 1, kann man einen halben Punkt abziehen.

- Figuren in Farben des linken Gegners - 1F
  Die Wahrscheinlichkeit ist groß, dass die Figuren schlecht platziert sind.
- Verlust von Längenpunkten, wenn Gegner in dieser Farbe 5er-Länge gezeigt hat.
  Die Chance auf Längenstiche sinkt drastisch, wenn man weiß, dass einer der Gegner in dieser Farbe eine 5er-Länge hat.

- Im Farbspiel der eigenen Partei:
  K, D, B, wenn Partner Single/Chicane mindestens - 1F
  Figuren in Partners Kürzen sind häufig nutzlos.
- Im Farbspiel, wenn Partners Blatt = Hauptblatt:
  ungeschützte D, B in vom Partner nicht gereizten Farben - 1F
- Längenpunkte bei unausgeglichenen Händen und Missfit abwerten
  Längenpunkte verlieren an Wert, wenn erkennbar wird, dass beide Blätter einer Partei unausgeglichen sind und ein Missfit vorliegt.

Süd	West	Nord	Ost
			1♠
	2♦		2♥
	?		

West:
♠ 7
♥ 6
♦ K D 10 7 6 4
♣ A D 8 6 3

Ost:
♠ A D 10 6 4
♥ A D 5 3
♦ 2
♣ 9 7 2

West hat 14FL, Ost 13FL. Doch es bestehen nur sehr geringe Chancen, das Potenzial an Längenpunkten in Stiche umzumünzen. West soll daher seine Längenpunkte abwerten und ein Gebot wählen, dass die Chance auf einen Teilkontrakt offen lässt.
West ist gut beraten, weder 3SA noch 3♣ (4.Farbe forcing, partieforcierend) zu bieten. Er sollte sich zwischen den passbaren Geboten 2SA und 3♦ entscheiden.

Tipp für den Antwortenden:
Ist nach Partners Rebid ein Missfit erkennbar und hat der Partner einen Einfärber oder Zweifärber gezeigt, dann sollte der Antwortende Längenpunkte in seinem Blatt vernachlässigen, es sei denn die Farbe ist sehr solide.

Aufwertungsfaktoren:
Die Aufwertungsfaktoren sind weitgehend ein Spiegelbild der Abwertungsfaktoren:

- mindestens 3 Zehnen + 1F
  bzw. Summe aus Assen + Zehnen mindestens = 4 + 1F
- Figuren in Partners Farben + 0,5F
- Top-Figuren in Farben des rechten Gegners + 1F
- Im Farbspiel der eigenen Partei:
  - Doppelfit + 1V
  - Single/Chicane in Gegnerfarbe + 1V
    Achtung: In den Lehrbüchern zur Wettbewerbs- und Gegenreizung werden an manchen Stellen die Punkt-Anforderungen für bestimmte Gebote herabgesetzt, wenn man ein Single in Gegnerfarbe besitzt. Folgt man dieser Empfehlung, dann darf man nicht zusätzlich noch das Blatt vorab aufwerten. Denn damit würde man den Fehler begehen, die Kürze in Gegnerfarbe zweimal zu berücksichtigen.
- Figuren in den Längen sind oft wertvoller als in kurzen Farben.

II. DIE BEWERTUNG VON STARKEN EINFÄRBERN

Starke Einfärber sollte man nach Spielstichen bewerten.
Die Stiche, die man mit einem Blatt ohne besondere Hilfe des Partnerblattes voraussichtlich erzielen kann, wenn die eigene Partei den Kontrakt ersteigert, nennt man Spielstiche.
Spielstiche = Figurenstiche (in kurzen Farben) + Stiche in langer Farbe

1. FIGURENSTICHE

A K D	=	3	Figurenstiche
A K B oder A D B	=	2,5	Figurenstiche
A K oder K D B oder A D 10	=	2	Figurenstiche
A D oder K B 10 oder K D x	=	1,5	Figurenstiche
A oder K D(sec) oder K B x oder D B 10	=	1	Figurenstich
K x oder D B x	=	0,5	Figurenstich

Die angegebenen Werte sind teilweise Näherungswerte.

Wenn man den Stichwert von Figurenkombinationen nicht auswendig lernen will, kann man auch in jedem Einzelfall die Überlegung anstellen, wie viel Stiche man wahrscheinlich in der Farbe erzielen kann, vorausgesetzt, man muss die Farbe nicht aus der eigenen Hand spielen.

NB: Figurenstiche sind verwandt mit Defensivstichen. Allerdings ist das Defensivstichpotenzial bei aus 3 Figuren bestehenden Kombinationen geringer – wegen der Wahrscheinlichkeit, dass der Gegner die 3. Runde schnappen kann.

2. STICHE IN DEN LANGEN FARBEN

Bei soliden oder semisoliden Farben ist die Rechnung einfach. Die Stiche lassen sich unmittelbar zählen.

Beispiele: A K D B x x = 6 Spielstiche
K D B 10 9 x = 5 Spielstiche

Doch wie sieht die Rechnung bei Farben aus, die weniger solide sind?
Figurenstiche + Längenstiche

Zunächst zählt man die Figurenstiche in der Farbe.
Dann zählt man die Längenstiche:

- Bei 4er-, 5er- und 6er-Farben
  ist die 4. Karte einen halben Spielstich wert,
  die 5. und 6. Karte zählt jeweils einen vollen Spielstich.
  Besitzt das Blatt noch Mittelwerte (B, 10, evtl. 9), die bei der Berechnung der Figurenstiche noch nicht berücksichtigt wurden, kann man die 4. Karte, insbesondere bei 6er-Farben, als vollen Spielstich rechnen.
- Bei 7er-Farben ist die 4. Karte in jedem Falle als voller Spielstich zu werten.

➠ Das Stichpotenzial von noch längeren Farben wächst progressiv.

Beispiele:

A D x x x x	= 1,5 Figurenstiche	+ 2,5	Längenstiche	= 4	Spielstiche
K B 10 x x	= 1,5 Figurenstiche	+ 1,5	Längenstiche	= 3	Spielstiche
K D x x x x x	= 1,5 Figurenstiche	+ 4	Längenstiche	= 5,5	Spielstiche

III. DIE BEWERTUNG VON STARKEN ZWEIFÄRBERN

Solange Hände ausgeglichen oder annähernd ausgeglichen verteilt sind, ist die Blattbewertung nach FL-Punkten am genauesten. Dies gilt auch noch für 5-4-Zweifärber.

Extremere Zweifärber bewertet man jedoch genauer nach Verlierern (Loser).

Die Verlierer zählt man wie folgt:

Pro Farbe mit mindestens 3er-Länge hat ein Blatt maximal 3 bzw. 3,5 Verlierer. Für jede Topfigur (A,K,D) in einer Farbe zieht man einen Verlierer ab.

Ein Doubleton kann höchstens 2 Verlierer aufweisen. Für Ass oder König kann man jeweils einen Verlierer abziehen.

Ein Singleton stellt einen Verlierer dar. Ein Singleton Ass rechnet man als keinen Verlierer.

Beispiel: ♠ 3
♥ A D B 10 4 2
♦ A D B 4
♣ 4 2

Das Blatt zählt 5 Loser.

Insbesondere, wenn man die Loser-Zählung zur Blattbewertung verwendet, bevor ein Fit gefunden ist, sind auch die Mittelwerte zu beachten. Als Mittelwerte zählen B, 10, 9. Bei fehlenden Mittelwerten, wichtig ist vor allem der Bube, sollte man bei 4er- und 5er-Längen einen halben Verlierer hinzuzählen. Dies gilt abgeschwächt auch noch für 6er-Längen.

Praktischer Tipp für weniger routinierte Spieler:

Verzichten Sie auf die Loserzählung. Bleiben Sie auch bei starken Zweifärbern bei der Zählung nach FL-Punkten. Wenn Sie jedoch einen Fit gefunden haben, addieren Sie 2 Punkte zu den nach dem üblichen Verfahren ermittelten FV-Punkten.

Denn: Nach gefundenem Fit lassen sich mit einem schönen Zweifärber häufig mehr Stiche erzielen, als man auf FV-Punktbasis erwarten kann.

IV. KONTRAKTENTSCHEIDUNG BEI BEWERTUNG IN PUNKTEN

Eine Kontraktentscheidung basiert immer auf der ermittelten gemeinsamen Stärke der Partnerhände. Die gemeinsame Stärke lässt sich nur mit einem präzisen Bietsystem hinreichend genau ermitteln, welches überdies von beiden Partnern beherrscht werden muss.

Das freiwillige Reizen von Vollspielen oder Schlemms ist erst ab einer gewissen Mindeststärke empfehlenswert:

		Stichanzahl:
3 SA:	25 FL	9
4 ♥ / 4 ♠:	27 FV	10
5 ♣ / 5 ♦:	30 FV	11
Kleinschlemm:	33 FV (Farbspiel) bzw. 33 FL (SA)	12
Großschlemm:	37 FV (Farbspiel) bzw. 37 FL (SA)	13

Übungen zu Kap. A.

① Bewerten Sie Ihr Blatt nach Punkten.
Bei jeder der folgenden Hände hat der Partner 1♠ eröffnet:

a)	b)	c)
♠ B 8 6 5 4	♠ A 7 6	♠ 4
♥ A 7 6	♥ B 8 7 6 4	♥ B 8 7 6 4
♦ 7	♦ 4	♦ A 7 6
♣ D B 10 4	♣ D B 10 4	♣ D B 10 5

② Bewerten Sie Ihr Blatt nach Punkten.
Bei jeder der folgenden Hände hat der Partner 1♣ eröffnet.

a)	b)	c)
♠ A 6 5	♠ K 6	♠ 4
♥ 5	♥ A B 4	♥ D B
♦ K B 9 7 6	♦ 7 5	♦ K B 6 4 2
♣ D B 10 6	♣ D 10 8 6 5 3	♣ A 10 8 6 3

③ Bewerten Sie Ihren starken Einfärber nach Spielstichen.

a)	b)	c)
♠ A D B 10 6 4	♠ A D 6 5 4 2	♠ K B 3
♥ 2	♥ K D 3	♥ 6
♦ A K B 8	♦ A K	♦ A B
♣ K 3	♣ B 10	♣ K D B 8 7 6 2

④ Bewerten Sie Ihren starken Zweifärber nach Verlierern.

a)	b)	c)
♠	♠ K 9 8 6 5	♠ D B 9 7 6 5
♥ K B 10 7 6 4	♥ A K D 6 2	♥ K D 9 7 2
♦ A D 8 7 6	♦ K D	♦ A D
♣ D B	♣ A	♣

Lösungen:

① a) 8 F + 2 V für Singleton + 3 V für 9. + 10. Trumpf = 13 FV
b) 8 F + 2 V für Singleton = 10 FV
c) 8 F = 8 FL

---

② a) 11 F + 1 L = 12 FL (Fit in Treff nicht sicher)
b) 10 F + 2 V für Doubletons + 2 V für 9. Trumpf = 14 FV
c) 11 F + 1 L (in Karo) + 2 V für Singleton + 1 V für Doubleton - 1 V für unbesetzte Figuren = 14 FV

---

③ a) 5,5 in Pik + 3 in Karo + 0,5 in Treff = 9 Spielstiche
b) 4 in Pik + 1,5 in Coeur + 2 in Karo = 7,5 Spielstiche
c) 1 in Pik + 1 in Karo + 6 in Treff = 8 Spielstiche

---

④ a) 2 in Coeur + 1,5 in Karo + 2 in Treff = 5,5 Verlierer
b) 2,5 in Pik + 0,5 in Coeur + 1 in Karo = 4 Verlierer
c) 2 in Pik + 1,5 in Coeur + 0,5 in Karo = 4 Verlierer

Merke: Starke Einfärber nach Spielstichen bewerten.
Starke Zweifärber nach Verlierern bewerten.

B. 1 in Farbe und Folgereizung

I. ERÖFFNUNG 1 IN FARBE

Die Eröffnung mit 1 in Farbe ist die mit Abstand häufigste Eröffnung. Dennoch hat sie gegenüber anderen Eröffnungen nachgeordnete Priorität. Erfüllt also ein Blatt die Anforderungen an eine präzise Eröffnung 1SA oder 2SA, dann haben diese Eröffnungen Vorrang. Oder entspricht ein Blatt einem der Typen, für die die 2♣-Eröffnung vorgesehen ist, dann soll 2♣ und nicht 1 in Farbe eröffnet werden.

Mindeststärke:
Entweder 12F oder 13FL gilt als Untergrenze.
Aufwertungsfaktoren können dazu führen, dass um einen Punkt schwächere Blätter ebenfalls als vollwertige Eröffnungen anzusehen sind. Dies gilt vor allem dann, wenn die Punkte in den langen Farben konzentriert sind und das Blatt der 20er-Regel genügt.

Die 20er-Regel:
Anzahl der Figurenpunkte + Anzahl der Karten in den beiden längsten Farben beträgt mindestens 20.

a)	b)	c)
N / W O / S	N / W O / S	N / W O / S
♠ K D 10 7 6	♠ K 4	♠ 5
♥ 8 7	♥ D B 7 5 4	♥ D B 10 6 5
♦ A D 9 2	♦ A 9 5 4	♦ 8 6
♣ 6 2	♣ B 9	♣ A K 9 5 2
1♠	passe	1♥

a) Die Figuren sind in den beiden langen Farben konzentriert. 11F + 9 Karten in den beiden langen Farben ergibt 20. Eine vollwertige Eröffnung.
b) Die Figuren sind teilweise in den kurzen Farben angesiedelt.
c) Zwar nur 10F, dennoch ist die 20er-Regel perfekt erfüllt.

Maximalstärke:
Bis 23FL kann eine 1 in Farbe-Eröffnung stark sein.
Wenn ein Blatt jedoch den Kriterien für eine starke 2er-Eröffnung (2♣, 2♦, 2SA) genügt, dann haben diese Eröffnungen Vorrang. Die Kapitel über die starken 2er-Eröffnungen enthalten Beispiele für die Abgrenzung zur Eröffnung mit 1 in Farbe.

Wahl der Eröffnungsfarbe:
Im Prinzip eröffnet man die längste Farbe.
Die Eröffnung mit 1♥ oder 1♠ verspricht allerdings mindestens 5er-Länge.

Mit weniger als 5 Karten in einer Oberfarbe eröffnet man die längere Unterfarbe. Sind die Unterfarben gleichlang, dann gilt:

- 3-3-Verteilung: immer 1♣
- 4-4-Verteilung: immer 1♦

Die 1♦-Eröffnung stützt sich also fast immer auf mindestens 4 Karo-Karten. Nur bei der 4-4-3-2-Verteilung mit zwei 4er-Oberfarben und Doubleton in Treff hat die 1♦-Eröffnung lediglich 3 Karten in Karo. Darüber hinaus erkennt der Antwortende in vielen Fällen unmittelbar am Rebid des Eröffners, ob dieser definitiv 4er-Karo hat: Bietet der Antwortende nämlich 1 in Oberfarbe und der Eröffner hebt diese Farbe nicht, dann hat er nicht 4-4 in den Oberfarben und folglich muss er mindestens 4er-Karo besitzen.

<u>Eröffnung mit zwei 5er-Farben:</u>
Grundsätzlich beginnt man mit der höheren Farbe, ausgenommen ist lediglich ein 5-5-Zweifärber in Pik und Treff ab 14F. Diesen eröffnet man mit 1♣.

a) S	b) S	c) S
♠ K 10 8 6 4	♠ K D 9 5 4	♠ A D B 7 6
♥ –	♥ 9 6	♥ A 6
♦ A K D 9 5	♦ B	♦ 7
♣ K 10 2	♣ A D 10 9 3	♣ K B 10 9 4
1♠	1♠	1♣

a) Dem Grundprinzip folgend: Mit der höheren 5er-Farbe beginnen.
b) Der Zweifärber in Pik und Treff mit weniger als 14F wird mit 1♠ eröffnet.
c) 15F sind ausreichend, um mit 1♣ eröffnen zu können. Antwortet der Partner 1SA (8-10), ist man stark genug, um forcierend 2♠ bieten zu können.

Eröffnung mit einem 5-6-Zweifärber:

Hat die höhere Farbe 5 Karten, die niedrigere 6 Karten, gilt folgende Regel:

bis maximal 4 Verlierer: die längere Farbe eröffnen, anschließend kann man die höhere Farbe teuer nachreizen;

mehr als 4 Verlierer: Farben als gleichlang behandeln und mit der höheren Farbe beginnen, die 6er-Farbe billig nachreizen (Ausnahme ♠ + ♣).

a)

N
W O
S

♠ K D B 7 4
♥ A D 8 7 4 3
♦ 8
♣ 2

1♠

b)

N
W O
S

♠ 4
♥ A D B 9 2
♦ 7
♣ K D B 10 7 3

1♣

c)

N
W O
S

♠ A K 8 6 3
♥ 8 4
♦
♣ D B 10 6 5 2

1♣

a) Mit 4,5 Verlierern (1,5 Verlierer in Coeur!) ist das Blatt ein wenig zu schwach, um mit 1♥ zu beginnen. Ein 5-3-Pik-Fit könnte verloren gehen.

b) In jeder Farbe 1 Verlierer. Gerade stark genug, um auf eine 1♠-Antwort des Partners 2♥ nachreizen zu können.

c) Trotz der 5,5 Verlierer ist es in diesem Ausnahmefall richtig, mit der längeren Treff-Farbe zu beginnen. Die Gefahr, dass bei dieser extremen Verteilungshand der Gegner passt und der Partner mit 1SA antwortet, ist sehr gering.

Übungen zu Abschnitt B.I.

①

N
W O
S

Teiler Süd, alle in Gefahr

♠ D B
♥ K B 6
♦ B 9 7 6
♣ A 7 3 2

Süd	West	Nord	Ost
?			

---

②

N
W O
S

Teiler Süd, alle in Gefahr

♠ A K 7 6 5
♥ 10 5
♦ 7
♣ A D B 3 2

Süd	West	Nord	Ost
?			

---

③

N
W O
S

Teiler Süd, Ost/West in Gefahr

♠ 4
♥ A 10 8 7 6
♦ K D 9 8 6 4
♣ A

Süd	West	Nord	Ost
?			

---

④

N
W O
S

Teiler Süd, keiner in Gefahr

♠ D B 10 7 6
♥ 6
♦ A K 8 6 5
♣ 7 4

Süd	West	Nord	Ost
?			

---

⑤

N
W O
S

Teiler Süd, keiner in Gefahr

♠ D 10 9 5
♥ A B 10 8
♦ A 10 6
♣ 7 3

Süd	West	Nord	Ost
?			

Lösungen:

① Passe. Süd hat zwar 12F, aber deutliche Abwertungsfaktoren: unbesetzte Figuren in Pik, die Summe aus Assen und Zehnern ist kleiner als 2.

---

② 1♣. 5-5 in Pik und Treff soll man ab 14F mit 1♣ eröffnen. Antwortet der Partner 1SA, ist man stark genug, um 2♠ nachzureizen. Immerhin verspricht 1SA auf 1♣ 8-10FL.

---

③ 1♥. Das Blatt hat 5 Verlierer: 1 in Pik, 2,5 in Coeur, 1,5 in Karo. Mit mehr als 4 Verlierern bei einem 5-6-Zweifärber mit der höheren Farbe beginnen. Man ist nicht stark genug, um einen teuren Zweifärber zu bieten.

---

④ 1♠. Das Blatt besitzt zwar nur 10F und 12FL, aber die Bedingungen der 20er-Regel sind erfüllt. 10 Karten in den beiden längsten Farben + 10 F ergeben in der Summe 20. Die Punkte sind in den langen Farben.

---

⑤ 1♦. Wegen der Asse und der guten Mittelwerte die 11F auf 12 aufwerten. Mit 4-4-3-2-Verteilung 1♦ eröffnen.

Merke: Kleben Sie in der Blattbewertung nicht zu sklavisch an Figurenpunkten. Ziel ist es, das Stichpotenzial zu ermitteln.

II. DAS ERSTE GEBOT DES ANTWORTENDEN

1. ANTWORTEN AUF EINE OBERFARB-ERÖFFNUNG

Hat der Antwortende Fit zur Oberfarb-Eröffnung des Partners, dann ist es vorrangig, diesen Fit sofort zu zeigen. Vorausgesetzt, man hat ein der Stärke des Blattes adäquates Unterstützungsgebot zur Verfügung.

Für Reizungen ohne Fit zur Eröffnungsfarbe gilt:
Nach der 1♥-Eröffnung sollte man das Zeigen einer Pik-Farbe nicht versäumen. Hat man aber eigene Eröffnungsstärke und eine längere Unterfarbe, dann reizt man zunächst die längste Farbe und kann dann die Pik-Farbe anschließend bieten. Wichtig ist, dass kein Oberfarb-Fit verloren geht.

1.1. UNTERSTÜTZUNGSGEBOTE

Mit weniger als eigener Eröffnungsstärke zeigt man den Oberfarb-Fit fast immer sofort:

- Hebung auf die 2er-Stufe: 6-10FV, mindestens 3 Trümpfe
- Hebung auf die 3er-Stufe: 11-12FV, mindestens 4 Trümpfe
- Hebung auf die 4er-Stufe: Sperrgebot, unausgeglichene Verteilung, meist 5 Trümpfe
- 2SA: 3 Trümpfe, 11-12FV (evtl. bis 13F mit 4-3-3-3-Verteilung)
- 3SA: 4 Trümpfe, 13-15FV, ca. 10F, tendenziell ausgeglichen (keine gute 5er-Nebenfarbe)

Der Partner auf Nord eröffnet 1♠:

a)	b)	c)
♠ B 8 6	♠ A 8 6	♠ K 8 7 2
♥ 7	♥ K 9 2	♥ 7 5
♦ 10 8 6 5 3	♦ D 9 7 5	♦ A 7 5 4 2
♣ K 10 9 6	♣ B 10 3	♣ 10 9
2♠	2♠	3♠

a) 6FV, gerade Minimum für die einfache Hebung.

b) 10FV, Maximum für die einfache Hebung.

c) 7F + 1L + 2V für die Kürzen + 2V für das neunte Trumpf = 12FV

Der Partner auf Nord eröffnet 1♠:

d) N / W O / S

♠ D 8 6 3 2
♥ 7
♦ 10 8 6 5
♣ K 6 2

4♠

e) N / W O / S

♠ A 8 6
♥ 2
♦ K D 9 7
♣ 10 8 7 3 2

2SA

f) N / W O / S

♠ 8 7 2
♥ A K 7 5
♦ D B 5 4
♣ 10 9

2SA

d) Sperrgebot; die Punkte, insbesondere die Figurenpunkte sind nicht maßgeblich.
e) 11FV und 3 Trümpfe sind passend für das konventionelle 2SA-Gebot. Eine ausgeglichene Verteilung ist keineswegs erforderlich.
f) Ebenfalls 11FV. Das 4er-Coeur hindert nicht an der konventionellen Unterstützung in Pik.

Der Partner auf Nord eröffnet 1♠:

g) N / W O / S

♠ A B 8 6
♥ A 7 2
♦ D 8 6 5
♣ 9 6

3SA

h) N / W O / S

♠ A 8 6 3 2
♥ K 10 2
♦ 9 7 5
♣ 6 4

3♠

i) N / W O / S

♠ K 8 7 2
♥ 7 5
♦ A D 5 2
♣ A 10 9

2♦

g) Das konventionelle 3SA verspricht 4er-Pik, 13-15FV, tendenziell ausgeglichen. Die Hand hat 14FV.
h) Wegen der ausgeglichenen Verteilung wäre der Sprung auf 4♠ unklug.
i) 16FV sind zu viel für eine unmittelbare Pik-Unterstützung.

Der Partner auf Nord eröffnet 1♠:

j) N / W O / S

♠ B 10 6
♥ 7
♦ A D 6 5 3
♣ K 10 9 6

2♦

k) N / W O / S

♠ A 8
♥ K 9 2
♦ B 10 7 5
♣ D B 8 3

2♣

l) N / W O / S

♠ K 2
♥ K 5 3
♦ A 5 4 2
♣ K B 9 2

2♣

j) Für 13FV und 3 Atouts gibt es kein direktes Unterstützungsgebot.

k) Die richtige Hand für eine natürliche 2SA-Antwort. Doch Vorsicht! 2SA steht als natürliches Gebot nicht mehr zur Verfügung.

l) Würde man 3SA als natürlich spielen, wäre dies die ideale Hand für diese Antwort. Da 3SA jedoch 4 Trümpfe verspricht, muss Süd zunächst ein Farbgebot abgeben.

Warum 3SA als konventionelle Antwort mit 4 Trümpfen?

Im Basissystem FORUM D zeigt die direkte Hebung ins Oberfarbvollspiel (1♠-4♠) 13-14FV und mindestens 4 Trümpfe. Das heißt, für schwache unausgeglichene Hände mit vielen Trümpfen steht die Sprunghebung ins Oberfarbvollspiel nicht zur Verfügung. Es lohnt sich jedoch, mit einer interessanten Verteilung und einem guten Fit sofort zu sperren. Die Sperre erschwert dem Gegner den Eintritt in die Reizung und die Entdeckung des besten Fits auf der optimalen Bietstufe.

Das konventionelle 3SA mit 4 Trümpfen ist ein ambivalentes Gebot: Einerseits beschreibt es sehr gut das Blatt und stellt das Erreichen des Oberfarbvollspiels sicher, andererseits besitzt es jedoch auch Sperrwirkung gegenüber dem Gegner. Riskiert der Gegner eine Reizung oberhalb von 3SA, kann der Gegner häufig strafkontriert werden, denn der Eröffner weiß, dass sein Partner Figurenpunkte besitzt.

Das konventionelle 3SA mit 4 Trümpfen entspricht im übrigen der Super-Truscott-Konvention in der Wettbewerbsreizung – nach Informationskontra des Gegners in 2.Hand.

Warum 2SA als konventionelle Oberfarb-Unterstützung?

Damit der „natürliche" Weg, 3 Trümpfe mit 11-12FV zu beschreiben, für einen anderen Blatttyp frei wird.

Begründung:

Wenn 2SA nicht als konventionelle Oberfarbunterstützung definiert ist, dann bietet man mit 3 Trümpfen und 11-12FV zunächst eine neue Farbe; in den allermeisten Fällen auf der 2er-Stufe. Wiederholt dann der Eröffner seine Farbe, zeigt die Hebung auf die 3er-Stufe den Fit mit 11-12FV. So weit, so gut.

Doch Probleme, den Fit zu zeigen, hat der Antwortende dann mit Händen ab 16FV:

	N	
W		O
	S	

♠ 8 6
♥ K B 7
♦ A K 8 6
♣ A B 10 2

Süd	West	Nord	Ost
		1♥	
2♣		2♥	
?			

Was soll der Antwortende bieten, wenn 3♥ an dieser Stelle 11-12FV und 4♥ 13-15FV zeigt?

Der Antwortende ist mit Händen ab 16FV gezwungen, nochmals eine neue Farbe zu bieten, um zu forcieren. Erst in der 3.Bietrunde kann man den Fit offenbaren. Das Ziel ist jedoch, schon auf der 3er-Stufe forcierend den Fit zeigen zu können und dabei ab 16FV zu versprechen. Dann hat man genügend Bietraum, um sachverständig die Schlemmchancen ausloten zu können.

Schon im Basissystem FORUM D kann man den Fit ab 16FV dann adäquat zeigen, wenn der Eröffner nicht seine Farbe wiederholt, sondern eine neue Farbe bietet:

	N	
W		O
	S	

♠ A 8
♥ K B 7 2
♦ 9 8
♣ A B 10 8 2

Süd	West	Nord	Ost
		1♥	
2♣		2♦	
3♥			

In FORUM D PLUS kann man analog den Oberfarb-Fit forcierend auf der 3er-Stufe auch dann zeigen, wenn der Partner seine Eröffnungsfarbe auf der 2er-Stufe wiederholt:

Süd	West	Nord	Ost
		1♥	
2♦		2♥	
3♥ = ab 16FV !			

Um diese starke forcierende Hebung im System zu ermöglichen, muss man 3 Trümpfe und 11-12FV anders zeigen können: mittels der konventionellen ersten Antwort 2SA.

Die verzögerte Unterstützung auf der 3er-Stufe zeigt allerdings nur dann ab 16FV, wenn der Antwortende zuvor 2 über 1 geboten hat. Besitzt der Antwortende mindestens 4er-Pik und 3er-Anschluss zu Partners eröffneter Coeur-Farbe mit 11-12FV, dann bietet er zunächst 1♠, um den möglichen 4-4- oder 5-4-Fit in Pik zu entdecken. Ein anschließendes 3♥ zeigt dann die einladende Stärke von 11-12FV:

N
W O
S

♠ D 9 8 7
♥ K 7 3
♦ 9 8
♣ A D 10 8

Süd	West	Nord	Ost
		1♥	
1♠		2♦	
3♥			

N
W O
S

♠ D 9 8 7
♥ K 7
♦ 9 8 2
♣ A D 10 8

Süd	West	Nord	Ost
		1♥	
1♠		2♥	
3♥			

Nach der ersten Antwort 1 über 1 ist die anschließende Unterstützung der eröffneten Oberfarbe auf der 3er-Stufe nach wie vor nur einladend, also passbar.

<u>Warum mit 3 Trümpfen und 11-12FV nicht unmittelbar im Sprung auf die 3er-Stufe heben?</u>

<u>Warum die Differenzierung zwischen Fit mit 3 Trümpfen und Fit mit 4 Trümpfen?</u>

Dies ist vor allem wesentlich, wenn der Gegner sich einmischt und eine kompetitive Reizung sich entwickelt. Für eine intelligente Entscheidung nach dem „Law of Total Tricks" ist es wichtig, möglichst genaue Informationen über die gemeinsame Anzahl der Trümpfe zu besitzen. Je mehr Trümpfe man zusammen mit dem Partner hat, desto eher ist es angezeigt, noch eine Stufe höher zu reizen, anstatt den Gegner zu kontrieren oder zu passen.

Je größer der eigene Fit ist, desto mehr sollte man außerdem darauf bedacht sein, dem Gegner den Einstieg in die Reizung zu erschweren. Der direkte Sprung auf die 3er-Stufe raubt dem Gegner sehr viel Bietraum (1♠-3♠), andererseits steht die Reizung für die eigene Partei so hoch, dass dem Eröffner für seine Entscheidung, Vollspiel anzusagen oder nicht, kein Versuchsgebot mehr zur Verfügung steht. Mit lediglich einem 5-3-Fit verliert dagegen das Sperrmotiv an Wichtigkeit. Dafür steht dem Eröffner noch etwas Bietraum für ein Versuchsgebot zur Verfügung.

Splinter:

Nach Partners Oberfarb-Eröffnung ist der Doppelsprung in einer neuen Farbe ein Splintergebot.

Süd	West	Nord	Ost
1♠		4♦	

Süd	West	Nord	Ost
1♥		3♠	

Der Doppelsprung („ungewöhnlicher Sprung") verspricht:

- Single oder Chicane in der gereizten Farbe,
- mindestens 4 Trümpfe in Partners Oberfarbe,
- ab 15FV.

	N	
W		O
	S	

♠ D 9 8 7
♥ 7
♦ A 8 3 2
♣ A D 10 8

Süd	West	Nord	Ost
		1♠	
4♥			

Kapitel B.III.1.1, Seite 46 zeigt, wie der Eröffner auf ein Unterstützungsgebot unterhalb von Vollspiel reagiert.

Wenn man die optionale Zusatzkonvention Steenberg in sein Bietsystem aufnimmt, hat dies notwendigerweise Einfluss auf die Bedeutung anderer Unterstützungsgebote. Vgl. Kapitel G.II, Seite 330.

1.2. 1♠ AUF 1♥

1♠ auf 1♥ verspricht 4er-Pik ab 6FL (evtl. auch gute 5F). Die Antwort in einer neuen Farbe ist in der Stärke nach oben unlimitiert und forciert für eine Runde.

Ohne Cœur-Fit und unter Eröffnungsstärke hat das Zeigen einer Pik-Farbe mit mindestens 4er-Länge oberste Priorität :

♠ 9 8 7 2
♥ 9 7
♦ 8 2
♣ A D 10 8 7

Süd	West	Nord	Ost
		1♥	
1♠			

Erst ab eigener Eröffnungsstärke reizt der Antwortende eine längere Unterfarbe vor einem 4er-Pik.

Denn dann ist er stark genug, um in der nächsten Bietrunde das 4er-Pik mittels einer partieforcierenden Reversereizung noch zu zeigen:

♠ A 8 7 2
♥ 9 7
♦ K 2
♣ A D 10 8 7

Süd	West	Nord	Ost
		1♥	
2♣		2♥	
2♠			

<u>Ein 4er-Pik mit einer schwachen Hand verheimlichen?</u>

Im Bridge kann es wichtig sein, ein Problem zu antizipieren:

♠ B 8 7 2
♥ 9
♦ 8
♣ K D 10 8 7 3 2

Süd	West	Nord	Ost
		1♥	
??			

Wenn Sie hier routinemäßig 1♠ antworten: Was denken Sie, ist Partners wahrscheinlichstes Rebid, wenn der Gegner sich nicht einmischt? Richtig! 2♦! Und dann?? 3♣ im Wiedergebot des Antwortenden würde keine echte Farbe zeigen, sondern wäre 4.Farbe forcing, auf der 3er-Stufe mindestens zum Vollspiel forcierend. Sie wären hoffnungslos in der Falle.

Antizipieren Sie also dieses Problem und bieten Sie nicht 1♠, sondern 1SA. Jetzt haben Sie Ihre Stärke limitiert. Bietet Partner nun wie erwartet 2♦, können Sie nonforcing 3♣ reizen.

Kap.B.III.2., Seite 52 zeigt, wie der Eröffner auf die 1♠-Antwort reagiert.

1.3. Neue Farbe auf 2er-Stufe

2♣ oder 2♦ auf Oberfarb-Eröffnung:

Die Antwort mit 2 in Unterfarbe ist selbstforcierend und zeigt:
- mindestens 4er-Länge,
- ab 11FL (oder ab 13FV mit Fit zu Partners Oberfarbe).

Süd	West	Nord	Ost
		1♠	
2♣			

a) N / W O / S
♠ 7 5
♥ D 8 5
♦ A 10 6 5
♣ K D 7 6

b) N / W O / S
♠ D B 7
♥ A D 6 4
♦ 6 4
♣ K B 7 5

a) Vorsicht! Nicht 2SA bieten. Denn 2SA ist konventionell und verspricht 3 Trümpfe zu Partners Oberfarb-Eröffnung. Mit zwei 4er-Farben ökonomisch reizen.
b) Das Blatt besitzt 14FV. Den Pik-Fit mit 13-15FV will man in der nächsten Runde durch den Sprung in 4♠ zeigen.

Hat der Antwortende gleichlange Farben, dann gilt:
- von 4er-Farben diejenige bieten, die man am sparsamsten zeigen kann,
- von 5er-Farben mit der höheren beginnen.

2♥ auf 1♠:

Dies ist selbstforcierend und verspricht:
- mindestens 5er-Länge,
- ab 11FL (oder ab 13FV mit Fit in Pik).

Süd	West	Nord	Ost
		1♠	
2♥			

a) N / W O / S
♠ 6
♥ A B 10 7 4
♦ K D 6 3 2
♣ 8 4

b) N / W O / S
♠ B 8 5 2
♥ K D 9 5 4
♦ 2
♣ K 7 5

a) 12FL. Trotz des beunruhigenden Singles in Pik ist das Blatt für eine 1SA-Antwort zu stark. Süd bietet von zwei 5er-Farben die höhere.

b) Zwar nur 10FL, aber 14FV. 2♥ und anschließend 4♠ beschreibt das Blatt besser als ein direktes 3SA.

Kap.B.III.3., Seite 60 behandelt die Wiedergebote des Eröffners nach Farbwechsel auf der 2er-Stufe.

1.4. ANTWORT 1SA

Die Antwort 1SA zeigt:
- kein Fit zu Partners Oberfarbe,
- 6-10FL.

Süd	West	Nord	Ost
		1♥	
1SA			

a) N / W O / S
♠ D 8 5
♥ 8 4
♦ A 10 9 6
♣ K B 3 2

b) N / W O / S
♠ 8 2
♥ 4
♦ D 10 9 6 5 3
♣ A 6 4 3

Die Beispiele zeigen: Die 1SA-Antwort lässt kaum einen Schluss auf die Verteilung zu. 1SA ist ein Notgebot: Zu stark zum Passen, aber zu schwach, um auf der 2er-Stufe eine Farbe reizen zu können.

Kap. B.III.4.1., Seite 68 behandelt das Wiedergebot des Eröffners nach der Antwort 1SA.

1.5. NEUE FARBE IM SPRUNG

Der Farbwechsel im Sprung zeigt:
- mindestens 18FL,
- mindestens gute 6er-Länge mit maximal einem Verlierer (gegenüber Single beim Partner und gleichmäßiger Verteilung der Restkarten bei den Gegnern)

Die Qualität der Farbe ist genau so wichtig wie die Punktstärke. Die darauf abgestimmte Folgereizung erleichtert das Auffinden eines Schlemms.

Es ist klar, dass dieses Sprunggebot mindestens zum Vollspiel forciert.

N / W O / S
♠ A 6
♥ K 3
♦ A K B 10 6 4
♣ B 9 2

Süd	West	Nord	Ost
		1♠	
3♦			

Ein Beispiel für die Minimumstärke.

Kap. B.III.5., Seite 74 behandelt die Weiterreizung nach Sprung in neuer Farbe.

2. ANTWORTEN AUF EINE UNTERFARB-ERÖFFNUNG

2.1. FARBHEBUNGEN

Der Antwortende hebt die Unterfarbe nur dann in der ersten Bietrunde, wenn

- die Unterstützung aus mindestens 5 Karten besteht,
- und das Blatt unausgeglichen ist,
- und das Blatt keine 4er-Oberfarbe enthält.

Hebung auf die 2er-Stufe:	6-10FV (1♦-2♦, auch 4er, falls 5er-Treff)
Hebung auf die 3er-Stufe:	11-12FV
Hebung auf höhere Stufen:	nur mit punktschwachen, extremverteilten Blättern mit großem Fit

Der Partner auf Nord eröffnet 1♦:

a) N / W O / S	b) N / W O / S	c) N / W O / S
♠ B 8 6	♠ B 8 6	♠ 7
♥ 7	♥ D B 9	♥ D 9 7 5
♦ D 8 6 5 3	♦ K 9 7 5 4	♦ A 7 5 4 2
♣ B 10 9 6	♣ B 3	♣ B 10 9
2♦	1SA	1♥

a) Da der Partner in Karo 3er-Länge haben könnte, geht man vorsichtigerweise davon aus, dass man lediglich über gemeinsame 8 Karten in Karo verfügt. Man zählt also nicht die Verteilungspunkte für die neunte Trumpfkarte. Entsprechend bewertet man das Blatt mit 6FV.

b) Die ausgeglichene Verteilung spricht gegen die Unterfarbhebung.

c) Das Bieten der Oberfarbe hat Priorität gegenüber der Karo-Hebung.

Der Partner eröffnet 1♣:

a) N / W O / S	b) N / W O / S	c) N / W O / S
♠ K 10 6	♠ K 10 7	♠ K 10 5
♥ 7	♥ 8	♥ D 8
♦ D B 9 5	♦ A D 7	♦ K 7 5
♣ A 9 5 3 2	♣ K B 10 7 6 4	♣ K 9 7 6 4
3♣	1♦	2SA

a) Die passende Verteilung und mit 12FV die passende Stärke für eine Sprunghebung in Treff.

b) Zu stark für eine direkte Hebung in Treff. Da keine 4er-Nebenfarbe existiert, muss ein forcierendes Gebot erfunden werden. In solchen Fällen ist routinemäßig die andere Unterfarbe zu bieten. Anschließend kann man durch den Sprung in 3♣ forcierend den Fit zeigen.

c) Mit der ausgeglichenen Verteilung, die zudem Figuren in den kurzen Farben enthält, ist die präzise Sans-Atout-Reizung zu favorisieren.

Kap. B.III.1.2., Seite 50 behandelt das Wiedergebot des Eröffners nach einer Farbhebung in Unterfarbe.

2.2. FARBWECHSEL AUF 1ER-STUFE

Das Bieten einer neuen Farbe auf der 1er-Stufe verspricht eine 4er-Länge ab 6FL (evtl. auch gute 5F). Da das Gebot forcierend ist, ist die Stärke nach oben unlimitiert.

Wahl der Antwortfarbe:

Bis 10FL hat das Bieten einer 4er-Oberfarbe Priorität vor dem 1♦-Gebot, selbst dann, wenn die Karofarbe länger ist. Ist allerdings die Karo-Farbe von besonderer Qualität und die Oberfarbe schlecht, darf der Antwortende von dieser Regel abweichen.
Ansonsten gilt die Regel: 4er-Farben ökonomisch von unten nach oben, von zwei 5er-Farben mit der höheren beginnen.

Nach 1♣-Eröffnung vom Partner:

a)	b)	c)
N / W O / S	N / W O / S	N / W O / S
♠ D B 6	♠ D B 6 4	♠ A D 7 5
♥ 10 8 6 4	♥ 10 8	♥ 7
♦ A 8 2	♦ A 10 8 6 3	♦ K D 8 7 6
♣ D 6 5	♣ 6 2	♣ 10 8 2
1♥	1♠	1♦

a) Das Bieten einer 4er-Oberfarbe hat Vorrang vor der 1SA-Antwort.
b) Mit einem Blatt unter 11FL hat die 4er-Oberfarbe Priorität vor 1♦.
c) Ab 11FL die Karo-Farbe auf der 1er-Stufe reizen.

Was tun mit Händen unter 6FL (bzw. 5F)?

Prinzipiell passt man mit ganz schwachen Blättern. Hat man jedoch weniger als 3 Karten in Partners eröffneter Unterfarbe, führt das Passen besonders häufig zum Desaster. Denn oft passt der Gegner nur deswegen, weil er eine Länge in der Eröffnungsfarbe hat.

Bei der Mehrzahl der Experten gilt es daher als das kleinere Übel, mit Kürze in Partners Unterfarbe auch mit ganz schwachen Händen zu reizen. Man riskiert zwar, dass der Partner im Rebid springt und letztlich lieber 1 in Unterfarbe gespielt hätte, aber dies kommt seltener vor als ein katastrophaler Missfit in 1♣ oder 1♦.

Antwortet man mit einer ganz schwachen Hand, ist es klug, so ökonomisch wie möglich zu reizen:

	N	
W		O
	S	

♠ 10 9 7 6
♥ K 8 7
♦ 8 6 5 4
♣ 5 3

Süd	West	Nord	Ost
		1♣	
1♦			

Nord soll im Rebid eine 4er-Oberfarbe zeigen. Egal, ob er 1♥ oder 1♠ antwortet, Süd passt!

Würde Nord statt 1♦ seine Pikfarbe bieten, wächst die Gefahr, dass der Partner springt, z.B. in 3♠ mit 4er-Pik und 18FV, oder in 2SA mit 4er-Coeur.

Kap. B.III.2., Seite 52 behandelt das Wiedergebot des Eröffners nach dem Farbwechsel auf der 1er-Stufe.

2.3. 2♣ ÜBER 1♦

Dies verspricht im Prinzip mindestens 4er-Treff und 12FL. Die „2 über 1"-Reizung ist selbstforcierend. Mit einer unausgeglichenen Hand und 11FL, ohne 4er-Oberfarbe und ohne 5er-Karo, muss der Antwortende „die kleinste Lüge wählen", also sich meist zwischen 1SA und 2♣ entscheiden. Im Ausnahmefall könnte auch 2SA in Betracht kommen.

Hat der Antwortende eine unausgeglichene Hand mit Karo-Fit ab 13FV und ohne 4er-Oberfarbe, dann muss er die Reizung auch dann mit 2♣ beginnen, wenn er weniger als 4 Treff-Karten hat. In der nächsten Bietrunde ist dann 3♦ forcing.

Hat der Antwortende eine 4er-Oberfarbe und eine längere Treff-Farbe, dann soll er nur dann 2♣ bieten, wenn er eigene Eröffnungsstärke besitzt. Denn nur dann ist er stark genug, um anschließend die Oberfarbe nachreizen zu können. Je stärker das Blatt des Antwortenden ist, desto wichtiger ist es auch, die längste Farbe und die Verteilung präzise durchzugeben; nicht zuletzt, weil mit wachsender Stärke die Chance auf einen Schlemm steigt.

Merke: Die Reverse-Reizung des Antwortenden verspricht Eröffnungsstärke.

Der Partner eröffnet 1♦:

a)	b)	c)
♠ 7	♠ K B 9 7	♠ K 9 7 4
♥ A 7 6	♥ A 7 6	♥ D B 7
♦ 8 6 5	♦ 5	♦ 7
♣ A D 8 6 5 3	♣ A B 9 7 3	♣ A B 8 4 3
2♣	2♣	1♠

Hat der Antwortende 4er- oder 5er-Treff und ist ansonsten ausgeglichen verteilt, dann ist es vor allem mit 11FL deutlich besser, in passbare 2SA zu springen, als mit 2♣ eine selbstforcierende Sequenz einzuläuten, die möglicherweise zwangsweise zum Vollspiel führt. Dies gilt sogar für semiausgeglichene Hände mit 4-5 in Unterfarben, wenn sie über Bilder in den Oberfarb-Doubletons verfügt:

Süd	West	Nord	Ost
		1♦	
?			

a)	b)
♠ K 4	♠ A 4 2
♥ D 10	♥ 5 4
♦ D 8 6 4	♦ K 8 6
♣ K 10 9 5 3	♣ K B 9 5 3
2SA	2♣

a) Ist Nord ausgeglichen verteilt und hat Minimum, vermeidet man das Vollspiel.

b) Das kleine Doubleton in Coeur spricht gegen den Sprung in 2SA. Hätte Süd statt ♣B die ♣2, wäre wohl 1SA noch die beste Antwort (trotz 11FL).

Zur Weiterreizung nach 1♦-2♣ siehe Kap.B.III.3., Seite 60. Beachte insbesondere die dort in Abschnitt 3.3. behandelten Probleme mit ausgeglichenen Händen.

2.4. SA-Gebote

Alle SA-Gebote in der 1.Antwort auf eine Unterfarb-Eröffnung sind natürlich, limitiert und nicht forcierend; sie verneinen alle eine 4er-Oberfarbe.

1♣ - 1SA = 8-10FL, ausgeglichen,
1♦ - 1SA = 6-10FL, evtl. Notgebot,
1♣/♦ - 2SA = 11-12FL, ausgeglichen,
1♣/♦ - 3SA = 12+ -14FL, ausgeglichen

Die Weiterreizung wird um so präziser, je limitierter die SA-Antwort ist. Nur 1SA auf 1♦ deckt eine breite Punkspanne ab. Denn ohne 4er-Oberfarbe und ohne lange Karos muss man auch mit 6-7FL ein Gebot zur Verfügung haben:

N
W O
S

♠ 8 6 5
♥ K 6
♦ D 2
♣ B 8 6 5 3 2

Süd	West	Nord	Ost
		1♦	
1SA			

Nach einer 1♣-Eröffnung kann das Problem nicht auftreten, dass man mit unausgeglichener Verteilung 1SA antworten müsste. Mit Karo-Länge kann man bequem 1♦ bieten. Man benötigt also nach einer 1♣-Eröffnung keine 1SA-Antwort als Notgebot.

Nach 1♣ muss man nur für die 3-3-3-4-Verteilung (4er-Treff) und 6-7F eine kleine Lüge erfinden:

N
W O
S

♠ K 7 5
♥ 7 4 2
♦ D 6 4
♣ D 7 4 3

Süd	West	Nord	Ost
		1♣	
1♦ !			

Doch die kleine Lüge des Bietens einer Unterfarbe ohne 4 Karten in dieser Farbe begegnet uns in vielen Situationen: Immer dann, wenn kein hundertprozentig passendes natürliches Systemgebot existiert und man ein forcierendes Gebot finden muss. Bereits in Abschnitt 2.1. gibt es das Beispiel der 1♦-Antwort mit einem starken Treff-Fit.

Auch mit starken ausgeglichenen Händen kann das Problem auftreten, ein Unterfarbgebot „erfinden" zu müssen:

N
W O
S

♠ D 7 3
♥ A K 10
♦ A 7 6 4
♣ K 5 4

Süd	West	Nord	Ost
		1♦	
2♣			

Für den direkten Sprung in 3SA ist das Süd-Blatt etwas zu stark.

Kap. B.III.4., Seite 68 behandelt die Wiedergebote nach einer SA-Antwort.

2.5. NEUE FARBE IM SPRUNG

Für den einfachen Sprung gilt das Gleiche wie nach einer Oberfarb-Eröffnung.

Neue Farbe im Sprung:

- ab 18FL,
- mindestens gute 6er-Länge mit maximal einem Verlierer
  (gegenüber Single beim Partner und gleichmäßiger Verteilung der Restkarten bei den Gegnern)

N
W O
S

♠ K D B 9 5 2
♥ 6
♦ A K 6
♣ A 6 2

Süd	West	Nord	Ost
		1♣	
2♠			

Kap. B.III.5., Seite 74 behandelt die Weiterreizung nach einfachem Sprung.

Neue Farbe im Doppelsprung auf die 3er-Stufe:

Dies zeigt eine 7er-Farbe mit guten Mittelwerten und ca. 5-8 Figurenpunkten. Das Blatt darf keine Defensivwerte in anderen Farben haben.

Während nach Oberfarb-Eröffnungen der direkte Doppelsprung Splinter ist, ist der Doppelsprung nach Unterfarb-Eröffnung ein Sperrgebot gegenüber dem Gegner; gleichzeitig vermittelt das Gebot dem Partner eine gute Blattbeschreibung. Auch mit einem Single in der Sperrfarbe des Partners darf er getrost passen.

	N	
W		O
	S	

♠ 6 5
♥ K B 10 9 6 4 3
♦ B 4 3
♣ B

Süd	West	Nord	Ost
		1♦	
3♥			

Übungen zu Abschnitt B.II.

①

♠ D 7 6
♥ 9 7 5 3 2
♦ 7
♣ A K 10 5

Süd	West	Nord	Ost
		1♠	
?			

②

♠ K B 5 2
♥ 6
♦ A 10 9 5 4
♣ K 8 7

Süd	West	Nord	Ost
		1♠	
?			

③

♠ K B 10
♥ 8 5
♦ K D 9 7
♣ A B 10 4

Süd	West	Nord	Ost
		1♥	
?			

④

♠ A K 5
♥ 8 2
♦ K D 6
♣ A D 10 7 6

Süd	West	Nord	Ost
		1♣	
?			

⑤

♠ D B 10 9 8 5 4
♥ 7 6 5
♦ 6
♣ D 7

Süd	West	Nord	Ost
		1♣	
?			

Lösungen:

① 2SA. Dies ist konventionell und zeigt 3 Trümpfe mit 11-12FV.
(Vgl. Abschnitt 1.1.)

---

② 4♥. Splinter. Verspricht ab 15FV mit 4 Trümpfen und Single/Chicane in Coeur. (Vgl. Abschnitt 1.1.)

---

③ 2♣. 4er-Farben von unten nach oben reizen.
Vorsicht: Das natürliche 3SA-Gebot, das für dieses Blatt passen würde, steht nicht zur Verfügung. 3SA würde 4 Trümpfe zu Partners Oberfarberöffnung versprechen.
(Vgl. Abschnitt 1.3.)

---

④ 1♦. Wenn nach Partners Unterfarb-Eröffnung kein natürliches Gebot passt, bleibt als letzter Ausweg immer noch das Bieten der anderen Unterfarbe. Der Plan ist, in der nächsten Bietrunde in 3♣ zu springen. Damit kann man den Fit forcierend zeigen.
(Vgl. Abschnitt 2.1.)

---

⑤ 3♠. Der Doppelsprung nach Unterfarb-Eröffnung beschreibt sehr gut das Blatt und sperrt den Gegner. 3♠ zeigt 7er-Länge mit ausreichenden Mittelwerten und 5-8F.
(Vgl. Abschnitt 2.5.)

Merke: Nach Oberfarberöffnungen sind keine natürlichen passbaren Sprünge in 2SA und 3SA möglich. Beide Gebote zeigen Fit.

III. DAS WIEDERGEBOT DES ERÖFFNERS

1. WIEDERGEBOTE NACH EINER FARBUNTERSTÜTZUNG

1.1. NACH ZEIGEN EINES OBERFARB-FITS

Nach Hebung auf die 2er-Stufe (1♠-2♠):

Der Eröffner verfährt nach folgender Entscheidungsregel:

- bis 16FV kein Versuch Richtung Vollspiel,
- mit 17-19FV Versuchsgebot,
- mit 20-22FV (19+) Sprung ins Vollspiel,
- mit Händen ab 23FV (22+) Schlemmversuch möglich, (z.B. mit Splinter oder auch über 2SA).

Hat der Eröffner weniger als 17FV, aber 6er-Länge in Atout, kann er die Trumpffarbe sofort auf die 3er-Stufe heben. Dies ist kein Vollspielversuch, sondern ein Sperrgebot.

Versuchsgebote (Trialbids):

- 2SA = allgemeines Versuchsgebot,
- neue Farbe = unterstützungsbedürftige Farbe, meist 4er-Länge (in Unterfarbe 3er-Länge möglich), normalerweise mit genau 2 Verlierern (der Antwortende soll Figuren in dieser Farbe aufwerten).

Süd	West	Nord	Ost
1♠		2♠	
?			

a) N / W O / S (Süd)

♠ A K 8 5 3
♥ D 8 6
♦ K D 5
♣ K 5

2SA

b) N / W O / S (Süd)

♠ K D 10 7 5 4
♥ 7
♦ K D B 5
♣ 9 2

2SA

a) 18FV sind genau die richtige Stärke für die Vollspieleinladung. Hat der Partner Minimum, werden die Chancen in 4♠ nicht allzu rosig sein.

b) Das Beispiel macht deutlich, dass 2SA in dieser Situation keine ausgeglichene Verteilung verspricht. Statt dessen 3♦ würde eine schwächere Karofarbe annoncieren. Doch die Karo-Farbe lässt sich auch gegenüber drei kleinen Karos ohne Probleme spielen.

Das Blatt ist nach gefundenem Fit übrigens stärker, als es die FV-Punkte aussagen können (15-16FV). Zweifärber ab 10 Karten in den langen Farben gewinnen bei Fit zusätzlich an Wert. Dies belegt die geringe Anzahl an Verlierern. Strikte Verfechter der Verliererzählung werden mit den lediglich 5 Verlierern dieses Blattes sogar direkt in 4♠ springen. Dies wird jedoch zu oft zu dem Ergebnis führen: „One down, good Bridge!"

Süd	West	Nord	Ost
1♥		2♥	
?			

c) N / W O / S
♠ A 6 4
♥ K B 10 6 5 3
♦ 7
♣ K 9 3
3♥

d) N / W O / S
♠ K 10 5 4
♥ A B 9 8 2
♦ A K 8
♣ 5
2♠

c) Sperre. Will der Gegner wiederbeleben, muss er dies auf hoher Stufe tun.

d) Zeigt die unterstützungsbedürftige Farbe.

Süd	West	Nord	Ost
1♠		2♠	
?			

e) N / W O / S
♠ A K B 5 4
♥ K B 6
♦ A D 7 4
♣ 5
4♠

f) N / W O / S
♠ K D B 9 6 2
♥ 6 2
♦ A K D 10 6
♣
4♣

e) 20FV genügen für den Sprung ins Vollspiel.

f) Nur 3 Verlierer. Es ist ohne weiteres möglich, dass der Partner davon 2 abdeckt. 4♣ zeigt Single oder Chicane in Treff und Schlemminteresse.

Kapitel B IV.1.1., Seite 80 behandelt, wie der Antwortende auf ein Versuchsgebot reagiert.

Nach Hebung auf die 3er-Stufe (1♥-3♥):

Der Eröffner:

- passt mit bis zu 14FV,
- bietet Vollspiel mit 15-20FV,
- unternimmt mit jedem anderen Gebot einen Schlemmversuch ab 20+FV.

Süd	West	Nord	Ost
1♥		3♥	
?			

a) N / W O / S

♠ A 6
♥ K B 10 7 5
♦ A B 7 5
♣ 7 4

4♥

b) N / W O / S

♠ K 6
♥ K B 10 8 4
♦ A 7 6
♣ D 5 3

passe

a) 15FV sind gerade genug für die Annahme der Vollspieleinladung.

b) 1 Punkt zu wenig.

Nach konventioneller 2SA-Antwort (1♠-2SA):

Der Eröffner:

- bietet 3 in Fitfarbe mit bis zu 14FV,
- bietet 4 in Fitfarbe mit 16-20FV,
- kann eine neue Farbe unterhalb 3 in Fitfarbe bieten
  - meist als Versuchsgebot mit unterstützungsbedürftiger Farbe und 14+ -15FV,
  - oder mit Schlemminteresse ab 20+FV,
- bietet 3SA, um 3SA als Endkontrakt vorzuschlagen, ab 15FL, ausgeglichen,
- bietet neue Farbe oberhalb 3 in Fitfarbe als Kontrollgebot, ab 20+FV.

Süd	West	Nord	Ost
1♠		2SA	
?			

a) N / W O / S

♠ D B 10 7 5
♥ A 3
♦ A 8 6 2
♣ B 8

3♠

b) N / W O / S

♠ A D B 4 2
♥ 8 6 4
♦ 3
♣ A K 6 4

4♠

a) 14-FV sind zu wenig für Vollspiel.

b) Schöne 16FV. Es gibt keine Alternative zu 4♠.

Süd	West	Nord	Ost
1♥		2SA	
?			

c) N / W O / S

♠ D 2
♥ A K B 6 5
♦ 5
♣ B 10 6 4 2

3♣

d) N / W O / S

♠ D B 9
♥ A D 10 7 6
♦ K 10 8
♣ A D

3SA

c) Bietet der Partner auf dieses Versuchsgebot 3♥ oder 3♦ (zeigt Werte in Karo), dann wird das Vollspiel wahrscheinlich nicht chancenreich sein.

d) Wenn der Partner ebenfalls ausgeglichen verteilt ist, sind die Chancen gut, in SA genauso viele Stiche zu machen wie im Coeur-Kontrakt. Im Paarturnier kann dann 3SA einen sehr guten und 4♥ einen mäßigen Score bringen.

Nach konventioneller 3SA-Antwort (1♠-3SA):

Der Eröffner reizt:

- 4 in Fitfarbe als Abschlussgebot,
- jedes andere Gebot zeigt Schlemminteresse, ab ca. 18FV.

Süd	West	Nord	Ost
1♠		3SA	
?			

a) N / W O / S

♠ B 9 6 5 4
♥ A K 3
♦ D B 7
♣ D 2

4♠

b) N / W O / S

♠ A D 8 6 5
♥ A K D
♦ D 10 6 5
♣ 3

4♣

a) 3SA zu passen wäre mit 9 Trümpfen, ohne zu wissen, was der Partner für Werte hat, zu spekulativ.

b) Für einen Schlemm muss Nord vor allem Karokontrolle haben (und jetzt zeigen).

Nach direkter Hebung ins Oberfarbvollspiel (1♥-4♥):

Der Eröffner muss seine Schlemmambitionen fast immer begraben, denn der Partner hat 4♥ als Sperre geboten!

N
W O
S

♠ K 4
♥ A K B 10 9
♦ K D B 4
♣ K 9

Süd	West	Nord	Ost
1♥		4♥	
passe			

Nord hat ganz bestimmt keine 2 Asse. Vielleicht ist 4♥ der letzte erfüllbare Kontrakt.

1.2 NACH FARBHEBUNG EINER UNTERFARBE

Kennt der Eröffner den Unterfarb-Fit sowie die Stärke des Partners und sieht Vollspielchancen, dann ist 3SA das in der Mehrzahl der Fälle erfolgversprechendste Vollspiel. Denn für ein Vollspiel in Unterfarben muss man 2 Stiche mehr erzielen als in Sans-Atout. Entsprechend steht der Bietraum unterhalb von 3SA im Dienste der Prüfung, ob die Stärke für 3SA ausreicht, und ob Stopper in allen Farben vorhanden sind.

Nach Hebung auf die 2er-Stufe (1♣ - 2♣):

- ab ca. 17FL Versuch Richtung 3SA sinnvoll (Partner hat maximal 8F)
- ab 20FV Versuch Richtung 5 in Unterfarbe sinnvoll (Partner hat maximal 10FV)

Besitzt der Eröffner Deckung in allen Nebenfarben kann er direkt Sans-Atout bieten. Falls nicht, zeigt das Bieten einer neuen Farbe Werte in dieser Farbe. Übergeht der Eröffner dabei eine Farbe, offenbart er damit unzureichend Deckung in der ausgelassenen Farbe.

Süd	West	Nord	Ost
1♣		2♣	
?			

a)
N
W O
S

♠ A B 10 6
♥ K D 4
♦ K B 2
♣ A B 9

3SA

b)
N
W O
S

♠ A D 9 7
♥ A B 10
♦ 8 5
♣ A K 7 5

2♥

a) Süd zeigt Stopper in allen Farben, ab 19FL; mit 18FL würde Süd nur 2SA bieten: mit 7-8F soll Nord auf 3SA heben.
b) Mit dem 2♥-Gebot zeigt Süd: Werte in Coeur, keine oder unzureichende Werte in Karo, ab 17FL.

Hebt der Eröffner unmittelbar die Trumpffarbe auf die 3er-Stufe, ist dies keine Einladung, sondern ein Sperrgebot!

S
♠ 6
♥ D B 10 6
♦ K 8 6 5 2
♣ K D 6

Süd	West	Nord	Ost
1♦		2♦	
3♦			

Hebt der Eröffner unmittelbar die Trumpffarbe auf die 4er-Stufe, ist dies eine (sehr seltene) Schlemmeinladung mit einer extrem verteilten Hand:

S
♠
♥ K D 7 2
♦ A K
♣ K 10 9 8 7 5 3

Süd	West	Nord	Ost
1♣		2♣	
4♣			

Selbst mit dieser extremen Hand gibt es alternative Reizpläne für den Eröffner:

- er könnte langsam mit 2♦ beginnen,
- oder mit 3♠ ein Splintergebot abgeben.

Nach Hebung auf die 3er-Stufe (1♣ - 3♣):

- ab guten 14F macht ein Versuch Richtung 3SA Sinn (der Antwortende hat meist 10-11FL bzw. 9-10F)
- erst ab 18FV lohnt sich ein Versuch Richtung Unterfarbvollspiel (der Antwortende verspricht 11-12FV)

Auch hier zeigt das Bieten einer neuen Farbe unterhalb von 3SA Werte in dieser Farbe.

Süd	West	Nord	Ost
1♣		3♣	
?			

a) S
♠ D B 8
♥ A D 6
♦ D B 10
♣ B 9 7 5
Passe

b) S
♠ D B 10 2
♥ 10 6
♦ A D
♣ K D 10 7 5
3♦

a) Zu wenig Punkte für 3SA.

b) 3♦. Hoffentlich kann Nord 3♥ oder 3SA bieten!

Achtung:
Auf die Sprunghebung des Antwortenden in Unterfarbe gibt es kein präventives Sperrgebot des Eröffners auf der 4er-Stufe.

Süd	West	Nord	Ost
1♣		3♣	
4♣ = Schlemminteresse, forcing			

Dafür ist jedoch entscheidend, dass der Gegner immer gepasst hat. Hat der Gegner interveniert, ist 4♣ kompetitiv. Mit Schlemminteresse steht dem Eröffner dann zusätzlich der Überruf der Gegnerfarbe zur Verfügung.

Kap. B.IV.2.1., Seite 90 behandelt die Weiterreizung nach einem Versuchsgebot des Eröffners.

2. WIEDERGEBOTE NACH FARBWECHSEL AUF DER 1ER-STUFE

2.1. UNTERSTÜTZUNG DER FARBE DES ANTWORTENDEN

Typisch:

Süd	West	Nord	Ost
1♣		1♥	
2♥			

Süd	West	Nord	Ost
1♦		1♠	
4♠			

Die Hebung der Farbe des Antwortenden zeigt 4 Trümpfe und:

- auf der 2er-Stufe: 13-16FV
- auf der 3er-Stufe: 17-19FV
- auf der 4er-Stufe: 20-23FV, kein kleines Singleton

Den Fit mit einer starken Hand ab 20FV und unausgeglichener Verteilung kann der Eröffner wie folgt zeigen:

- neue Farbe im Doppelsprung (Splinter): Single oder Chicane in gereizter Farbe

N
W O
S

♠ K D 10 3
♥ A B 6
♦ A K B 9 5
♣ 3

Süd	West	Nord	Ost
1♦		1♠	
4♣			

- Wiederholung der eröffneten Unterfarbe auf der 4er-Stufe: sehr gute 6er-Unterfarbe und gute 4er-Oberfarbe

N
W O
S

♠ D 7
♥ A D 9 6
♦ A K B 10 8 5
♣ 8

Süd	West	Nord	Ost
1♦		1♥	
4♦			

Mit 4 Karten zu Partners Oberfarbe hat das sofortige Zeigen des Fits höchste Priorität.

Kap. B.IV.1.2., Seite 84 behandelt die Weiterreizung nach einer Hebung der Oberfarbe des Antwortenden durch den Eröffner.

2.2 NEUE FARBE AUF DER 1ER-STUFE

Ohne 4er-Fit zu Partners Antwortfarbe zeigt der Eröffner eine 4er-Farbe auf der 1er-Stufe, wenn möglich.

N
W O
S

♠ A 8 5 3
♥ 8 6
♦ K D 7 5
♣ K B 10

Süd	West	Nord	Ost
1♦		1♥	
1♠			

Das Reizen einer neuen Farbe auf der 1er-Stufe gilt für Hände bis 19FL, unabhängig vom Verteilungstyp. Vorrang hat, dass ein 4-4-Fit in einer Oberfarbe nicht verloren geht.

Die Weiterreizung wird in Kap. B.IV.3., Seite 99 behandelt.

2.3. NEUE FARBE OBERHALB DER EINERSTUFE

Bietet der Eröffner im Wiedergebot nach einer „1 über 1"-Antwort eine neue Farbe oberhalb der Einerstufe, zeigt er damit einen Zweifärber. Dies verspricht mindestens 5er-Länge in der Eröffnungsfarbe und 4er-Länge in der 2.Farbe.

Billiger Zweifärber

Wird die Farbe auf der 2er-Stufe unterhalb der ersten Farbe geboten, gilt dies als billig gereizt: Der Antwortende könnte noch auf der 2er-Stufe in die Eröffnungsfarbe ausbessern.

Süd	West	Nord	Ost
1♥		1♠	
2♣			

Die billige Zweifärberreizung umfasst eine weite Punktspanne: von Minimum bis 19FL.

Süd	West	Nord	Ost
1♦		1♥	
?			

a) N / W O / S

♠ A 7
♥ 8
♦ K B 10 8 5
♣ K 9 7 6 4

2♣

b) N / W O / S

♠ A K 7
♥ 8
♦ A K B 9 7
♣ D B 6 4

2♣

Der billig gereizte Zweifärber ist nicht forcierend.

Die Weiterreizung wird in Kap. B.IV.3., Seite 99 behandelt.

Zweifärber im Sprung

Könnte der Eröffner die zweite Farbe billig zeigen, tut dies aber im Sprung, dann ist dies partieforcierend und verspricht ab 20FL.

N / W O / S

♠ A 2
♥ K D 10 8 6
♦ A K D B
♣ 9 7

Süd	West	Nord	Ost
1♥		1♠	
3♦			

N
W O
S

♠ A K B 8
♥ 8
♦ K 7
♣ A K B 9 7 5

Süd	West	Nord	Ost
1♣		1♥	
2♠			

Kap.B.IV.7., Seite 178 behandelt die Weiterreizung.

Teurer Zweifärber (Reversereizung)

Bietet der Eröffner seine zweite Farbe zwar ohne Sprung, aber oberhalb von 2 in Eröffnungsfarbe, dann reizt er sie teuer.

Die teure Zweifärberreizung verspricht: mindestens 17FL, selbstforcierend

N
W O
S

♠ D 8
♥ A D B 7
♦ 8 7
♣ A K B 10 4

Süd	West	Nord	Ost
1♣		1♠	
2♥			

Gibt der Antwortende ein Wiedergebot unterhalb von Vollspiel ab, muss der Eröffner nochmals bieten, denn 2♥ ist selbstforcierend.

Kap.B.IV.6.1., Seite 170 behandelt die Weiterreizung nach teurem Zweifärber.

2.4. SA-Wiedergebote

Die Wiedergebote 1SA und 2SA im Sprung zeigen SA-Verteilungen:

1SA = 12-15- FL (bis 15FL nach 1♥-Eröffnung)

2SA = 18-19FL

N
W O
S

♠ K 7
♥ D B 9 6
♦ A 10 9 8
♣ K 9 2

Süd	West	Nord	Ost
1♦		1♠	
1SA			

	N	
W		O
	S	

♠ 8 4
♥ A D 9 7 6
♦ A K 10
♣ K B 5

Süd	West	Nord	Ost
1♥		1♠	
2SA			

Das Wiedergebot 3SA nach Unterfarb-Eröffnungen:

Dieses Rebid benötigt man nicht, um eine gleichmäßige Verteilung zu beschreiben.

Denn ausgeglichen verteilte Blätter ohne 5er-Oberfarbe mit mehr als 19FL werden auf der 2er-Stufe eröffnet.

3SA nach Unterfarb-Eröffnung ist also frei für eine Spezialbedeutung:

Es zeigt einen starken Einfärber mit Stoppern in den Restfarben.

Ab 20FL bzw. ab 8 Spielstichen.

	N	
W		O
	S	

♠ A D 2
♥ 7
♦ K D 10
♣ A D B 10 7 5

Süd	West	Nord	Ost
1♣		1♥	
3SA			

Das Blatt genügt also einerseits nicht den speziellen Anforderungen an eine 2♣-Eröffnung, andererseits ist es zu stark für eine Sprungwiederholung der Eröffnungsfarbe. Es ist ganz typisch, dass dieses Blatt kurz (meist höchstens ein kleines Doubleton) in Partnerfarbe ist. Die Kürze und Schwäche in dieser Farbe hat nämlich verhindert, das Blatt von vorneherein als starkes ausgeglichen verteiltes Blatt zu beschreiben. Jetzt, nachdem Partner die schwache Farbe belegt, kann man beruhigt Sans-Atout reizen.

Das Wiedergebot 3SA nach 1♥-1♠:
ausgeglichen verteilte Hand mit 20-21FL.

N
W O
S

♠ D 7
♥ A K 7 5 4
♦ K B 6
♣ A D 10

Süd	West	Nord	Ost
1♥		1♠	
3SA			

Das 3SA-Rebid kann nicht die gleiche Bedeutung haben wie nach einer Unterfarb-Eröffnung, denn einen starken Oberfarb-Einfärber ab 20FL hätte man in jedem Fall mit 2♣ eröffnet.

Rebid der ausgeglichen verteilten Hand mit 16-17FL nach 1♥-1♠?

Rekapitulieren wir:

Rebid nach 1♥-1♠ mit SA-Verteilung:	bis 15FL	1SA
	18-19FL	2SA
	20-21FL	3SA

Für Hände mit 16-17FL bleibt also kein SA-Wiedergebot mehr übrig.

Die Lösung, die das Basissystem FORUM D für dieses Problem anbietet, hat zwar den Vorzug einer einfachen Lösung, nimmt dafür aber einen Genauigkeitsverlust in Kauf (2SA=16-18, 3SA ab 19). Genauer ist folgende Lösung:

Mit 16-17FL eine 3er-Unterfarbe bieten!

N
W O
S

♠ B 7 5
♥ K D 10 9 2
♦ A K 5
♣ D 2

Süd	West	Nord	Ost
1♥		1♠	
2♦			

Bessert Nord darauf in 2♥ aus, kann man anschließend 2SA bieten. Sollte Nord mit 4er-Karo und weniger als 8F auf 2♦ passen, dann muss dies kein schlechterer Kontrakt als 2SA sein.

Wiedergebot 1SA mit 2-4-2-5-Verteilung und 2-4-5-2-Verteilung

Hat der Eröffner bei normaler Eröffnungsstärke eine 5er-Unterfarbe sowie ein 4er-Coeur und der Antwortende bietet 1♠, dann sollte der Antwortende 1SA als Wiedergebot wählen. Immerhin ist die Hand nahezu ausgeglichen verteilt. 1 SA erleichtert auch das Finden eines 4-4-Fits in Coeur.

N
W O
S

♠ B 10
♥ K D 10 3
♦ 8 6
♣ A D 6 4 3

Süd	West	Nord	Ost
1♣		1♠	
1SA !			

Auf 1SA kann der Antwortende auch mit schwachen Händen ein 4er-Coeur nachreizen. Auf 2♣ müsste er mit 5-4 in Oberfarben passen.

Wiedergebot 1SA mit 1-4-4-4-Verteilung

Einen Dreifärber mit Singleton in Pik eröffnet man bekanntlich mit 1♦.

Welches Wiedergebot soll der Eröffner wählen, wenn der Partner 1♠ antwortet?

Für 3-Färber kennt das natürliche System keine präzisen Systemreizungen. Häufig muss man die kleinste Lüge suchen.

N
W O
S

♠ 5
♥ A D 7 5
♦ K D 8 6
♣ D 10 7 4

Süd	West	Nord	Ost
1♦		1♠	
?			

1SA würde eine gleichmäßige Verteilung versprechen, also 2 bis 3 Karten in Pik. Es besteht die große Gefahr, dass der Partner mit 5er-Pik sich für 2♠ als Endkontrakt entscheidet. Mit 5-1 in Trümpfen wird dies selten ein Erfolg.

2♣ ist die Alternative. Damit lügt man „nur" das fünfte Karo hinzu. Im allgemeinen gilt die Lüge in einer Unterfarbe als kleinste Lüge. Bessert der Partner allerdings mit 2 Karten in Karo und 3er-Treff in 2♦ aus (5-3-2-3-Verteilung), ist der Kontrakt eher schlechter als der mögliche 5-1-„Fit" in Pik.

Und noch etwas spricht gegen 2♣: Hat der Partner weniger als 11FL und hat 5er-Pik und 4er-Coeur, würde man den schönen Coeur-Fit verpassen. Denn nach 2♣ ist 2♥ die 4.Farbe und nicht natürlich. Man spielt also möglicherweise im 4-2-„Fit" in Karo, statt im 4-4-Fit in Coeur.

Darum gilt als die am wenigsten schlechte Lösung: 1SA reizen; und der Antwortende soll speziell nach 1♦-1♠ sehr zurückhaltend damit sein, mit 5er-Pik nun 2♠ zu bieten.

Wiedergebot 1SA mit 1-4-5-3-Verteilung?

Die Problematik ist ähnlich wie bei der 1-4-4-4-Verteilung. Nach 1♦-1♠-2♦ droht ein 4-4-Fit in Coeur verloren zu gehen, wenn auch der Antwortende nicht stark genug ist, die Coeur-Farbe noch zu nennen. Die Alternative könnte ein katastrophaler 5-1-Fit in Karo sein; katastrophal insbesondere dann, wenn die Karo-Farbe nicht von guter Qualität ist.

Süd	West	Nord	Ost
	1♦		1♠
	2♦ ??		passe

West:
♠ 8
♥ A B 5 4
♦ D 8 6 4 3
♣ A D 4

N
W O
S

Ost:
♠ D B 6 3 2
♥ K 10 9 3
♦ 2
♣ B 5 2

Empfehlung: Mit der 1-4-5-3-Verteilung 1SA im Wiedergebot reizen, es sei denn, die Karo-Farbe ist von sehr guter Qualität.

Schließt sich eine Partnerschaft dieser Empfehlung an, muss sich der Antwortende erst recht hüten, nach der 1♦-Eröffnung des Partners und 1SA-Rebid ein 5er-Pik zu wiederholen.

Dehnt eine Partnerschaft das 1SA-Rebid auch auf die 1-4-3-5-Verteilung aus (also nach 1♣-Eröffnung), dann ist auch nach der 1♣-Eröffnung Vorsicht geboten, ein 5er-Pik zu wiederholen.

Es sei jedoch an die Kehrseite erinnert: Man würde manchen 5-3-Fit in Pik verpassen. Nach der 1♣-Eröffnung (oft nur 3er-Treff und nicht 4-4 in Unterfarben) hat der Partner öfter 3er-Pik als nach der 1♦-Eröffnung. Darum die Empfehlung: Mit 1-4-3-5-Verteilung in der Regel Rebid 2♣ wählen, es sei denn, die Treff-Farbe ist von sehr schlechter Qualität.

Zur Weiterreizung nach 1SA-Rebid siehe Kap. B.IV.4., Seite 154.

Zur Weiterreizung nach 2SA-Rebid im Sprung siehe Kap. B.IV.5.1., Seite 165.

2.5. WIEDERHOLUNG DER ERÖFFNUNGSFARBE

Die Wiederholung der Eröffnungsfarbe garantiert immer eine unausgeglichene Verteilung.

Wiederholung ohne Sprung: 13-16FL, entweder 6er-Länge, oder 5er-Länge mit zweiter Farbe, die nur teuer gereizt werden könnte

N
W O
S

♠ B 7 3
♥ 6
♦ A D 5 2
♣ K D B 8 4

Süd	West	Nord	Ost
1♣		1♥	
2♣			

Bietet der Antwortende die nächsthöhere Farbe, dann zeigt die Farbwiederholung zwingend 6er-Länge:

N
W O
S

♠ 7 4
♥ D B 10 9 4 2
♦ D B 5
♣ A D

Süd	West	Nord	Ost
1♥		1♠	
2♥			

Zur Weiterreizung nach Wiederholung ohne Sprung siehe Kap.B.IV.3., Seite 99.

Wiederholung mit Sprung: 17-19FL, gute 6er-Farbe

N
W O
S

♠ A 7 5
♥ K D 5
♦ A D 10 8 6 4
♣ B

Süd	West	Nord	Ost
1♦		1♠	
3♦			

Zur Weiterreizung nach Farbwiederholung im Sprung siehe Kap. B.IV.8. und 9., Seite 185.

3. WIEDERGEBOTE NACH FARBWECHSEL AUF DER 2ER-STUFE

Für die Bedeutung des Wiedergebotes des Eröffners ist wesentlich, dass Partners Farbwechsel auf der 2er-Stufe selbstforcierend ist.

3.1. Hebung der Farbe des Antwortenden

Hebung der Unterfarbe auf die 3er-Stufe: 4er-Länge, Zweifärber ab 14FL (bzw. ab 16FV),

Süd	West	Nord	Ost
1♠		2♦	
?			

a) N / W O / S

♠ A D B 8 2
♥ 6
♦ K B 8 6
♣ A 6 5

3♦

b) N / W O / S

♠ K B 8 6 5
♥ 6
♦ D B 10 6
♣ A B 2

2♠

a) Süd hat 16FL und 18FV. Der Partner darf 3♦ nicht passen. Die FL-Punkte sind trotz Fit relevant, da das häufigste Vollspiel nach dieser Sequenz 3SA ist.

b) Süd besitzt nur 13FL. Wenn der Partner ebenfalls Minimum, nämlich 11FL hat, ist die gemeinsame Stärke für 3SA unzureichend. Das 2♠-Gebot hat eine Bremsfunktion! Wenn der Partner jetzt nonforcing 2SA bietet, kann man mit dem Eröffnungsblatt 3♦ reizen, und damit jetzt nonforcing den Fit zeigen.

Zur Weiterreizung nach Hebung der Unterfarbe auf die 3er-Stufe siehe Kap. B.IV.2.2., Seite 93.

Hat der Eröffner Unterfarb-Fit ab 19FV und Single/Chicane in einer Farbe oberhalb seiner Eröffnungsfarbe, dann sollte er nicht versäumen, durch den ungewöhnlichen Sprung auf 3 in Oberfarbe ein Splinter-Gebot abzugeben:

Splinter-Gebote:

Süd	West	Nord	Ost
1♥		2♣/2♦	
3♠			

Süd	West	Nord	Ost
1♦		2♣	
3♥/♠			

Wenn die Farbreizung ohne Sprung bereits eine Reversereizung ist, dann ist das Reizen dieser Farbe im Sprung Splinter.

Hebung der Unterfarbe auf die 4er-Stufe: 5er-Länge, ab 20FV, starkes Schlemminteresse

Süd	West	Nord	Ost
1♦		2♣	
4♣			

N
W O
S

♠ A
♥ 10 8
♦ A K 9 7 5
♣ A B 6 4 2

Die Sprunghebung lädt den Partner dazu ein, ein Kontrollgebot abzugeben.

Hebung der Coeur-Farbe nach 1♠-2♥:

- auf die 3er-Stufe: 3er-Länge ca.15-19FV, oder 4er-Länge ca. 18-19FV,
  oder ab 22FV mit Schlemminitiative auf 4♥ vom Partner,
- auf die 4er-Stufe: 4er-Länge, maximal 17FV (Minimumeröffnung)
- mit ca. 20-21FV: ohne Single/Chicane zuerst falschen Zweifärber reizen, anschließend Coeur-Fit zeigen; mit Single/Chicane Splinter

Süd	West	Nord	Ost
1♠		2♥	
?			

a)	b)
N W O S	N W O S
♠ A 8 6 4 2	♠ D B 8 6 5
♥ K 7 5	♥ K 6 5
♦ A K 4	♦ A 10 6
♣ 7 6	♣ D 6
3♥	2♠

a) 14F + 1L in Pik + 1V in Treff = 16FV. Man hat keine Sorge, dass 4♥ zu hoch sein könnte.

b) 2♠ als Bremse! Wenn der Partner nun 2SA antwortet, kann man den Coeur-Fit mit 3♥ nonforcing reizen. 4♥ könnte zu hoch sein.

Süd	West	Nord	Ost
1♠		2♥	
?			

c) N / W O / S
♠ A K 10 7 6
♥ A 9 7 5
♦ 8 6 5
♣ 7
4♥

d) N / W O / S
♠ A K 10 7 6
♥ K D 7 5
♦ 8 5
♣ K 6
3♣

c) Süd hat nach der 20er-Regel eröffnet. Nach Partners 2♥ kann er das Blatt neu bewerten: 11F + 1L + 2V in Treff + 1-2V für die zusätzliche Trumpfkarte = 15-16FV.

d) Mit schönen 20FV nicht nur für 4♥ zu stark, sondern auch für 3♥. Süd bietet zunächst einen falschen Zweifärber. Den Coeur-Fit in der nächsten Bietrunde zeigen (mit drittem Treff-König und Karo-Singleton wäre Süd in 4♦ gesprungen).

Zur Weiterreizung nach 1♠-2♥-3♥ siehe Kap. B.IV.1.2., Seite 84.

3.2. NEUE FARBE

Das Bieten einer neuen Farbe offenbart den Zweifärber. Nach „2 über 1" gelten etwas andere Regeln als nach „1 über 1":

- billiger Zweifärber = 5er-Länge bis 16FL oder 4er-Länge unlimitiert, nicht passbar,
- neue Farbe im Sprung = 5er-Länge ab 17FL, partieforcierend
- teuer gereizte 2.Farbe = ab 17FL, partieforcierend

Süd	West	Nord	Ost
1♠		2♦	
?			

a) N / W O / S
♠ K B 8 6 2
♥ A D 8 5
♦ K 6
♣ 7 5
2♥

b) N / W O / S
♠ K D 5 4 2
♥ A 5
♦ D 6
♣ K 7 5 4
2♠

a) Kein Problem, den Zweifärber billig zu zeigen.

b) Es fehlen 2 Punkte, um die 2.Farbe teuer zeigen zu dürfen.

Süd	West	Nord	Ost
1♠		2♦	
?			

c) N / W O / S

♠ K B 8 6 2
♥ A K D 6
♦ A K 6
♣ 2

2♥

d) N / W O / S

♠ K D 5 4 2
♥ A 5
♦ D 5
♣ A B 10 5

3♣

c) Da 2♦ selbstforcierend ist, kann man 2♥ auch mit sehr starken Händen reizen. Der Sprung in 3♥ verspräche 5er-Coeur ab 17FL. Mit diesem Blatt erkennt man den Vorteil: Das bietraumsparende 2♥ verbessert die Chance, durch ein anschließendes 3♦ ein perfektes Bild der Verteilung zu geben.

d) Der teuer gereizte Zweifärber zeigt mindestens 17FL.

Zur Weiterreizung nach billigem Zweifärber ist Kap. B.IV.3., Seite 99 maßgeblich.

Kap. B.IV.6.2., Seite 178 behandelt die Weiterreizung nach teurem Zweifärber und Kap. B.IV.7., Seite 178 nach im Sprung gereiztem Zweifärber.

3.3. SA-WIEDERGEBOTE

Eröffnungsfarbe Oberfarbe:

Süd	West	Nord	Ost
1♥		2♣	
2SA			

Wiedergebot 2SA = 15+ - 17+FL, ausgeglichen
Wiedergebot 3SA = 18-19FL, ausgeglichen
Wiedergebot 4SA = 20-21FL, ausgeglichen

Süd	West	Nord	Ost
1♠		2♦	
?			

a) N / W O / S

♠ A B 9 7 6
♥ K B 10
♦ A 7 4
♣ D 2

2SA

b) N / W O / S

♠ A B 9 7 6
♥ K B 10
♦ D 7 4
♣ D 8

2♠

a) Mit 16FL genau die richtige Stärke.

b) 14FL sind zu wenig für 2SA

Süd	West	Nord	Ost
1♠		2♦	
?			

c) N / W O / S

♠ A K 7 5 3
♥ A 9
♦ K B 4
♣ D 10 5

3SA

d) N / W O / S

♠ K D 9 5 4
♥ A K 6
♦ K 6
♣ A B 5

4SA

c) Mit guten 18FL zu stark, um nur 2SA zu bieten.

d) Zu stark für 3SA. Ein quantitatives 4SA ist an dieser Stelle wertvoller als die direkte Assfrage. Wollte der Eröffner mit Karo-Fit die Assfrage stellen, kann er zunächst den Fit bestätigen (die einfache Hebung ist schon forcierend) und anschließend mit 4SA die Assfrage stellen.

Eröffnungsfarbe Unterfarbe:

Es gibt nur eine mögliche Sequenz: 1♦ - 2♣

Hat der Eröffner nach der 1♦-Eröffnung eine ausgeglichene Verteilung, dann sind die Stärkezonen 15+ - 17+FL sowie ab 20FL nicht möglich, denn damit hätte er 1SA bzw. auf der 2er-Stufe eröffnet: Darum gilt nach 1♦-2♣:

- 2SA = 12F - 15-FL, ausgeglichen
- 3SA = 18-19FL, ausgeglichen

Es sei daran erinnert, dass 2SA nicht passbar ist, da 2♣ selbstforcierend ist (zur Problematik des 2♣-Gebotes auf 1♦ vgl. auch Kapitel B.II.2.3., Seite 39).

Süd	West	Nord	Ost
1♦		2♣	
?			

a) N / W O / S

♠ K 8 7
♥ D B 2
♦ A K D 8 6
♣ K 7

3SA

b) N / W O / S

♠ A 7
♥ K 6 4
♦ A D 8 7
♣ B 9 6 2

2SA

a) Zeigt 18-19FL, ausgeglichen verteilt.

b) Zeigt 12F-15-FL, ausgeglichen. Trotz des 4er-Treffs wird die Treff-Farbe nicht gehoben, denn dies würde einen Zweifärber mit 5-4-Verteilung versprechen. 3♣ führt häufig zu einem Unterfarbkontrakt, u.U. sogar in Karo, wenn der Partner 2♣ als Hilfsgebot gereizt hat, um anschließend forcierend den Karo-Fit zu zeigen.

Ausgeglichen, aber mit einem kleinen Doubleton in einer Oberfarbe:

N
W O
S

♠ 8 6
♥ K D 8 6
♦ A D 9 2
♣ D 5 2

Süd	West	Nord	Ost
1♦		2♣	
2♦ !!			

2♦ mit lediglich 4er-Karo zu bieten, ist das kleinere Übel gegenüber einem 2SA-Gebot mit dem kleinen Pik-Doubleton. Als Faustregel wird empfohlen: Für 2SA sollte man in den Oberfarben nicht weniger als Double Dame oder drei kleine Karten haben.

Ausgeglichen, mit 5er-Karo und Minimum:

N
W O
S

♠ A 3
♥ 9 7 6
♦ A D B 6 4
♣ B 4 2

Süd	West	Nord	Ost
1♦		2♣	
2♦			

Ein 2SA-Gebot wäre systemgemäß durchaus korrekt, aber nicht sonderlich klug. Denn erstens ist es wahrscheinlich besser, wenn der Partner Sans-Atout belegt, zweitens kann man auf 2SA vom Partner noch passen.

NB:

1) Manche Partnerschaften gehen noch einen Schritt weiter: Sie vereinbaren, dass mit 12F immer 2♦ als Rebid gewählt wird, auch routinemäßig mit 4er-Länge. Denn 2♦ spart Bietraum und gewährt die Chance, noch 2SA als Endkontrakt spielen zu können.

2) Eleganter lässt sich das Systemproblem nach 1♦-2♣ mit einer Konvention lösen, die jedoch offiziell nicht zu FORUM D PLUS gehört:

Süd	West	Nord	Ost
1♦		2♣	
2♥ = konventionell!!			

2♥ beinhaltet 3 verschiedene Bedeutungen. Der Antwortende fragt in seinem Rebid mit 2♠, welchen Typus der Eröffner hat:

- 2SA = ausgeglichen, 12-13F, nonforcing!
- 3♣ = 4er-Treff, Minimum, nonforcing!
- 3♦ = echte Reversereizung mit 5er-Karo und 4er-Coeur, ab 17FL;

  der Antwortende kann darauf mit 3♥ forcierend den Coeur-Fit zeigen.

Die alternativen Rebids des Eröffners auf 2♣:

- 2♦ = immer mind. 5er
- 2SA = 14-15-FL, ausgeglichen, forcierend
- 3♣ = 4er, mehr als Minimum, forcierend

4-4-4-1-Verteilung:

Mit normaler Eröffnungsstärke und einem Dreifärber mit Singleton in Treff darf der Eröffner 2SA antworten:

N
W O
S

♠ K B 7 6
♥ A B 6 4
♦ K D 9 6
♣ 9

Süd	West	Nord	Ost
1♦		2♣	
2SA			

Kap. B.IV.5.2., Seite 168 behandelt die Weiterreizung nach der 2SA-Antwort.

3.4. WIEDERHOLUNG DER ERÖFFNUNGSFARBE

Wiederholung ohne Sprung:

Süd	West	Nord	Ost
1♠		2♦	
2♠			

- entweder Einfärber (6er und länger) mit 13 bis 16FL,
- oder ausgeglichen verteilt, 12F bis 15-FL,
- oder Zweifärber, den man nur teuer zeigen könnte, 12+ bis 16FL

Hier für jeden Typus ein Beispiel zu obenstehender Reizung:

a)	b)	c)
♠ A D 8 6 5 4	♠ B 10 8 6 5	♠ K 10 7 6 5
♥ K 6 5	♥ A K 7	♥ K 6
♦ 6 5	♦ K B 8	♦ 7
♣ A 2	♣ 8 6	♣ A B 8 6 4
2♠	2♠	2♠

Zur Weiterreizung siehe Kap. B.IV.3., Seite 99.

Wiederholung mit Sprung:

Süd	West	Nord	Ost
1♦		2♣	
3♦			

guter Einfärber, 17-19FL

Zur Weiterreizung siehe Kap. B.IV.8. und 9., Seite 185.

4. WIEDERGEBOTE NACH EINER SA-ANTWORT

4.1. NACH 1SA

Süd	West	Nord	Ost
1♥		1SA	
?			

Süd	West	Nord	Ost
1♣		1SA	
?			

Anders als nach einer 1 in Farbe-Antwort ist der Antwortende limitiert. Der Eröffner darf passen. Die Hoffnungen auf einen Oberfarb-Fit haben einen argen Dämpfer erhalten. Erreicht die Partnerschaft noch ein Vollspiel, dann am ehesten in 3SA.

Hebungen in SA

Bei den Hebungen in Sans-Atout ist zu unterscheiden, ob 1SA nach einer 1♣-Eröffnung gereizt wurde (8-10FL), oder nach einer anderen 1er-Eröffnung (6-10FL).

➠ nach 1♣-1SA (8-10):

2SA = 16FL

3SA = ab 17FL

Süd	West	Nord	Ost
1♣		1SA	
?			

	a)	b)
♠	A 3	A D 6
♥	B 10 6	B 10 8 5
♦	B 5	A K 6
♣	A K B 9 3 2	K B 7
	2SA	3SA

a) 14F und 16FL sind ausreichend, um den Partner zu 3SA einzuladen. Alternativ könnte Süd einladend 3♣ bieten, aber mit den verteilten Werten ohne Singleton ist die Einladung mit 2SA passender. Der Partner weiß ohnehin, dass das Blatt nicht ganz ausgeglichen ist, denn andernfalls hätte Süd 1SA eröffnet.

b) Ob das Süd-Blatt ganz ausgeglichen ist, geht aus der Reizung nicht hervor: entweder ab 17FL semi-ausgeglichen, oder ab 18FL ausgeglichen.

➠ nach 1♦/♥/♠ - 1SA (6-10):

2SA = 18-19FL

3SA = ab 19+FL

Süd	West	Nord	Ost
1♥		1SA	
?			

	a)	b)
♠	K B 2	K D B
♥	K 10 8 6 5	A D B 10 6
♦	A 6	D B 7
♣	A D 9	D 10
	2SA	3SA

a) Mit 18FL gerade genug für die starke Einladung zu 3SA. Der Partner soll nur mit äußerstem Minimum (ca. 6) die Einladung ablehnen.

b) Diese 19FL gelten als 19+. Insbesondere die schöne Coeur-Farbe bildet ein erhebliches Stichkapital.

Was macht der Eröffner mit einer ausgeglichenen Hand unter 18FL?

bis 15FL: passen

16-17FL: neue Farbe auf der 2er-Stufe bieten;
falls möglich, anschließend mit 2SA eine milde Einladung abgeben

N
W O
S

♠ K B 7 6 5
♥ K D 7
♦ A K 6
♣ 3 2

Süd	West	Nord	Ost
1♠		1SA	
2♦			

Ab etwa 8F wird der Partner die Reizung nicht sterben lassen. Sollte er jedoch wirklich einmal mit maximal 7F und 4 bis 5 Karo-Karten auf 2♦ passen, dann muss dieser Kontrakt nicht schlechter als 2SA sein.

Andere Wiedergebote des Eröffners

Für die Bedeutung der anderen Wiedergebote des Eröffners gelten grundsätzlich ähnliche Prinzipien wie nach einer „1 in Farbe"-Antwort:

- Wiederholung der Eröffnungsfarbe = nicht forcierend, 13-16FL, 6er, oder 5er mit 2.Farbe, die nur teuer gereizt werden könnte

Süd	West	Nord	Ost
1♦		1SA	
2♦			

a)

N
W O
S

♠ 8 2
♥ A 8 6
♦ K D 7 6 4 3
♣ K 2

b)

N
W O
S

♠ 6
♥ A B 6 3
♦ K D 7 6 4
♣ K 3 2

Der Antwortende wird darauf in der Regel passen. Nur mit absolutem Maximum wird er über 2SA oder durch Hebung von Partners Farbe zum Vollspiel einladen.

➠ Wiederholung der Eröffnungsfarbe im Sprung = stark einladend, 6er, 17-19FL

N
W O
S

♠ A D B 8 6 2
♥ K D 4
♦ 8
♣ A 6 2

Süd	West	Nord	Ost
1♠		1SA	
3♠			

Der Antwortende hat drei Möglichkeiten: Mit Minimum wird er passen. Ansonsten hat er die Wahl zwischen 4 in Oberfarbe und 3SA.

➠ billige 2.Farbe = nicht forcierend, bis 19FL

Süd	West	Nord	Ost
1♥		1SA	
2♣			

a)
N
W O
S

♠ B
♥ A D 10 8 7
♦ A B 4
♣ A D 9 4

b)
N
W O
S

♠ 9 5 4
♥ A D 10 8 7
♦ 8
♣ A B 10 4

Kap. B.IV.3., Seite 99 behandelt Regeln für die Weiterreizung.

➠ 2.Farbe im Sprung: partieforcierend = partieforcierend, ab 20FL (19+)

N
W O
S

♠ A K 2
♥ 9
♦ A K 8 6 4
♣ K D 10 4

Süd	West	Nord	Ost
1♦		1SA	
3♣			

Zur Weiterreizung siehe Kap. B.IV.7., Seite 178.

- 2.Farbe teuer gereizt = rundenforcing, ab 16+FL

  Nach dem limitierten 1SA verzichtet man aus pragmatischen Gründen auf den selbstforcierenden Charakter der Reversereizung. Der Eröffner reizt die 2.Farbe oft im Sinne eines Stoppers, in der Hoffnung, dass der Partner eine oder zwei kritische Farben stoppen kann. Hat der Partner Minimum, muss auch 2SA als Endkontrakt möglich sein (der Antwortende wiederholt seine Denomination!).

N / W O / S

♠ A K 9 2
♥ 7
♦ A K 10 8 3
♣ B 10 6

Süd	West	Nord	Ost
1♦		1SA	
2♠			

4.2. NACH EINEM SA-GEBOT IM SPRUNG

Die nachfolgenden Ausführungen gelten nur nach natürlichen SA-Ansagen des Antwortenden.

Die Antworten 2SA und 3SA in der ungestörten Reizung sind nur nach Unterfarb-Eröffnungen natürliche Gebote.

Nach Antwort 2SA

- Wiederholung Eröffnungsfarbe auf der 3er-Stufe = 6er-Länge, Abschluss

N / W O / S

♠ 4
♥ K D 10
♦ B 5 3
♣ K D 10 9 5 2

Süd	West	Nord	Ost
1♣		2SA	
3♣			

- Neue Farbe auf 3er-Stufe = rundenforcierend, meist Zweifel über das richtige Vollspiel

N / W O / S

♠ 7 3
♥ K B 9 5
♦ A K D 8 5 3
♣ 3

Süd	West	Nord	Ost
1♦			2SA
3♥			

- Neue Unterfarbe im Sprung auf 4er-Stufe
  = natürlich, Schlemminteresse

N / W O / S

♠ 6
♥ A 7
♦ K D B 9 5
♣ A K B 10 2

Süd	West	Nord	Ost
1♦		2SA	
4♣			

- Neue Oberfarbe im Sprung = 5er-Länge, nicht forcierend

N / W O / S

♠ 7
♥ A D B 8 7
♦ 2
♣ A D B 8 6 4

Süd	West	Nord	Ost
1♣		2SA	
4♥			

Dies zeigt 6er-Treff und 5er-Coeur, ziemlich genau 4 Verlierer!

Warum? Mit mehr als 4 Verlierern hätte Süd Coeur eröffnet (siehe Kapitel B.I.).

Mit etwa 3 Verlierern würde Süd erst 3♥ bieten und dann 4♥ nachreizen.

Nach Antwort 3SA

- Farbgebot unterhalb von Vollspiel
  = natürlich und forcierend, meist Schlemminteresse

N / W O / S

♠ A K D 2
♥ 7 5
♦ A K 10 8 6 4
♣

Süd	West	Nord	Ost
1♦		3SA	
4♦			

- 4 in Oberfarbe = 5er-Länge, nicht forcierend wie nach Antwort 2SA (siehe oben)

➠ 4SA = 19FL, quantitativ (einladend)

N	
W O	
S	

♠ K D 8 6
♥ A K 6 3
♦ D 2
♣ A B 10

Süd	West	Nord	Ost
1♣		3SA	
4SA			

5. WEITERREIZUNG NACH SPRUNG IN NEUER FARBE

Süd	West	Nord	Ost
1♠		3♣	
?			

Süd	West	Nord	Ost
1♦		2♠	
?			

Für die Weiterreizung ist maßgeblich, dass der Antwortende eine starke lange Farbe mit maximal einem Verlierer versprochen hat. Er besitzt systemgemäß daneben keine zweite Farbe, auch keinen 3er-Anschluss zu Partners Oberfarb-Eröffnung. Das Suchen eines Fits in einer anderen Farbe ist im Normalfall müßig.

Nach dem starken Sprung des Antwortenden zeigt das Wiedergebot des Eröffners:

➠ Hebung ins Oberfarbvollspiel: Fit, Minimum, eher kontrollschwach, d.h. wenig geeignet für Schlemm

N
W O
S

♠ D B 5
♥ 8 5 4
♦ A K B 6
♣ B 10 6

Süd	West	Nord	Ost
1♦		2♥	
4♥			

➠ einfache Hebung: 3er-Fit, evtl. Double Topfigur, Interesse an Schlemm

Süd	West	Nord	Ost
1♣		2♠	
3♠			

a)
N
W O
S
♠ K 7 6
♥ 8 6
♦ A 7 6
♣ A D 10 7 5

b)
N
W O
S
♠ 8 7 3
♥ A D 10
♦ K 6
♣ A K B 10 4

a) Zwar nur 13F, aber kontrollstark; mit einer Chance auf Längenstiche in Treff und einem Schnapppotenzial in Coeur. Schlemminteresse.

b) Eindeutig Großschlemminteresse, wenn Partners Pik-Farbe stabil ist.

➠ neue Farbe ohne Sprung, egal ob teuer oder billig gereizt: Werte in gereizter Farbe, Stärke nicht limitiert

Süd	West	Nord	Ost
1♠		3♦	
3♥			

a)
N
W O
S
♠ K D 8 6 5
♥ A K 5
♦ 7 5
♣ 10 6 2

b)
N
W O
S
♠ A D 10 5 4
♥ K B 10 9 5
♦ 6
♣ 7 3

a) Bietet Partner jetzt 3SA, ist die Entscheidung zu passen leicht.

b) Auf 3SA vom Partner hat man eine knifflige Entscheidung zu treffen. Passen oder 4♥ ?

➠ Wiederholung Eröffnungsfarbe: gute 6er-Länge oder sehr gute 5er-Länge

Süd	West	Nord	Ost
1♣		2♥	
3♣			

a)
N
W O
S
♠ D 5
♥ 3
♦ A 8 6 4
♣ A D B 8 6 4

b)
N
W O
S
♠ D 8 6
♥ 9 4
♦ 5 3 2
♣ A K D B 4

➠ 3SA im Sprung: Kein Fit, Minimum, Stopper in allen Farben, Singleton in Partnerfarbe möglich

Süd	West	Nord	Ost
1♦		2♠	
3SA			

a) N / W O / S
♠ 9 5
♥ D B 10 7
♦ A B 4 2
♣ K B 7

b) N / W O / S
♠ 4
♥ A B 8 6
♦ D 10 6 4
♣ K D 3 2

Der bietraumraubende Sprung in 3SA soll den Partner vor einer Weitereizung warnen.

➠ 2SA: Werte in den Restfarben, Doubleton in Partnerfarbe, positiver als Sprung in 3SA, unlimitiert

Süd	West	Nord	Ost
1♣		2♦	
2SA			

a) N / W O / S
♠ A K
♥ K 10 9 6
♦ 10 8
♣ A 8 6 5 2

b) N / W O / S
♠ D B 3
♥ A K D 5
♦ 6 3
♣ A D 10 7

➠ 3 SA ohne Sprung: tendenziell Minimum, aber nicht so eng limitiert wie der Sprung in 3SA

N / W O / S
♠ A D B 7 4
♥ 8
♦ K B 7 5
♣ D B 4

Süd	West	Nord	Ost
1♠		3♥	
3SA			

	N	
W		O
	S	

♠ K D 9 7
♥ A B 10 5
♦ K 9 5
♣ 8 6

Süd	West	Nord	Ost
1♦		3♣	
3SA			

➠ 4SA nach Partners Sprung auf die 3er-Stufe:
quantitativ, Einladung zu 6SA
gute 14F mit Double in Partnerfarbe und nicht kontrollschwach

	N	
W		O
	S	

♠ A D 4
♥ K D 10 8 3
♦ B 8
♣ D 9 7

Süd	West	Nord	Ost
1♥		3♦	
4SA			

Süd will Schlemm spielen, wenn der Partner für seinen Sprung in 3♦ nicht äußerstes Minimum hat.

4SA ist in dieser wie auch in analogen Situationen niemals Assfrage. Wollte Süd die Assfrage stellen, müsste er zunächst mit 4♦ den Fit bestätigen. Nach einem Kontrollgebot des Partners (4♥ oder 4♠) wäre dann in der nächsten Bietrunde 4SA die Assfrage (RKCB).

Der Antwortende wiederholt seine Farbe:

Mit der Wiederholung der Farbe, in welcher er vorab gesprungen ist, legt der Antwortende diese Farbe als Trumpffarbe fest. Farbreizungen vom Eröffner sind jetzt Kontrollgebote.

West		Ost
♠ K D B 5		♠ A
♥ 6 4	N	♥ A K B 10 7 5 3 2
♦ B 10 6 5	W O	♦ 3
♣ A D 2	S	♣ K 5 4

Süd	West	Nord	Ost
	1♦		2♥
	2♠		3♥
	4♣		4SA
	5♦		6♥
	passe		

4♣ ist Kontrollgebot, danach 4SA = RKCB.

Übungen zu Abschnitt B.III.

① N / W O / S

♠ A K D 3
♥ A D 10 8 4
♦ 9 7
♣ 6 3

Süd	West	Nord	Ost
1♥		2♥	
?			

---

② N / W O / S

♠ D 6 5 3 2
♥ 8
♦ A K 10 7
♣ K B 5

Süd	West	Nord	Ost
1♠		3SA	
?			

---

③ N / W O / S

♠ K D 7 5
♥ 7 6
♦ A D
♣ A 10 8 7 4

Süd	West	Nord	Ost
1♣		3♣	
?			

---

④ N / W O / S

♠ A K B 3 2
♥ 6
♦ A D 10 6 5
♣ B 10

Süd	West	Nord	Ost
1♠		2♣	
?			

---

⑤ N / W O / S

♠ B 10 4 3 2
♥ K D 6
♦ 8 7
♣ A D 9

Süd	West	Nord	Ost
1♠		2♦	
?			

Lösungen:

① 2SA. Allgemeines Versuchsgebot. Einladung zu 4♥. Für 2♠ ist die Pik-Farbe zu gut.
Denn 2♠ fragt nach Unterstützung in Pik.
(Vgl. Abschnitt 1.1.)

---

② 4♠. 3SA zeigt 4er-Pik und 13-15FV. Es kommt kein anderer Endkontrakt als 4♠ in Betracht.
(Vgl. Abschnitt 1.1.)

---

③ 3♦. Zeigt Stopper in Karo. Wenn der Partner 3♥ bieten kann, bietet Süd 3SA.
(Vgl. Abschnitt 1.2.)

---

④ 3♦. Zeigt 5-5 ab 17FL. Nach Partners 2 über 1-Reizung gelten etwas andere Regeln für das Wiedergebot des Eröffners. Es wird mehr Gewicht auf das Zeigen der Verteilung gelegt. Mit 5-4-Verteilung würde Süd auch mit 20FL nur 2♦ bieten.
(Vgl. Abschnitt 3.2.)

---

⑤ 2♠. Partners Gebot war selbstforcierend. Süd muss keine Angst haben, dass 2♠ Endkontrakt wird. Man muss sich an die Reizregeln halten: Der Partner weiß, dass sich in dieser Situation hinter der Wiederholung der eröffneten 5er-Farbe durchaus eine schlechte 5er-Farbe verbergen kann.
(Vg. Abschnitt 3.4.)

Merke: Nach Partners selbstforcierender 2 über 1-Reizung muss man die Regeln für das Wiedergebot des Eröffners lernen. Anders als nach Partners 1 über 1-Antwort sind sie nicht unbedingt common sense.

IV. DAS ZWEITE GEBOT DES ANTWORTENDEN UND FOLGEREIZUNG

1. NACH GEFUNDENEM OBERFARB-FIT

1.1. ANTWORTEN AUF EIN VERSUCHSGEBOT DES ERÖFFNERS

Nach Versuchsgebot 2SA

Süd	West	Nord	Ost
1♠		2♠	
2SA		?	

2SA ist ein allgemeines Versuchsgebot; es ist keinesfalls passbar. Der Eröffner hat meist Interesse an Vollspiel, manchmal ist er aber auch sehr stark und hat Schlemminteresse.

Der Antwortende beschreibt sein Blatt:

- 3 in Fitfarbe = Minimum
- 4 in Fitfarbe = Maximum, kein Singleton, verteilte Werte
- neue Farbe ohne Sprung = kein Minimum, Werte in der gereizten Farbe, mindestens den König,
- neue Farbe im Sprung = Singleton oder Chicane, Maximum, kein Ass oder König in einer Nebenfarbe,
- 3SA = 9-10F, meist 4-3-3-3-Verteilung

Süd	West	Nord	Ost
		1♥	
2♥		2SA	
?			

a) S

♠ 8 6
♥ A 8 6
♦ B 10 9 6
♣ 9 7 5 3

3♥

b) S

♠ D 8 6 5
♥ K 8 6 5
♦ 9
♣ B 10 7 4

4♦

a) 6FV sind äußerstes Minimum.

b) 10FV. Insbesondere mit 4 Trümpfen könnte das Singleton wertvoll sein, wenn der Partner leichtes Schlemminteresse und Verlierer in Karo hat.

Süd	West	Nord	Ost
		1♠	
2♠		2SA	
?			

c)
N / W O / S
♠ 10 8 7
♥ A D 6
♦ D 10 7 6
♣ B 9 7

3SA

d)
N / W O / S
♠ D 5 3
♥ 5 3
♦ D 9 6 5 4
♣ K B 10

3♣

c) Ist Partners Blatt ebenfalls ausgeglichen, wird es wahrscheinlich leichter sein, 9 Stiche in Sans- Atout als 10 Stiche im Pikkontrakt zu erzielen.
d) Zeigt die Werte in Treff, ab 8FV. Hat der Partner in Treff ein Singleton, dann kann er das Blatt abwerten.

Süd	West	Nord	Ost
		1♠	
2♠		2SA	
?			

e)
N / W O / S
♠ A B 8 6
♥ 7 6
♦ B 7 6 4
♣ 10 9 3

4♠

f)
N / W O / S
♠ B 9 2
♥ K 8 6 5 3
♦ 10 8 7
♣ K 7

3♥

e) 9FV sind Maximum. Süd kann jedoch über keine Nebenfarbe etwas Erwähnenswertes berichten.
f) Nord hat eher Coeur Singleton als Treff-Singleton. Andererseits, wenn Nord 4er-Coeur haben sollte, könnte 4♥ dem Pik-Vollspiel überlegen sein. Mit 4er-Coeur wird Nord auf dem Wege zu 4♠ für alle Fälle 4♥ anbieten.

Wie reagiert der Eröffner auf 3 in neuer Farbe vom Partner?

Süd	West	Nord	Ost
1♥		2♥	
2SA		3♣	
?			

a)
N / W O / S
♠ A K 2
♥ D B 10 7 6
♦ K D 5
♣ 3

3♥

b)
N / W O / S
♠ K 7 2
♥ A D 7 5 4
♦ A D 2
♣ D 4

4♥

a) Werte in Treff helfen wenig für ein Coeur-Vollspiel.
b) Die Treff-Dame kann man aufwerten. 4♥ sollten einen Versuch wert sein.

Süd	West	Nord	Ost
1♠		2♠	
2SA		3♦	
?			

c) N / W O / S

♠ A K B 7 4
♥ 6
♦ A D 10 7 2
♣ A D

4SA

d) N / W O / S

♠ A K B 10 6 4
♥ K 6 4
♦ A 5
♣ 8 5

3♥

c) 3♦ passt sehr gut. Partners hat mindestens Karo König, vielleicht auch den Buben.

Wenn Nord auf die Assfrage erwartungsgemäß mit 5♣ antwortet, kann man mit 5♦ noch nach der Trumpf-Dame fragen. Mit Trumpf-Dame beim Partner hat der Schlemm gute Chancen. Vielleicht ist sogar ein Dummy Reversal möglich, so dass man auf Treff-Schnitt nicht angewiesen ist. Oder die Trumpf-Dame ist zu viert und man kann zunächst Trümpfe ziehen, dann Partners Treff-Verlierer auf die langen Karos abwerfen und zum Schluss Treff Dame schnappen.

d) Für dieses Süd-Blatt ist 3♦ nur bedingt hilfreich. 3♥ lässt den Partner nochmals mitentscheiden, ob das Vollspiel geboten werden soll.

Nach Versuchsgebot in neuer Farbe:

Süd	West	Nord	Ost
1♠		2♠	
3♦			

Das Versuchsgebot in neuer Farbe zeigt ausschließlich Interesse am Vollspiel. Es fragt den Partner nach Unterstützung in dieser Farbe sowie nach Minimum/Maximum. Bringt der Partner keine Unterstützung in der kritischen Farbe, dann genügt oft selbst Maximum nicht zur Erfüllung eines Vollspiels; insbesondere dann nicht, wenn die Punkte teilweise aus kleinen Figuren in den kurzen Farben des Eröffners bestehen. Und ein Doubleton da, wo Partner ebenfalls ein Doubleton haben könnte, ist oft ohne Wert.

Süd	West	Nord	Ost
		1♠	
2♠		3♥	
?			

a) N / W O / S

♠ A 7 4
♥ K B 6 4
♦ 7 4
♣ 10 5 4 3

4♥

b) N / W O / S

♠ 8 6 4 2
♥ 3
♦ A 7 5 4 2
♣ 8 5 3

4♠

a) In der Coeur-Farbe verfügt man über sehr gute Unterstützung. Außerdem besitzt man Maximum. Die Vollspieleinladung will man auf jeden Fall annehmen. 4♥ schlägt vor, das Vollspiel in Coeur zu spielen. Der 4-4-Fit ist dem 5-3-Fit manchmal überlegen.

b) 8FV. Das Singleton in Partners unterstützungsbedürftiger Farbe erfährt eine Aufwertung durch das 4er-Trumpf. Es bestehen also gute Chancen, zumindest zwei von Partners Verlierern schnappen zu können.

Hier ein Beispiel, bei dem selbst ein Maximum beim Antwortenden keinesfalls ausreicht:

Süd	West	Nord	Ost
	1♥		2♥
	3♣		3♥
	passe		

West:
♠ 4 2
♥ A K 5 4 2
♦ A 3
♣ A B 5 4

N / W O / S

Ost:
♠ D B 5
♥ D B 8 3
♦ D 10 2
♣ 8 6 2

Ost bringt in Treff keinerlei Hilfe. Die kleinen Figuren in den Restfarben haben nur geringen Wert. Trotz 10FV bei Ost und gemeinsamen 28FV sind selbst 3♥ in Gefahr zu fallen.

Nach Versuchsgebot auf erste Antwort 2SA:

Mit 2SA hat der Antwortende die einladende Stärke mit 3 Trümpfen versprochen.

Süd	West	Nord	Ost
		1♠	
2SA		3♦	
?			

a) N / W O / S

♠ B 10 8
♥ A K 4
♦ K B 5
♣ 9 7 4 3

3♥

b) N / W O / S

♠ B 10 8
♥ A K 5
♦ 9 7 6
♣ K 5 3 2

3♠

a) Süds Blatt fittet sehr gut zu Partners Trial Bid. Da Süd nicht weiß, ob Nord nur Vollspielinteresse oder Schlemminteresse hat, reizt er für alle Fälle seine Coeur-Kontrolle. Sollte der Partner jetzt 3♠ reizen, wird Süd mit 4♠ die Reizung abschließen.

b) Süd muss mit 3♠ abwinken. In Karo kann Süd nicht helfen.

Süd	West	Nord	Ost
		1♠	
2SA		3♥	
?			

c) N / W O / S

♠ A 10 8
♥ D 9 8 6
♦ 7 4
♣ A 10 6 4

4♥

d) N / W O / S

♠ K 7 5
♥ D 8 6
♦ K B 10 4
♣ K B 5

3SA

c) Süd schlägt 4♥ als Endkontrakt vor. Der 4-4-Fit kann vielleicht einen Stich mehr als der 5-3-Fit bringen. Außerdem wertet der Doppelfit die Hand auf. Schön ist auch, dass das Blatt keinerlei verlorene Werte hat (kleine Figuren in den Unterfarben wären jetzt von zweifelhaftem Wert).

d) Der Sonderfall: Süd hat mit 13F 2SA (forcierend) geboten. Süd hat vor, auf jedes Gebot, das Partner auf der 3er-Stufe abgibt, mit 3SA zu antworten – um 12-13F mit 4-3-3-3-Verteilung zu zeigen (3er-Pik).

1.2. DER ERÖFFNER HAT DIE FARBE DES ANTWORTENDEN GEHOBEN

Im Prinzip steht fest, dass ein Oberfarbkontrakt gespielt wird. Die Frage ist, auf welcher Höhe.

Nur im Ausnahmefall kommt ein Sans-Atout-Kontrakt alternativ in Betracht; am ehesten dann, wenn beide Blätter ausgeglichen verteilt sind (insbesondere 4-3-3-3), die Deckung in den Nebenfarben sehr gut ist und die Fitfarbe eher schwach ist.

Süd	West	Nord	Ost
	1♣		1♠
	2♠		3SA
	passe		

West:
♠ A 8 6 4
♥ K D 6
♦ D 8 7
♣ D 10 9

N / W O / S

Ost:
♠ B 7 5 2
♥ A B 5
♦ K B 10 2
♣ A B

Mit einer unausgeglichenen Verteilung würde West auf jeden Fall in 4♠ korrigieren.

Das erste Gebot des Antwortenden war auf der 1er-Stufe:

➠ Der Eröffner hat auf die 2er-Stufe gehoben (13-16FV):

Süd	West	Nord	Ost
		1♣	
1♥		2♥	
?			

Der Antwortende
- passt bis 10FV (bzw. hebt auf die 3er-Stufe als Sperrgebot),
- lädt ein mit 11-12FV,
- bietet Vollspiel mit 13-16FV,
- untersucht den Schlemm ab 16+FV.

Für die Einladung stehen ähnliche Instrumente wie für den Eröffner zur Verfügung:
- 2SA als forcierende allgemeine Einladung (Schlemminteresse nicht ausgeschlossen),
- neue Farbe = meist mindestens 4er-Länge mit Unterstützungsbedarf,
- 3 in der Farbe des Eröffners = offenbart forcierend den Doppelfit.

Süd	West	Nord	Ost
		1♦	
1♠		2♠	
?			

a) Süd: ♠ K 8 5 3 ♥ D 4 3 ♦ 7 5 ♣ A 8 7 3 – Passe

b) Süd: ♠ K D 6 5 4 ♥ 7 2 ♦ 6 3 ♣ A 10 9 7 – 4♠

a) 10FV sind für eine Einladung zu wenig.
b) 13FV sind gerade genug, um das Vollspiel zu wagen.

Süd	West	Nord	Ost
		1♦	
1♥		2♥	
?			

c) Süd: ♠ K 8 5 3 ♥ D 4 3 2 ♦ A 5 ♣ A 8 7 – 4♥

d) Süd: ♠ 5 4 ♥ K 8 6 5 2 ♦ D 6 ♣ K 9 7 6 – 3♣

c) 14FV zu 13-16FV des Partners sollten ein komfortables Vollspiel sicherstellen.
d) Süd hat 12FV und bietet seine zweite Farbe als Einladung zum Vollspiel (alternativ wäre eine Einladung mit 2SA möglich).

Süd	West	Nord	Ost
		1♣	
1♠		2♠	
?			

e) N W O S

♠ K 8 5 3
♥ A K 4
♦ 7 5 2
♣ B 10 3

2SA

f) N W O S

♠ D B 8 6
♥ K 10 2
♦ K D 3
♣ D 7 2

3SA

e) 11FV und kein spezifisches Interesse an einer bestimmten Farbe legen eine Einladung mit 2SA nahe: Der Partner kann darauf mit 3♠ Minimum zeigen (13-14FV), oder eine Farbe außerhalb Pik reizen, um Werte in dieser Farbe zu zeigen (ab 14+FV), oder durch den Sprung ins Oberfarbvollspiel verteilte Werte mit Maximum zeigen (15-16FV). Springt der Eröffner in eine neue Farbe, zeigt er damit ein Singleton in dieser Farbe (Splinter) und Maximum. Letzteres ist sehr interessant für den Fall, dass der Antwortende Schlemminteresse hat.

f) Beschreibt die 4-3-3-3-Verteilung und zeigt die Stärke. Der Partner darf zwischen Passe oder 4♠ wählen.

Splinter sollte der Antwortende vornehmlich mit Verteilungshänden reizen, die ungefähr 17FV wert sind. Mehr darf der Eröffner jedenfalls nicht erwarten. Entsprechend darf er nur mit einer perfekt fittenden Nicht-Minimumhand über das Vollspiel hinausgehen.

Süd	West	Nord	Ost
		1♦	
1♥		2♥	
?			

a) N W O S

♠ A D 10 2
♥ K D 10 8 5
♦ K B 5
♣ 2

2SA

b) N W O S

♠ A B 9 6
♥ K D B 8 5
♦ D 7 5
♣ 2

4♣

a) 19FV sind zuviel für ein Splinter-Bid. Mit 2SA ist der Eröffner zur weiteren Blattbeschreibung aufgefordert.

b) 17FV sind gerade richtig für Splinter.

Wie reagiert der Eröffner auf Partners Splinter-Gebot? Zum Beispiel auf das 4♣ in obiger Reizung?

b1) ♠ 3
♥ A 7 6 2
♦ K 9 8 6 2
♣ K D 4

4♥

N
W O
S

b2) ♠ K 8 5
♥ 10 9 7 2
♦ A B 6 4
♣ A 5

4♥

N
W O
S

b3) ♠ K 2
♥ A 7 4 3
♦ A K 10 2
♣ 9 8 4

4SA

N
W O
S

b1) Mit 15FV hat Nord zwar Maximum, aber die Treff-Marriage ist abzuwerten!

b2) Nord besitzt keinerlei verlorene Werte in der Treff-Farbe. Dennoch sind 13FV doch zu wenig, um auf die milde Schlemmeinladung positiv zu reagieren.

b3) 15FV sind im Maximumbereich. Nord hat keinerlei verlorene Werte in Treff. Außerdem hat Nord Kontrollen in allen Restfarben. Er ist in der idealen Position, um die Assfrage zu stellen (RKCB).

Übrigens ist nach einem auf der 2er-Stufe manifestierten Oberfarb-Fit auch der Sprung in Partners eröffneter Unterfarbe ein Splinter-Bid; nicht jedoch der Sprung in die andere Oberfarbe, wenn der Partner diese eröffnet hat:

Süd	West	Nord	Ost
		1♣	
1♠		2♠	
4♣ = Splinter			

Süd	West	Nord	Ost
		1♦	
1♠		2♠	
4♥ = Splinter			

Süd	West	Nord	Ost
		1♥	
1♠		2♠	
4♥ = natürlich, zum Spielen			

Die Logik ist einleuchtend: Nach gefundenem Oberfarb-Fit will man keinen Unterfarbkontrakt mehr spielen. Will man nur forcierend den Doppelfit zeigen, genügt das Reizen von Partners eröffneter Unterfarbe auf der 3er-Stufe. Die eröffnete Oberfarbe könnte jedoch als Trumpffarbe in Frage kommen.

<u>Sperrgebot</u> mit 3 in Fitfarbe:

Der Antwortende hebt die bestätigte Fitfarbe präventiv auf die 3er-Stufe, um dem Gegner einen Eintritt in die Reizung zu erschweren, bzw. auch nach Intervention des Gegners. Er tut dies den Erkenntnissen des „Law of Total Tricks" folgend:

- mit einem zusätzlichen Trumpf (dem neunten),
- mit einem Doppelfit,
- mit einem Singleton in der anderen Oberfarbe.

Süd	West	Nord	Ost
		1♦	
1♠		2♠	
?			

a) N / W O / S

♠ K B 10 8 2
♥ 7 5
♦ D 6
♣ 10 7 6 2

3♠

b) N / W O / S

♠ A D 7 6
♥ 8 6
♦ D 10 7 5
♣ 8 3 2

3♠

c) N / W O / S

♠ K D B 2
♥ 3
♦ B 10 6
♣ 9 7 6 5 4

3♠

Insbesondere bei den Sperren mit nur 8 Trümpfen (Beispiele b und c) ist es wichtig, dass die Trumpffarbe von guter Qualität ist und sich die wenigen Figuren neben der Trumpffarbe in Partners Eröffnungsfarbe befinden. In Grenzfällen ist die Gefahrenlage zu beachten.

- <u>Der Eröffner hat auf die 3er-Stufe gehoben (17-19FV):</u>

Der Antwortende

- passt mit bis zu 8 FV,
- bietet Vollspiel mit 9-13FV,
- untersucht den Schlemm ab 14-15FV.

Süd	West	Nord	Ost
		1♦	
1♠		3♠	
?			

a) N / W O / S

♠ A 8 6 5
♥ D B 4
♦ 9 6
♣ 10 8 6 4

Passe

b) N / W O / S

♠ D 9 8 5 4
♥ 3
♦ B 9 7
♣ A D 8 6

4♠

a) Mit 8FV im Prinzip Maximum für Passen. Allerdings sind Coeur Dame und Bube von zweifelhaftem Wert, da Coeur meist eine kurze Farbe des Partners ist. Sie sollten um einen Punkt abgewertet werden. Entsprechend wäre ein zusätzlicher Bube immer noch zu wenig, um Vollspiel anzusagen, insbesondere wenn dieser Bube in Treff wäre.

b) 13FV. Maximum für Vollspielansage.

➠ Der Eröffner hat auf die 4er-Stufe gehoben (20 und mehr FV):

Der Antwortende
- ➠ passt bis ca. 11FV,
- ➠ untersucht den Schlemm ab ca. 12FV.

➠ Der Eröffner hat Splinter gereizt (20 und mehr FV):

Der Antwortende untersucht den Schlemm ab ca. 10FV, gerechnet ohne verlorene Werte in Partners Splinter-Farbe.

Zur Schlemmreizung siehe Kapitel F., Seite 303.

Das erste Gebot des Antwortenden war auf der 2er-Stufe:

Dies betrifft nur eine Sequenz:

Süd	West	Nord	Ost
1♠		2♥	

Der Eröffner hat auf die 3er-Stufe gehoben:

Der Antwortende
- ➠ bietet Vollspiel ohne nennenswerte Zusatzstärke (bis ca. 13FV),
- ➠ tritt in eine Schlemmsequenz ein durch ein anderes Gebot. (ausgenommen 4♠ = Pik-Fit mit 13-15FV)

Süd	West	Nord	Ost
		1♠	
2♥		3♥	
?			

a) N / W O / S

♠ D 2
♥ A B 8 6 4
♦ K 10 6
♣ 6 4 2

4♥

b) N / W O / S

♠ K B 3 2
♥ A 9 7 5 2
♦ 10 9 8
♣ 3

4♠

a) 2♥ war selbstforcierend. Süd darf auch mit Minimum keinesfalls passen, zumal der Eröffner versprochen hat, keine Minimumeröffnung zu besitzen.

b) Der Antwortende hat schon nach der Eröffnung Fit erkannt und das Blatt mit 13FV bewertet.

Der Doppelfit macht das Blatt noch einen Punkt stärker, zumal das Blatt in Partners Nebenfarben keinerlei zweifelhafte Werte hat. Aus der Sicht des Süd-Blattes sind alle FV-Punkte wertvoll.

Der Eröffner hat häufig nur 3er-Coeur. Der sichere 9-Karten-Fit in Pik ist in der Regel besser als ein 8-Karten-Fit. Darum 4♠ und nicht 4♥.

Der Eröffner sollte wissen, dass 4♠ als Vorschlag zum Spielen gedacht ist und der Antwortende 13-15FV besitzt. Mit Pik-Fit und 11-12FV hätte Süd nicht 2♥ geboten, sondern 3♠ oder 2SA; mit mehr als 15FV, eventuell schon mit schönen 15FV, würde Süd Zusatzstärke durch ein anderes Gebot zeigen.

<u>Der Eröffner hat auf die 4er-Stufe gehoben (4 Trümpfe, maximal 17FV):</u>

Der Antwortende
- passt bis ca. 15FV,
- beginnt eine Schlemmsequenz mit stärkeren Händen.

Zur Schlemmreizung siehe Kapitel F., Seite 303.

2. NACH GEFUNDENEM UNTERFARB-FIT

2.1. ANTWORTEN AUF EIN VERSUCHSGEBOT

Folgende Situationen sind gemeint:

Süd	West	Nord	Ost
1♦		2♦	
2♠			

Süd	West	Nord	Ost
1♣		3♣	
3♥			

Der Antwortende hat den Fit in der Eröffnungsfarbe bestätigt. Der Eröffner macht einen Versuch in Richtung Vollspiel. Solange die Reizung unterhalb von 3SA steht, zeigt eine neue Farbe Werte in der gereizten Farbe. Fast immer ist das wichtigste und erfolgversprechendste Ziel, zu prüfen, ob 3SA gespielt werden kann. Das heißt, prüfen, ob die Partnerschaft alle Farben stoppt und ob die Stärke für 3SA ausreichend ist. Die Frage der Stopper ist um so wichtiger, als der Antwortende für seine direkte Unterfarbhebung häufig in einer Farbe ein Singleton besitzt. Das Reizen einer neuen Farbe ist selbstverständlich forcierend, egal ob vom Eröffner oder vom Antwortenden.

Auf ein Werte zeigendes Versuchsgebot des Eröffners reizt der Antwortende die nächst mögliche Nebenfarbe, in der er Werte besitzt. Es sei denn, der Antwortende erkennt bereits, dass die Partnerschaft eine Farbe nicht ausreichend stoppt; dann kehrt er in der Regel auf die gemeinsame Fitfarbe zurück. Besitzt der Antwortende in beiden noch ungereizten Nebenfarben Stopper, dann bietet er Sans-Atout. Mit Minimum, falls möglich, auf der 2er-Stufe.

Süd	West	Nord	Ost
		1♣	
3♣		3♦	
?			

a) N / W O / S

♠ D B 10
♥ 3
♦ D 7 6 5
♣ A B 9 6 3

3♠

b) N / W O / S

♠ K B 2
♥ K 10 2
♦ 5
♣ B 9 6 5 3 2

3SA

Süd	West	Nord	Ost
		1♦	
2♦		2♠	
?			

c) N / W O / S

♠ 10
♥ K 6 3
♦ K 10 7 6 5
♣ D 10 6 3

3SA

d) N / W O / S

♠ 7 2
♥ 8 2
♦ A 9 8 6 5
♣ K 9 6 5

3♣

Merke: Nach gefundenem Unterfarb-Fit zeigt das Reizen einer zweiten und dritten Farbe Werte in der gereizten Farbe.

Nur das Reizen der vierten Farbe fragt nach Stopper.

Kann der Partner nach der Logik der bisherigen Reizung keinen vollen Stopper in der vierten Farbe haben, fragt das Reizen der vierten Farbe nach Halbstopper.

Halbstopper sind:

- K
- Dx
- Bxx
- 10xxx

Süd	West	Nord	Ost
	1♣		3♣
	3♦		3♥
	3♠		3SA
	passe		

W	O
♠ B 10 5	♠ D 3
♥ K 5 2	♥ A
♦ A D	♦ 8 7 6 4 2
♣ K B 8 6 3	♣ A 9 5 4 2

Hätte Ost neben dem Coeur-Stopper einen vollwertigen Pik-Stopper, hätte er auf 3♦ nicht 3♥, sondern gleich 3SA geboten. Darum fragt 3♠ nur nach Halbstopper.

Süd	West	Nord	Ost
	1♣		2♣
	2♦		2♥
	2SA		passe

W	O
♠ A K D 10	♠ 3
♥ 9 6 2	♥ D B 5
♦ K D 9	♦ 8 7 6 4
♣ K B 3	♣ D 9 5 4 2

West zeigt zunächst Karo-Werte, Ost mit 2♥ Coeur-Werte. 2♠ wäre nun die 4.Farbe und würde nach Halbstopper in Pik fragen (einen vollen Stopper kann Ost in Pik nicht haben, denn mit vollen Stoppern in beiden Oberfarben hätte Ost statt 2♥ gleich SA geboten). Entsprechend bietet West 2SA, um damit einen vollen Pik-Stopper anzuzeigen. 2SA lädt zu 3SA ein. Mit Minimum soll Ost passen, mit Maximum 3SA ansagen.

Wie viele FL-Punkte kann Ost für sein 2♣-Gebot haben? 2♣ verspricht bekanntlich 6-10FV. Davon sind meist 2 Punkte Verteilungspunkte für Kürzen, die im SA-Kontrakt nichts wert sind, also abzuziehen sind. Andererseits kommt in SA oft ein Längenpunkt in der Fitfarbe hinzu. Man kann also von 4-9FL ausgehen. Entsprechend gilt 4-6FL als Minimum, 7-9FL als Maximum.

Im obigen Beispiel besitzt Ost 5FL. Passen auf 2SA ist also richtig.

Verläuft die Prüfung, ob 3SA gespielt werden kann, auf der 3er-Stufe negativ, dann ist ein Gebot von <u>4 in der Fitfarbe nicht forcierend:</u>

Süd	West	Nord	Ost
	1♦		3♦
	3♠		4♦
	passe		

W	O
♠ A K	♠ 6 4
♥ B 7 4	♥ 9 3
♦ D B 7 4	♦ A K 6 5 2
♣ A 8 3 2	♣ D 10 6 5

3SA und 5♦ sind sehr schlechte Kontrakte. 4♦ könnte hingegen noch erfüllbar sein.

Die Regel, dass 4 in der gemeinsamen Unterfarbe nicht forcierend ist, wenn vorher 3SA untersucht wurde, gilt auch dann, wenn es der Eröffner ist, der dieses Gebot abgibt:

Süd	West	Nord	Ost
1♣		3♣	
3♦		3♥	
4♣		passe	

Hat der Eröffner nach Werte zeigenden Geboten auf der 3er-Stufe Schlemminteresse, dann darf er nicht 4 in Trumpffarbe bieten, sondern muss eine andere Farbe auf der 4er-Stufe reizen:

N
W O
S

♠ A
♥ 9 4 2
♦ A K D
♣ A D 6 5 3 2

Süd	West	Nord	Ost
1♣		3♣	
3♦		3♠	
4♦			

Kann Nord nun das Kontrollgebot 4♥ bieten, dann zeigt dies zweifelsohne Singleton (bzw. Chicane) und Süd will Schlemm spielen.

2.2. Der Eröffner hat die Farbe des Antwortenden gehoben

Das erste Gebot des Antwortenden war auf der 1er-Stufe:

Süd	West	Nord	Ost
1♣		1♦	
2♦		?	

Süd	West	Nord	Ost
1♣		1♦	
3♦		?	

In beiden Sequenzen ist das Rebid des Eröffners nicht forcierend. Der Antwortende reizt nur weiter, wenn Chancen auf eine ausreichende gemeinsame Stärke für Vollspiel bestehen. Wie meist nach gefundenem Unterfarb-Fit gilt das Hauptinteresse der Frage, ob 3SA gespielt werden kann.

Das beste Unterfarbvollspiel lautet 3SA! Dabei gelten die gleichen Reizregeln wie nach der Hebung der eröffneten Unterfarbe (voriges Kapitel 2.1.):

- das Bieten einer dritten Farbe zeigt Werte in dieser Farbe,
- das Bieten der vierten Farbe fragt nach Werten in dieser Farbe.

Süd	West	Nord	Ost
		1♣	
1♦		2♦	
?			

	a) N / W O / S	b) N / W O / S
♠	A K 10 2	A D B
♥	K B 2	4 2
♦	D 10 9 7 6	K D 8 6 4
♣	8	8 7 2
	3SA	2♠

a) Ein Schlemm ist unwahrscheinlich, die Stärke für 3SA ist gegeben, Stopper in allen Farben sind vorhanden. Also legt Süd den Endkontrakt fest.

b) Auch hier ist die Stärke für 3SA vorhanden. Aber der Stopper in Coeur fehlt. Darum bietet Süd rundenforcierend 2♠. Sollte der Eröffner 2SA antworten (Coeur-Stopper, Minimum), erhöht Süd auf 3SA.

Süd	West	Nord	Ost
		1♣	
1♦		3♦	
?			

	a) N / W O / S	b) N / W O / S
♠	K 10 2	B 8 7
♥	7 2	K D B 4
♦	D 10 6 2	A D 6 4
♣	B 8 7 4	5 2
	passe	3♥

a) Nord verspricht 4er-Karo sowie 17-19FV. 5♦ benötigen etwa 30FV, sind also ausgeschlossen. Was ist an FL-Stärke für 3SA bei Nord zu erwarten? 2 bis 3 Verteilungspunkte für die Oberfarbkürzen muss man abziehen. Nord verfügt demnach über 14-17FL. In Treff hat er mindestens 5er-Länge (mit 4-4 in Unterfarben hätte Nord 1♦ eröffnet), also höchstwahrscheinlich 1-2 Längenpunkte in Treff. Das bedeutet, der Gegner hat wahrscheinlich mehr Figurenpunkte als die eigene Partei.

b) Die gemeinsame Stärke für 5♦ ist vorhanden. Doch 3SA könnte das bessere Vollspiel sein. Zumindest dann, wenn Nord auf 3♥ mit 3SA antwortet und damit Pik-Stopper zeigt.

Sollte Nord 3♠ antworten (vierte Farbe), würde dies nach Halbstopper fragen, denn 3♥ verneint schon einen vollen Pik-Stopper.

Kann Nord weder 3SA bieten, noch nach Halbstopper fragen, kommt nur Karo-Spiel in Frage. Im Idealfall könnte sogar ein Schlemm gehen. Dafür müsste Nord jedoch ziemlich genau folgende Hand haben:

♠ 4
♥ A 6 2
♦ K B 8 2
♣ A K 8 7 4

N
W O
S

Mit 18FV ist das Blatt konform zur bisherigen Reizung von Nord.

Analog zum Rebid des Eröffners gilt auch für das Rebid des Antwortenden:

- direkte „Verlängerung" der Fitfarbe auf die 3er-Stufe ist ein Sperrgebot!

Süd	West	Nord	Ost
1♣		1♦	
2♦		3♦ = Sperre	

- direkte „Verlängerung" der Fitfarbe auf die 4er-Stufe ist forcierend und Schlemmeinladung, falls der Gegner nicht interveniert

Süd	West	Nord	Ost
1♣		1♦	
3♦		4♦ *	

* = forcierend, Schlemminteresse

Süd	West	Nord	Ost
1♣		1♦	
2♦		4♦ *	

* = forcierend, Schlemminteresse

Nach Intervention durch den Gegner ist 4♦ jedoch kompetitiv (Sperre bzw. Kampf um den Teilkontrakt)

Das erste Gebot des Antwortenden war auf der 2er-Stufe:

Süd	West	Nord	Ost
1♠		2♦	
3♦		?	

Süd	West	Nord	Ost
1♦		2♣	
3♣		?	

Die „2 über 1"-Reizung des Antwortenden war selbstforcierend, die Hebung der Farbe des Antwortenden ist mindestens bis 3SA forcierend. Stellt sich in der nächsten Bietrunde auf der 3er-Stufe heraus, dass 3SA wegen fehlender Deckung in mindestens einer Farbe nicht opportun ist, ist ein Gebot von 4 in der gemeinsamen Trumpffarbe passbar. Erhöht der Antwortende in seinem Wiedergebot jedoch direkt auf 4 in Trumpffarbe, dann zeigt dies unmissverständlich Schlemminteresse und fordert zum Kontrollgebot auf:

Süd	West	Nord	Ost
	1♥		2♣
	3♣		3♦
	3♥		4♣
	passe		

West		Ost
♠ 8 6	N	♠ 5 3 2
♥ K D 8 6 5	W – O	♥ 7 2
♦ K 8	S	♦ A D 10
♣ A B 10 4		♣ K D 9 6 2

25FL für 3SA sind an Bord, leider fehlt der Pik-Stopper. 3SA sind chancenlos.

4♣ haben noch gute Erfüllungschancen, in 5♣ kann der Gegner hingegen drei Stiche von oben abziehen.

Süd	West	Nord	Ost
	1♥		2♣
	3♣		4♣
	4♦		4SA
	5♦		6♣

West		Ost
♠ 8 6	N	♠ 5
♥ K D 8 6 5	W – O	♥ A 2
♦ K 8	S	♦ A D 10
♣ A B 10 4		♣ K D 9 7 6 5 2

Nach gefundenem Unterfarb-Fit leitet der Antwortende also eine Schlemmsequenz unmissverständlich durch die direkte Hebung auf 4 in Unterfarbe ein. In der nächsten Bietrunde kann er dann (wie im Beispiel) die Assfrage stellen.

Merke: Der direkte Sprung auf 4SA wird daher nach gefundenem Unterfarb-Fit nicht als Assfrage benötigt, <u>der direkte Sprung auf 4SA ist quantitativ!</u>

Süd	West	Nord	Ost
1♠		2♦	
3♦		4SA *	

* = quantitativ (16-17-FL, ausgeglichen)

Süd	West	Nord	Ost
	1♥		2♣
	3♣		4SA
	passe!		

West	Ost
♠ D B 8	♠ A K 10
♥ K B 10 6 5	♥ 4 2
♦ K	♦ D B 9 2
♣ A 8 5 4	♣ K D B 6

Für dieses quantitative 4SA sollte der Antwortende neben der ausgeglichenen Verteilung und einer nicht zu kontrollstarken Hand eine exakt definierte Stärke haben. Die Festlegung der Stärke für dieses Gebot mit 16FL bzw. 17-FL berücksichtigt, dass der Eröffner mit seiner direkten Hebung schon 14FL als Minimumstärke versprochen hat.

Zu beachten ist, dass insbesondere im Paarturnier 4SA dem Unterfarbvollspiel überlegen ist.

Unterstützung der eröffneten Oberfarbe: Fit

- **Sprung ins Vollspiel: Minimum, ca. 13-14/15FV**
- **3 in Oberfarbe: ab 15+FV**

Süd	West	Nord	Ost
		1♠	
2♦		3♦	
?			

a) Süd	b) Süd
♠ K 5 4	♠ A B 6 4
♥ K D 10 8	♥ D 6
♦ A 7 5 3	♦ K D 10 6 5
♣ 7 4	♣ K 2
4♠	3♠

Da 3♠ forcierend ist, ist 3♠ stärker als 4♠. Zu beachten ist noch, dass man das Blatt wegen des Doppelfits einen Punkt aufwerten kann.

Wie reagiert der Eröffner auf die Oberfarb-Fit bestätigende Reizung des Partners auf der 3er-Stufe (hier 3♠)?

Der Eröffner hebt nur dann unmittelbar ins Oberfarbvollspiel, wenn er ein Minimumblatt hat, das ihm für einen Schlemm nicht sonderlich geeignet erscheint. Ansonsten reizt er ökonomisch seine nächste Kontrolle (Erst- oder Zweitrundenkontrolle):

Süd	West	Nord	Ost
		1♥	
2♣		3♣	
3♥		?	

a)
♠ D 4
♥ K 8 6 4 2
♦ D 5
♣ A D 10 5

4♥

b)
♠ 6
♥ A D B 8 7
♦ A 7 6
♣ K D 8 6

3♠

a) 14FL hat Nord schon mit seinem 3♣-Gebot versprochen. Die Damen in den Kürzen sind von zweifelhaftem Wert. 4♥ soll den Partner warnen.

b) 3♠ folgt der Aufforderung des Partners, die nächste Kontrolle zu bieten.

Unterstützung der eröffneten Oberfarbe als Notgebot?

Bei bestätigtem Karo-Fit kann der Antwortende bei der Stopperprüfung für 3SA in eine Notsituation geraten:

♠ K 5
♥ 7 6 5
♦ D B 9 7 5
♣ A D 10

Süd	West	Nord	Ost
		1♠	
2♦		3♦	
??			

Süd würde gerne 3SA spielen, wenn Nord die Coeur-Farbe stoppt. Da erst 2 Farben gereizt sind, kann er aber nicht nach Coeur-Stopper fragen. Den Treff-Stopper kann er nicht zeigen, denn nach 4♣ kann man nicht mehr 3SA spielen. In dieser Situation bietet Süd 3♠ als Notgebot! Nord sollte auf diese Situation vorbereitet sein und mit Coeur-Stopper 3SA anbieten; vor allem dann, wenn seine Pik-Farbe nicht allzu gut ist.

Süd	West	Nord	Ost
		1♠	
2♦		3♦	
3♠		3SA !	

♠ A 9 6 4 2
♥ D B 2
♦ A K 3 2
♣ 8

Dieses Problem kann nur auftauchen, wenn Karo die erste Farbe ist, die auf der 3er-Stufe gereizt wird. Nach 3♣ zeigt die Oberfarbunterstützung des Antwortenden immer einen echten Fit.

3. DER ERÖFFNER HAT EIN FARBGEBOT ABGEGEBEN, DABEI WEDER FIT NOCH ZUSATZSTÄRKE GEZEIGT

Weder Fit noch Zusatzstärke zeigen folgende Farb-Wiedergebote des Eröffners:

- neue Farbe auf der Einerstufe,
- neue Farbe auf der 2er-Stufe, billig gereizt,
- Wiederholung der Eröffnungsfarbe ohne Sprung.

3.1. SA-GEBOTE DES ANTWORTENDEN

SA-Gebote des Antwortenden sind punktemäßig eng limitiert und nicht forcierend. Sie drücken den Willen aus, auf der Basis des bisherigen Informationsaustausches einen Sans-Atout-Kontrakt zu spielen.

- **1SA:** **6-10FL, evtl. Notgebot**

Süd	West	Nord	Ost
		1♣	
1♥		1♠	
1SA			

a) N / W O / S
♠ K 6 3
♥ D B 8 5
♦ A 6 5
♣ 8 5 2

b) N / W O / S
♠ K D 2
♥ D 8 7 6 2
♦ 8 5 4
♣ 7 3

a) Maximum für die 1SA-Antwort.

b) Der Antwortende benötigt für 1SA keinen Stopper in der 4.Farbe. 1SA ist eine reine Punktantwort ohne eine bessere Alternative. 2♥ ist eine schlechtere Alternative als 1SA; denn der Eröffner kann kurz in Coeur sein und müsste ohne Zusatzstärke auf 2♥ passen.

<u>Folgereizung nach 1SA:</u>

Mit tendenziell ausgeglichen verteilten Händen ohne Aussicht auf Vollspiel wird der Eröffner passen:

Süd	West	Nord	Ost
		1♦	
1♥		1♠	
1SA		passe	

a)
♠ K 7 5 4
♥ 7 3
♦ D B 10 9
♣ A K B
N / W O / S

b)
♠ A D B 6
♥ A 5 4
♦ B 9 8 5 4
♣ 8
N / W O / S

a) Eine einfache Entscheidung für den Eröffner.

b) Mit dem Singleton in Treff fällt das Passen nicht leicht. Doch erstens kann Treff Partners längste und beste Farbe sein, und zweitens hat Nord keine gute Alternative. 2♦ mit der schlechten 5er-Farbe könnte einen entsetzlichen Missfit heraufbeschwören und 2♥ verspricht neben einem 3er-Coeur auch etwas Zusatzstärke.

Die Wiederholung der Eröffnungsfarbe auf der 2er-Stufe zeigt 6er-Länge und ist im Prinzip Abschlussgebot:

Süd	West	Nord	Ost
		1♣	
1♥		1♠	
1SA		2♣	

♠ A 4 3 2
♥ 6
♦ K 3
♣ K B 10 6 4 3

Die Wiederholung der Eröffnungsfarbe im Sprung zeigt eine gute 6er-Länge und lädt zum Vollspiel ein, vornehmlich zu 3SA:

Süd	West	Nord	Ost
		1♣	
1♦		1♠	
1SA		3♣	

♠ A K 6 5
♥ D 2
♦ 2
♣ A K 10 9 6 5

Wie reagiert darauf der Antwortende?

Süd	West	Nord	Ost
		1♣	
1♦		1♠	
1SA		3♣	
?			

a)
♠ 8 7 3
♥ 9 6 3
♦ A B 9 8 3
♣ 4 2
passe

b)
♠ 8 3
♥ A B 10
♦ K 10 8 6 4 3
♣ 4 3
3SA

a) Mit Minimum passt der Antwortende.

b) Süd hat gute Stopper in beiden roten Farben und nimmt die Einladung zum Vollspiel an.

Süd	West	Nord	Ost
		1♣	
1♦		1♠	
1SA		3♣	
?			

c)

N
W O
S

♠ D 7
♥ B 6 3
♦ K B 9 8 3
♣ D 8 2

3♥

d)

N
W O
S

♠ D 3
♥ 8 5 4
♦ A 10 8 6 4
♣ D B 3

5♣

c) Süd reizt die vierte Farbe, um herauszufinden, ob Partner mit 3SA nun einen Halbstopper melden kann. Mit Double Dame in Coeur beim Partner hat 3SA gute Chancen.

d) Süd hat wertvolle Karten in Partners Farben. Karo Ass deckt außerdem direkt einen Verlierer in Partners Blatt ab. Süd will Vollspiel spielen. Ohne einen Coeur-Wert sollte 5♣ das aussichtsreichste Vollspiel sein.

Die (teure) Wiederholung der zweiten Farbe zeigt den extremen Zweifärber, normalerweise 6-5, in Treff und Pik ist 5-5 ab 14F möglich. Ohne Sprung einladend, im Sprung forcierend:

Süd	West	Nord	Ost
		1♦	
1♥		1♠	
1SA		2♠	

♠ K D B 7 5
♥ 5
♦ A D B 10 8 3
♣ 8

N
W O
S

Süd	West	Nord	Ost
		1♦	
1♥		1♠	
1SA		3♠	

♠ A K 9 7 5
♥ 5
♦ A K D 10 8 3
♣ 8

N
W O
S

Die verzögerte Unterstützung der Partnerfarbe zeigt 3er-Länge und ist ohne Sprung einladend, im Sprung forcierend:

Süd	West	Nord	Ost
		1♦	
1♥		1♠	
1SA		2♥	

♠ K D B 5
♥ K 10 5
♦ A D 10 8 3
♣ 8

Süd	West	Nord	Ost
		1♦	
1♥		1♠	
1SA		3♥	

♠ A D 4 3
♥ K D 5
♦ A K 10 8 3
♣ 8

Das billige Reizen der 4.Farbe zeigt ab 16FL, mit oder ohne 4er-Treff, forcierend für eine Runde.

Süd	West	Nord	Ost
		1♦	
1♥		1♠	
1SA		2♣	

a)

♠ A K 4 3
♥
♦ A B 10 8 3
♣ D B 6 4

b)

♠ A D 10 5
♥ K
♦ A K B 10 2
♣ 7 5 3

Hat der Antwortende mindestens 4er-Treff, kann er 3♣ bieten. Ansonsten beschreibt er sein Blatt weiter:

- 2♦: Minimum, mindestens 3er-Karo
- 2♥: gutes 5er-Coeur, kein Treff-Stopper, nicht Maximum
- 2♠: Pik-Figur zu dritt, eher Minimum
- 2SA: Werte in Coeur und Treff, eher Minimum
- 3♦: mindestens Karo-Figur zu dritt oder 4 kleine, Maximum
- 3♥: gutes 5er-Coeur, Maximum
- 3SA: Werte in Coeur und Treff, Maximum

Das Reizen der 4.Farbe im Sprung ist natürlich und forcierend zum Vollspiel:

Süd	West	Nord	Ost
		1♦	
1♥		1♠	
1SA		3♣	

♠ A B 4 3
♥
♦ A K 10 8 3
♣ A D B 2

N
W O
S

Das teure Reizen der 4.Farbe ist konventionell, aber nur rundenforcierend:

Süd	West	Nord	Ost
		1♣	
1♦		1♠	
1SA		2♥	

♠ K D 4 3
♥ B 8 5
♦ 3
♣ A K D B 8

N
W O
S

Die Hebung auf 2SA ist einladend und zeigt 16-18FL:

Süd	West	Nord	Ost
		1♦	
1♥		1♠	
1SA		2SA	

♠ A D 4 3
♥ K 5
♦ A K 10 8 3
♣ 10 8

N
W O
S

➠ 2SA im Sprung: 11-12 FL, Deckung in der 4.Farbe

N
W O
S

♠ D 4 3
♥ K 10 9 5
♦ A 8 3
♣ D 10 8 2

Süd	West	Nord	Ost
		1♦	
1♥		1♠	
2SA			

Hat der Antwortende 12FL, sollte er 2SA nur dann bieten, wenn das Blatt keine Zusatzwerte enthält. Mit Zusatzwerten ist auch mit nur 12FL schon 3SA vorzuziehen:

Süd	West	Nord	Ost
		1♣	
1♥		1♠	
?			

a) S
♠ 10 4 3
♥ A K 6 5
♦ K 8 3
♣ D 8 2
2SA

b) S
♠ 9 8 6
♥ D B 10 8
♦ A B 10
♣ K B 5
3SA

<u>Antworten des Eröffners auf den Sprung in 2SA:</u>

➠ 3 in Eröffnungsfarbe: Abschlussgebot

Süd	West	Nord	Ost
		1♦	
1♥		1♠	
2SA		3♦	

N
♠ A K 4 3
♥ 5
♦ K B 8 6 4 3
♣ 9 8

➠ jedes andere Gebot unterhalb von Vollspiel: forcierend

➠ 2SA ohne Sprung: 10+ - 12FL, Stopper in der 4.Farbe

Hat der Eröffner im Wiedergebot auf der 2er-Stufe geboten, ohne Zusatzstärke zu zeigen, ist es für den Antwortenden sinnvoll, auch schon mit guten 10 Punkten mit 2SA zum Vollspiel einzuladen.

N
♠ A D 9 3
♥ K B 10 5
♦ 10 6
♣ 8 7 3

Süd	West	Nord	Ost
		1♦	
1♥		2♣	
2SA			

Antworten des Eröffners auf 2SA ohne Sprung:

➠ Zweite Wiederholung der Eröffnungsfarbe: Abschlussgebot

Süd	West	Nord	Ost
		1♦	
1♥		2♦	
2SA		3♦	

♠ 4 3
♥ K 5
♦ D B 10 8 7 5 3
♣ A 7

N
W O
S

➠ Wiederholung der 2.Farbe: 5-5, Minimum, will Teilkontrakt spielen

Süd	West	Nord	Ost
			1♥
	1♠		2♣
	2SA		3♣
	passe		

♠ A B 7 5
♥ 8
♦ D 9 8 4 3
♣ K 10 2

N
W O
S

♠ 4 3
♥ A K 7 5 2
♦ 5
♣ A 7 6 4 3

➠ 4.Farbe nach vorherigem billigen Zweifärber: 5-5, Zusatzstärke, Suche nach bestem Vollspiel

Süd	West	Nord	Ost
		1♥	
1♠		2♦	
2SA		3♣	

♠ 3
♥ K D 10 7 5
♦ A K 10 8 3
♣ A 8

N
W O
S

Nachdem die Wiederholung der zweiten Farbe passbar ist (s.o.), kann der Eröffner auf diese Weise forcierend seinen 5-5-Zweifärber zeigen. Denn das Bieten der 4.Farbe wird als Frage nach Stopper nicht benötigt: Mit seinem 2SA-Gebot hat der Partner schon Stopper in der 4.Farbe versprochen.

➠ Wiederholung der Eröffnungsfarbe nach vorherigem billigen Zweifärber: forcierend

Süd	West	Nord	Ost
		1♠	
2♣		2♦	
2SA		3♠	

♠ A B 9 8 4 3
♥ K 5
♦ A K 10 8
♣ 10

➠ Billiges Reizen einer neuen Farbe nach vorheriger Wiederholung der Eröffnungsfarbe: nicht forcierend, zeigt Minimumhand

Süd	West	Nord	Ost
		1♥	
1♠		2♥	
2SA		3♦	

♠ A 3
♥ A D 9 6 5 2
♦ B 10 8 3
♣ 3

Die letzten beiden Sequenzen zeigen: Der Eröffner kann einen 6-4-Zweifärber mit Zusatzstärke von einem 6-4-Zweifärber mit Minimum abgrenzen. Da das Wiederholen der Eröffnungsfarbe die Stärke des Eröffners mehr limitiert als das Bieten eines billigen Zweifärbers, beschreibt man die Minimumhand, in dem man zunächst die Eröffnungsfarbe wiederholt.

➠ Verzögerter Anschluss an Partners Farbe: forcierend

Süd	West	Nord	Ost
		1♥	
1♠		2♦	
2SA		3♠	

♠ D 4 3
♥ A K 8 7 5
♦ A D 10 3
♣ 8

Süd kann durchaus 5er-Pik haben. Selbst wenn Süd nur 4er-Pik hat, könnte der 4-3-Fit in Pik das richtige Vollspiel sein – wenn Süds Treff-Farbe nicht allzu gut ist, er dafür aber ein gutes 4er-Pik besitzt. In jedem Falle darf der Antwortende auf 3♠ nicht passen.

➠ 3SA: 12+ - 15FL, Stopper in der 4.Farbe

N
W O
S

♠ A 4 3
♥ K B 8 5
♦ 8 3
♣ K D 10 8

Süd	West	Nord	Ost
		1♦	
1♥		1♠	
3SA			

N
W O
S

♠ D 8
♥ K 5
♦ A K 10 8 3
♣ D 9 8 2

Süd	West	Nord	Ost
		1♠	
2♦		2♥	
3SA			

<u>Weiterreizung des Eröffners:</u>

➠ 4 in gereizter Oberfarbe oder 5 in gereizter Unterfarbe: Wahl eines anderen Vollspiels als 3SA, meist Abschluss

Süd	West	Nord	Ost
		1♣	
1♥		1♠	
3SA		4♠	

♠ A D 9 4 3
♥ K 5
♦ 3
♣ K D 10 8 4

N
W O
S

Mit 3er-Pik soll Süd passen, ansonsten kann er in 5♣ oder 4SA ausbessern. 4SA in einer solchen Sequenz ist also zum Spielen. Mit idealen Ergänzungskarten kann der Antwortende sogar einen Schlemm ansteuern – dabei muss er jedoch auf die Assfrage verzichten.

➠ 4 in Unterfarbe: forcierend, Schlemminteresse

Süd	West	Nord	Ost
		1♦	
1♥		1♠	
3SA		4♦	

♠ A D 4 3
♥ K 5
♦ A K B 9 8 3
♣ 10

N
W O
S

Im Grundsatz gibt es dieses schlemminteressierte 4 in Unterfarbe auch nach einem 2SA-Wiedergebot des Antwortenden. Doch wird der Eröffner nach einem nicht Stärke zeigenden ersten Wiedergebot nur sehr selten so stark sein, dass er mit 11-12FL beim Partner Schlemminteresse hat.

Sprung in 4SA im Wiedergebot des Antwortenden: Assfrage oder quantitativ?

FORUM D PLUS kennt die Assfrage nur bei Fit. Für einen Schlemm in Sans-Atout ist die exakte Ermittlung der gemeinsamen Stärke im allgemeinen wichtiger als die Assfrage. Darum ist 4SA ohne Fit immer quantitativ, also Einladung zu 6SA. Allerdings gibt es Situationen, in denen man den vorhandenen Fit nicht forcierend zeigen kann. Dann ist der Sprung in 4SA Assfrage (RKCB) für die zuletzt gereizte Farbe (nur bei Oberfarben).

Die Bedeutung des Sprungs in 4SA nach Oberfarben-Rebid des Eröffners hängt also davon ab, ob der Antwortende in der jeweiligen Bietsituation über eine forcierende, schlemminteressierte Hebung der letztgenannten Farbe des Eröffners verfügt. Steht ihm eine solche Hebung zur Verfügung, nach der er dann in der nächsten Bietrunde die Assfrage stellen könnte, dann ist der direkte Sprung in 4SA quantitativ (ca. 18F), also Einladung zu 6SA. Hat der Eröffner zuletzt eine Unterfarbe geboten, dann ist der direkte Sprung in 4SA immer quantitativ.

Süd	West	Nord	Ost
		1♦	
1♠		2♣	
?			

a) S

♠ A K 6 5
♥ A D 9
♦ B 7 6
♣ K B 10

4SA

b) S

♠ A K B 5 2
♥ 2
♦ D 3
♣ A D 8 5 4

4♣

Süd kann in 4♣ springen, um nachhaltig Interesse an einem Treff-Schlemm zu offenbaren. 4♣ fordert den Partner auf, seine nächste Kontrolle zu reizen. Dann kann der Antwortende mit 4SA die Assfrage (RKCB) stellen. Springt er jedoch wie in Beispiel a) direkt in 4SA, ist das quantitativ, lädt also zu 6SA ein. Der Eröffner darf mit Minimum auf 4SA passen.

3.2. DER ANTWORTENDE WIEDERHOLT SEINE EIGENE FARBE

Hat der Eröffner in der ersten und zweiten Bietrunde ein Farbgebot abgegeben, ohne Zusatzstärke und ohne Fit zu zeigen, dann versprechen Farbwiederholungen des Antwortenden mindestens 6er-Länge und sind limitierte nicht forcierende Gebote.

Wiederholung auf der 2er-Stufe: 6er, 6-10/11FL

Süd	West	Nord	Ost
1♦		1♠	
2♣		2♠	

♠ D B 9 7 4 3
♥ K 6 4
♦ 6 4
♣ 9 8

N
W O
S

Süd	West	Nord	Ost
1♣		1♦	
1♥		2♦	

♠ B 9 7
♥ 3
♦ A 10 8 7 5 4
♣ 9 8 2

N
W O
S

Wiederholung auf der 3er-Stufe: 6er, 11-12/13FL

Süd	West	Nord	Ost
1♦		1♠	
2♣		3♠	

♠ D B 9 7 4 3
♥ A K 4
♦ 6 4
♣ 9 8

N
W O
S

Süd	West	Nord	Ost
1♥		2♦	
2♥		3♦	

♠ 8 6
♥ 4
♦ A D 10 8 5 3
♣ K 10 7 5

N
W O
S

In beiden Beispielen darf der Eröffner passen.

Wiederholung auf der 4er-Stufe (Oberfarbe): 7er oder sehr stabile 6er, 13-15FL

Süd	West	Nord	Ost
1♣		1♥	
1♠		4♥	

♠ B 6
♥ A D B 8 6 4 3
♦ 4
♣ K 6 5

3.3. AUSBESSERN AUF DIE ERÖFFNUNGSFARBE

Bietet der Antwortende im Wiedergebot die Eröffnungsfarbe des Partners, spricht man nur in folgender Konstellation von „Ausbessern":

- der Eröffner bietet einen billigen Zweifärber,
- der Antwortende unterstützt die Eröffnungsfarbe auf der 2er-Stufe.

Eröffnungsfarbe Oberfarbe:

Süd	West	Nord	Ost
1♠		1SA	
2♦		2♠	

Süd	West	Nord	Ost
1♥		1♠	
2♣		2♥	

Dieses Ausbessern verspricht systemgemäß 6-10FL und genau Doubleton in Partners eröffneter Oberfarbe, nicht forcierend.

Süd	West	Nord	Ost
1♥		1♠	
2♦		2♥	

♠ D 9 7 2
♥ B 3
♦ K 5 3
♣ D 10 4 3

Dass der Antwortende dabei wie in diesem Beispiel mehr Karten in Partners zweiter Farbe als in seiner ersten Farbe hat, ist durchaus typisch. Darum sagt man auch: Der Antwortende gibt die „falsche Präferenz".

<u>Warum kann der Antwortende im Prinzip nicht mehr als 2 Karten in Partners Oberfarbe haben?</u>

Mit 6-10FV und Fit zur eröffneten Oberfarbe hebt der Antwortende unmittelbar. Er bietet weder passbare 1SA und auch nicht 1♠ mit Fit zu Partners Coeur-Farbe.

Süd	West	Nord	Ost
1♥		2♥	

♠ D B 9 7
♥ B 3 2
♦ K 5
♣ 10 4 3 2

N / W O / S

Der Eröffner darf also nach dem Ausbessern des Partners keinesfalls von Fit ausgehen. Hat er lediglich 5er-Länge in der Eröffnungsfarbe, kommt mit Zusatzstärke am ehesten ein SA-Vollspiel in Betracht:

N / W O / S

♠ 4
♥ A K 10 8 3
♦ K 5 3
♣ A D 10 4

Süd	West	Nord	Ost
1♥		1♠	
2♣		2♥	
2SA			

Dies ist die Einladung an den Partner, mit guten 8-10 FL auf 3SA zu erhöhen.

Hat der Antwortende Fit, aber äußerstes Minimum für die Hebung, dann kann er auch zunächst den Fit verheimlichen mit der Absicht, anschließend auszubessern. Mit einer flachen Verteilung kann er sogar passbare 1SA riskieren:

Süd	West	Nord	Ost
1♠		1SA	
2♦		2♠	

♠ B 9 7
♥ B 9 3
♦ K 5 3
♣ B 10 3 2

N / W O / S

Mit der Verheimlichung des Fits tritt Nord gewissermaßen auf die Euphoriebremse. Er will verhindern, dass der Partners nach gefundenem Fit zu optimistisch wird und ein hoffnungsloses Oberfarb-Vollspiel bietet. Dafür nimmt der Antwortende sogar in Kauf, dass der Partner eventuell 1SA passt. Denn hat der Eröffner genau wie der Antwortende eine ausgeglichene Verteilung, dann muss 1SA nicht schlechter als 2♠ sein.

Ausbessern nach vorheriger 2 über 1-Antwort:

Da die 2 über 1-Antwort bereits ab 11FL verspricht, zeigt das anschließende Ausbessern in Partners eröffneter Oberfarbe:

11-12 FL, nur Double, meist Double Topfigur

Der Antwortende will nicht 2SA bieten, da der Stopper in der ungereizten Farbe fehlt.

Süd	West	Nord	Ost
1♥		2♣	
2♦		2♥	

♠ 8 6 5
♥ K 6
♦ D 7 5
♣ A B 10 6 5

N
W O
S

Es sei daran erinnert, dass der Antwortende mit 3 Trümpfen zu Partners Oberfarberöffnung und 11-12FV konventionell in 2SA springt. Vgl. Kap. B.II.1.1., Seite 28.

Eröffnungsfarbe Karo:

Beim Ausbessern in die Eröffnungsfarbe Karo ist die Anzahl der Karo-Karten völlig unklar: Von 2 bis z.B. 5 oder gar 6 ist alles möglich:

Süd	West	Nord	Ost
1♦		1♠	
2♣		2♦	

a)
N
W O
S

♠ K 10 9 5 2
♥ D 7 5 4
♦ 8 3
♣ D 5

b)
N
W O
S

♠ A 7 5 3
♥ 7 5 3
♦ A B 6 5 4
♣ 5

In beiden Fällen gibt es keine Alternative zu 2♦, wiewohl Beispiel b) sicherlich ein Maximum-Beispiel ist. Nord kann jedoch nicht in 3♦ springen, weil dies bis mindestens 3SA forcierend wäre.

Die Stärke der ausbessernden Hand liegt zwischen 6-10FL, bzw. mit echtem Fit zwischen 6 und 14FV.

Im Gegensatz zum Fit in Partners eröffneter Oberfarbe hat das unmittelbare Zeigen eines Unterfarb-Fits für den Antwortenden keine Priorität. Besitzt er mindestens 4 Karten in einer Oberfarbe, dann hat das Reizen einer Oberfarbe immer Vorrang.

3.4. VERZÖGERTE UNTERSTÜTZUNG FÜR DIE ERÖFFNETE OBERFARBE

Offenbart der Antwortende einen echten Fit zur eröffneten Oberfarbe nicht unmittelbar in der ersten Antwort, dann sollte dies wohl begründet sein. Der Antwortende zeigt damit einen Fittyp, den man in der ersten Antwort nicht direkt beschreiben kann:

- mindestens 4er-Pik und 3er-Anschluss zu Partners 1♥-Eröffnung, 11-12FV,
- 3er-Anschluss, 13-15FV,
- 4er-Anschluss, 13-15FV, mit guter 5er-Nebenfarbe
- mindestens 3er-Anschluss ab 16FV

Mindestens 4er-Pik und 3er-Anschluss zu Partners 1♥-Eröffnung, 11-12FV: 3♥ im Wiedergebot

Nach der ersten Antwort 1♠ und einem Farbwiedergebot des Eröffners, das keine Zusatzstärke verspricht, zeigt die 3♥-Reizung des Antwortenden im Wiedergebot die einladende Stärke von 11-12FV.

	N	
W		O
	S	

♠ K B 5 3
♥ D B 4
♦ 5 4
♣ K 10 5 4

Süd	West	Nord	Ost
		1♥	
1♠		2♣	
3♥			

Süd springt nicht in 2SA, um das 3er-Cœur schon in der ersten Antwort zu zeigen, weil ein 4-4-Fit in Pik besser als der 5-3-Fit in Coeur sein könnte.

3er-Anschluss, 13-15FV:

Sprung auf 4 in Partners eröffneter Oberfarbe im Wiedergebot

N
W O
S

♠ A B 3
♥ K 8 4 2
♦ 7 5
♣ K D 7 4

Süd	West	Nord	Ost
		1♠	
2♣		2♦	
4♠			

4er-Anschluss, 13-15FV, mit guter 5er-Nebenfarbe:

Sprung auf 4 in Partners eröffneter Oberfarbe im Wiedergebot

N
W O
S

♠ 4 2
♥ D 9 8 5
♦ A K 9 7 5
♣ 8 6

Süd	West	Nord	Ost
		1♥	
2♦		2♥	
4♥			

4er-Coeur und die Stärke von 13-15FV könnte der Antwortende auch durch den direkten Sprung in 3SA zeigen (siehe Kap.B II.1.1., Seite 28). Doch der direkte Sprung in 3SA sollte keine gute 5er-Nebenfarbe beinhalten.

Analysiert man die letzten beiden Fälle, kommt man zu dem Schluss: Der verzögerte Sprung auf 4 in Partners eröffneter Oberfarbe verspricht:

- entweder 3 Trümpfe und ungefähr eigene Eröffnungsstärke
- oder 4 Trümpfe mit guter 5er-Nebenfarbe und ca. 9F.

Mindestens 3er-Anschluss ab 16FV:

Hier muss man zwischen 2 Fällen unterscheiden:

- guter Fit (4er oder Topfigur zu dritt),
- schlechter Fit (3er ohne Topfigur).

Den guten Fit zeigt man: zuerst 2 in neuer Farbe, dann 3 in Eröffnungsfarbe

N
W O
S

♠ K 7 5
♥ 8 2
♦ K D B 7 5
♣ A D 5

Süd	West	Nord	Ost
		1♠	
2♦		2♥	
3♠			

N
W O
S

♠ A 7
♥ B 8 7 2
♦ A 6 4
♣ A K D 5

Süd	West	Nord	Ost
		1♥	
2♣		2♥	
3♥			

Der Eröffner kann sich sowohl darauf verlassen, dass der Antwortende mindestens 16FV hat, als auch über einen guten Trumpfanschluss verfügt.

Den schlechten Fit, ab 16FV zeigt man: zuerst 2 in neuer Farbe, dann nochmals neue Farbe, erst in der 3.Bietrunde den Fit zeigen

N
W O
S

♠ B 7 4
♥ K
♦ A D B 6 4
♣ A B 8 6

Süd	West	Nord	Ost
		1♠	
2♦		2♥	
3♣		3SA	
4♠			

N
W O
S

♠ A 9
♥ 9 7 4
♦ K D 4 2
♣ A K B 4

Süd	West	Nord	Ost
		1♥	
2♣		2♥	
3♦		3♠	
4♥			

Der Antwortende verzichtet darauf, schon in der 2.Bietrunde Stärke und Fit zu zeigen. Damit verhindert er, dass der Eröffner in eine Schlemmreizung eintritt, die letztlich an der minderwertigen Trumpfunterstützung scheitern könnte. Dafür nimmt er in Kauf, dass Stärke und 3er-Anschluss eventuell für den Partner nicht klar erkennbar werden.

Zeigt der Antwortende den Fit in der 3.Bietrunde auf der 4er-Stufe, dann ist dies nicht mehr forcierend und daher auf maximal 18FV limitiert.

Manchmal warnt die Umwegreizung des Antwortenden den Eröffner auch davor, den Oberfarb-Fit überhaupt zu spielen. Die naheliegende Alternative ist meist 3SA:

West		Ost
♠ K 7 5	N	♠ A D 2
♥ 8 6 4	W O	♥ B 9 7 3 2
♦ K B	S	♦ A D 8 4
♣ A K D 6 3		♣ 5

Süd	West	Nord	Ost
			1♥
	2♣		2♦
	2♠		2SA
	3♥		3SA
	passe		

In 3SA sind 10 Stiche sicher; während man in 4♥ höchstens 10 Stiche erzielt. Bei einem 4-1-Stand der Trümpfe droht sogar ein Faller.

Sonderfall: Der Antwortende mit 16+FV und Coeur-Fit beginnt mit 1♠:

Nun kann der Antwortende den Coeur-Fit nicht in der 2.Bietrunde, sondern erst in der 3.Bietrunde zeigen.

N
W O
S

♠ A K B 5 4
♥ K B 5
♦ D 7 3
♣ D 2

Süd	West	Nord	Ost
		1♥	
1♠		2♦	
3♣		3SA	
4♥			

In der 2.Bietrunde darf Süd keinesfalls in 3♥ springen, denn dies wäre passbar und würde lediglich 11-12FV zeigen. Das 1♠-Gebot in der ersten Bietrunde bereitet also Probleme.

Der Antwortende muss mit einer starken Hand im Einzelfall abwägen, ob er seine Pik-Farbe nicht lieber verschweigt, um in der 2.Bietrunde unmissverständlich forcierend den echten Coeur-Fit ab 16FV zeigen zu können:

S
♠ A 10 7 6
♥ K D 6 5
♦ A 6 5
♣ D 2

Süd	West	Nord	Ost
		1♥	
2♦ !		2♥	
3♥			

<u>Wie reagiert der Eröffner auf das Fit in der eröffneten Oberfarbe und Stärke zeigende Wiedergebot des Antwortenden auf der 3er-Stufe?</u>

Süd	West	Nord	Ost
1♠		2♦	
2♠		3♠	
?			

An dieser Stelle beginnt der Dialog in der Reizung darüber, ob ein Schlemm gereizt werden kann.

Der Eröffner ist aufgefordert, ökonomisch seine nächste Kontrolle zu zeigen. Ein direktes 4♠ zeigt dagegen eine kontrollschwache Minimumhand. 4♠ soll den Partner vor einem Schlemm warnen. In der obigen Bietsequenz reizt der Eröffner mit folgenden Blättern:

a) S
♠ K D 8 6 4 2
♥ A 7 4
♦ D 5 4
♣ 5
4♣

b) S
♠ K D 7 5 4
♥ A 8
♦ 7 6
♣ A B 10 3
4♣

c) S
♠ A D 10 4 2
♥ 8 4
♦ 8 2
♣ K D 8 2
4♠

a) Süd hat zwar nur 11F, aber die 6.Trumpfkarte und ein Singleton. Die Karo Dame gewinnt nach Partners 2♦-Gebot an Wert. 4♣ zeigt Erst- oder Zweitrundenkontrolle in Treff.
b) 4♣ versteht sich von selbst.
c) Hier sollte Süd seine Treff-Kontrolle vorsichtshalber verschweigen. Denn dies ist wirklich ein Minimumblatt. Außerdem, hat der Partner eine Kürze, wird diese wahrscheinlich in Treff sein. Die Treff-Werte sind also von dubiosem Wert.

Weitere Beispiele:

Süd	West	Nord	Ost
1♠		2♣	
2♦		3♠	
?			

a)

N
W O
S

♠ A K 8 7 3
♥ A K 6
♦ B 10 6 4
♣ 7

4♥

b)

N
W O
S

♠ D 8 6 4 3
♥ A D
♦ A D 10 9
♣ 5 2

3SA

c)

N
W O
S

♠ A B 8 6 5
♥ 5
♦ K D B 4
♣ K D 2

4SA

a) Zeigt Coeur-Kontrolle. Achtung: Ein Singleton in Partners erster Farbe reizt man nicht als erste Kontrolle. Der Partner sollte also wissen, dass Süd in Treff Single oder Chicane haben kann. 4♥ verneint jedoch definitiv Karo-Kontrolle.

b) 3SA nach gefundenem Oberfarb-Fit zeigt eine schlechte Trumpffarbe. Der Partner darf 3SA passen.

c) Alle Informationen, die Süd zur Festlegung des Endkontraktes benötigt, kann er mittels Roman Keycard Blackwood erfahren.

Hebung nachdem der Eröffner eine 6er-Oberfarbe versprochen hat:

Auf der 2er-Stufe verspricht der Eröffner nur in folgenden Bietsituationen zwingend eine 6er-Länge:

Süd	West	Nord	Ost
1♥		1♠	
2♥			

Süd	West	Nord	Ost
1♠		1SA	
2♠			

Nun genügt ein Doubleton in der Eröffnungsfarbe mit 11-12FV für eine Hebung:

N
W O
S

♠ D 6
♥ A 7 5 4 3
♦ 7
♣ D 10 9 4 3

Süd	West	Nord	Ost
		1♠	
1SA		2♠	
3♠			

3.5 VERZÖGERTE UNTERSTÜTZUNG FÜR DIE ERÖFFNETE UNTERFARBE

Unterstützung auf der 2er-Stufe: Fit, 6-12FV (max. 10FL), nicht forcierend

N
W O
S

♠ 3
♥ K 6 4 3 2
♦ 8 6
♣ K 9 6 4 2

Süd	West	Nord	Ost
		1♣	
1♥		1♠	
2♣			

Unterstützung auf der 3er-Stufe ohne Sprung, nach erster Antwort auf der Einerstufe: Fit, 10-12FL, einladend

Nur wenn der Eröffner seine Unterfarbe auf der 2er-Stufe wiederholt, kann diese Situation auftreten:

Süd	West	Nord	Ost
1♣		1♠	
2♣		3♣	

Süd	West	Nord	Ost
1♦		1♥	
2♦		3♦	

Die Punktstärke des Antwortenden ist in FL angegeben, da in dieser Situation viel häufiger 3SA als 5 in Unterfarbe als Vollspiel in Frage kommt.

Süd	West	Nord	Ost
1♣		1♥	
2♣		3♣	

♠ A B 7 5
♥ D 9 6 5
♦ 9 6
♣ A 7 4

N
W O
S

Wie reagiert der Eröffner darauf?

Süd	West	Nord	Ost
1♦		1♠	
2♦		3♦	
?			

a) S:
♠ 10 6
♥ A 8 4
♦ K D 8 7 4 3
♣ D 2

passe

b) S:
♠ 6
♥ D B 6
♦ A D 10 7 5 3
♣ A B 9

3SA

Mit Minimum passt der Eröffner, mit Maximum reizt er weiter, wenn möglich 3SA.

Unterstützung auf der 3er-Stufe

- **entweder im Sprung**
- **oder nach erster Antwort 2 über 1: guter Fit, ungleichmäßige Verteilung, ab Eröffnungsstärke, forcierend**

S:
♠ A 8 4
♥ D B 9 4
♦ A D 9 7 5
♣ 7

Süd	West	Nord	Ost
		1♦	
1♥		1♠	
3♦			

S:
♠ D B 3
♥ 6
♦ K D 8 6
♣ A K 10 8 7

Süd	West	Nord	Ost
		1♦	
2♣		2♦	
3♦			

Wollte der Antwortende mit einer ausgeglichenen Verteilung forcierend einen Unterfarb-Fit zeigen, dann reizt er zunächst im Wiedergebot die 4.Farbe und zeigt den Fit erst in der 3.Bietrunde:

N
W O
S

♠ A D 5 3
♥ B 6 4
♦ A K 7 5
♣ D 5

Süd	West	Nord	Ost
		1♦	
1♠		2♣	
2♥		3♣	
3♦			

Je nachdem, was der Eröffner auf das 4.Farbe-Gebot antwortet, kann der Antwortende den Unterfarb-Fit auch ganz verschweigen. Hätte Nord in diesem Beispiel auf 2♥ mit 2SA geantwortet, wäre darauf sicher 3SA ein vernünftiges Abschlussgebot.

(Zur Bedeutung der Antworten auf 4.Farbe Forcing vgl. Kap. B IV. 3.9., Seite 144).

Unterstützung auf der 4er-Stufe: guter Fit, forcierend, Schlemminteresse, Aufforderung zum Kontrollgebot

Springt der Antwortende in der ungestörten Reizung freiwillig über 3SA hinaus in Partners Unterfarbe, dann muss dies nachdrücklich Interesse an einem Schlemm in dieser Farbe zeigen:

N
W O
S

♠ A K D 4
♥ 6
♦ D 7 5 4 3
♣ A K 4

Süd	West	Nord	Ost
		1♦	
1♠		2♦	
4♦			

Nord ist aufgefordert, die nächste Kontrolle zu zeigen. Bietet Nord darauf erwartungsgemäß 4♥, folgt in der nächsten Bietrunde 4SA = RKCB. Bietet Nord nicht 4♥, weil er keine Coeur-Kontrolle hat, schließt Süd darauf mit 6♦ die Reizung ab.

3.6. HEBUNG DER 2.FARBE DES ERÖFFNERS

Nach erster Antwort auf der 1er-Stufe: Hebungen bis zur 3er-Stufe einladend, also passbar

Am meisten Bietraum für eine präzise Einteilung der Stärke ist gegeben, wenn der Eröffner die neue Farbe auf der 1er-Stufe reizt:

Süd	West	Nord	Ost
1♦		1♥	
1♠			

Der Eröffner verspricht 4er-Pik, entsprechend benötigt der Antwortende ebenfalls 4er-Pik für die Hebung:

- 2♠ = 6-10FV
- 3♠ = 11-12FV
- 4♠ = 13-15FV

Ist der Antwortende noch stärker, muss er zunächst die 4.Farbe bieten und anschließend den Fit bestätigen.

Zeigt der Eröffner im Wiedergebot einen billigen Zweifärber auf der 2er-Stufe, ist der Raum für die Hebung deutlich verknappt:

Süd	West	Nord	Ost
1♠		1SA	
2♥			

Süd	West	Nord	Ost
1♥		1♠	
2♣			

Der Eröffner verspricht 4er-Länge in der zweiten Farbe, entsprechend benötigt der Antwortende mindestens 4er-Länge für die Hebung.

Hebung des 2♥-Wiedergebotes: 3♥ = 8+ - 11FV
4♥ = ab 12FV

Süd	West	Nord	Ost
		1♠	
1SA		2♥	
?			

a)

♠ 8 6
♥ 10 8 6 3
♦ K B 8 2
♣ D 10 9

passe

b)

♠ 6
♥ A 7 5 3
♦ K 7 5 3
♣ 10 7 5 3

3♥

c)

♠ 9 4
♥ D 10 7 5 4
♦ A 5
♣ K 5 4 2

4♥

Zu beachten ist, dass das Blatt des Eröffners in FV-Punkten automatisch stärker wird, wenn er einen Fit in der zweiten Farbe seines Zweifärbers entdeckt:

Süd	West	Nord	Ost
		1♠	
1SA		2♥	
3♥		?	

♠ A D 7 5 3
♥ K D 6 5
♦ A 6 4
♣ 8

Nords Blatt ist 16FL wert.

Würde Süd auf 1♠ mit 2♠ antworten, käme die Neubewertung des Blattes auf 17FV:

> 15F + 2V für das Singleton, aber keinen Längenpunkt in der Trumpffarbe.

Nach Süds Hebung der zweiten Farbe macht Nord folgende Rechung auf:

> 15F + 2V für das Singleton + 1L in Pik = 18FV.

Entsprechend nimmt Nord die Einladung an.

Beschreibende Gebote mit Super-Maximum-Fit nach erster 1SA-Antwort:

Süd	West	Nord	Ost
		1♠	
1SA		2♥	
?			

Der Antwortende hat sich mit 1SA limitiert und damit den Fit zur Eröffnungsfarbe verneint. Anschließende „unmögliche" Sprünge in SA oder einer anderen Farbe als Coeur zeigen alle den Maximum-Fit in Coeur und geben zusätzliche Blattbeschreibung:

3♠ = Double Topfigur in Pik, Maximum-Fit in Coeur

3SA = Single Pik, Maximum-Fit in Coeur

4♣/4♦ = Splinter, Maximum-Fit in Coeur

West:
♠ A D B 6 5
♥ K D 7 6
♦ 5
♣ A B 4

Ost:
♠ K 2
♥ A 10 9 8 3 2
♦ B 7 6
♣ 6 3

Süd	West	Nord	Ost
	1♠		1SA
	2♥		3♠
	4SA		5♦
	6♥		

Hebung von 2♣/2♦:

Hebung auf die 3er-Stufe: 8-12 FL, mind. 4er, einladend

Hebung auf die 4er-Stufe: ab ca. 18FV, mind. 5er, unausgeglichen Schlemminteresse (selten)

Süd	West	Nord	Ost
		1♦	
1♠		2♣	
3♣			

Süd	West	Nord	Ost
		1♥	
1♠		2♦	
4♦			

Nach der Hebung auf 3♣ erfolgt trotz des Fits die primäre Bewertung in FL-Punkten. Wenn Partner nämlich die Einladung annimmt und weiterreizt, dann wird das Vollspiel in den meisten Fällen 3SA lauten.

Süd	West	Nord	Ost
		1♥	
1♠		2♦	
?			

a) N / W O / S

♠ A K 5 4 3
♥ 7
♦ K 10 9 6 5
♣ K 5

4♦

b) N / W O / S

♠ D 6 5 2
♥ 7
♦ K 6 4 3
♣ D 9 7 6

passe

c) N / W O / S

♠ A 5 4 2
♥ 8 2
♦ K 10 8 6 4
♣ 4 3

3♦

d) N / W O / S

♠ D B 10 6
♥ 9 7
♦ B 9 6 5
♣ A D B

2SA

a) 19FV und unausgeglichen mit 5 Trümpfen: Schlemminteresse. Da 4♦ 3SA als Endkontrakt ausschließt, muss das Schlemmpotenzial erheblich sein. 4♦ fordert zum Kontrollgebot auf.

b) Zu schwach für eine Hebung.

c) Mit 8FL soeben stark genug für die Hebung auf die 3er-Stufe. Mit einer 5er-Farbe fällt die Entscheidung leicht. Hat der Partner nämlich nichts zuzusetzen, hat man mit 9 Trümpfen in Karo immerhin einen Kontrakt auf der Fitstufe erreicht. Das heißt, sollten 3♦ schon fallen, dann ist es wahrscheinlich eine gute Vorwärtsverteidigung gegen einen Treff-Fit der Gegner.

d) Trotz des Karo-Fits ist die Einladung mit 2SA der 3♦-Einladung vorzuziehen: Erstens kennt der Eröffner nun präziser die FL-Punktstärke, nämlich 11-12FL. Außerdem sprechen die massiven Werte in den schwarzen Farben zusammen mit den schlechten Karos für den SA-Kontrakt. Und sollte der Eröffner Minimum haben und auf 2SA passen, dann bringen 8 Stiche für erfüllte 2SA +120, während 9 Stiche für erfüllte 3♦ nur +110 bringen – ein im Paarturnier nicht zu unterschätzender Gesichtspunkt.

„Unmögliche" Gebote = indirekte Maximumhebungen

Hat der Antwortende sich zunächst durch eine 1SA-Antwort limitiert und auch den Fit zu Partners Oberfarbe ausgeschlossen, dann sind einige Sprunggebote im Wiedergebot eigentlich unmöglich. Sie zeigen jedoch alle Fit zu Partners 2.Farbe und Super-Maximum:

Süd	West	Nord	Ost
		1♠	
1SA		2♦	
?			

3♥ = Werte in Coeur, Maximum, mindestens 5er-Karo

3♠ = Double Topfigur in Eröffnungsfarbe, Maximum, mindestens 5er-Karo

3SA = Werte in Treff, Maximum, mindestens 5er-Karo (Sprung in Treff unterhalb von 3SA nicht mehr möglich)

Süd	West	Nord	Ost
		1♥	
1SA		2♣	
?			

3♦ = Werte in Karo, Maximum, mindestens 5er-Treff

3♥ = Topfigur in Coeur (Eröffnungsfarbe), Maximum, mindestens 5er-Treff

3♠ = Werte in Pik, Maximum, mindestens 5er-Treff

Was macht der Antwortende in seinem Wiedergebot mit Fit zu Partners Unterfarbe und Eröffnungsstärke?

(zur Erinnerung: erste Antwort war auf 1er-Stufe, der Eröffner bietet billigen Zweifärber, Fit in Partners zweiter Farbe)

Der Antwortende bietet entweder gleich 3SA oder die 4.Farbe.

Süd	West	Nord	Ost
		1♦	
1♥		2♣	
?			

a) N W O S

♠ K B 10
♥ D B 6 5
♦ 10 6
♣ A K 6 4

3SA

b) N W O S

♠ D 6 4
♥ K D 10 6
♦ K 2
♣ K 9 4 2

2♠

Nach erster Antwort auf der 2er-Stufe: Hebungen der 2.Farbe des Eröffners forcierend bis mindestens 3SA

Süd	West	Nord	Ost
1♠		2♦	
2♥		3♥	

Süd	West	Nord	Ost
1♥		2♣	
2♦		3♦	

Nords Hebung ist jeweils forcierend.

Hebung der Coeur-Farbe: 3♥ = mind.4er, ab ca. 15FV, forcierend
4♥ = mind.4er, bis ca. 14FV

Süd	West	Nord	Ost
		1♠	
2♣		2♥	
?			

a) N / W O / S

♠ 6 4
♥ K B 10 2
♦ D B 6
♣ A 9 7 6

4♥

b) N / W O / S

♠ 3
♥ A 9 3 2
♦ D 4
♣ A K B 9 5 3

3♥

a) Süd hat absolutes Minimum: 11FL, immerhin 12FV. Hat der Eröffner 13FL erhöht sich der Wert seines Blattes nach gefundenem Fit in seiner 2.Farbe auf 15FV. Gemeinsame 27FV sind also zu erwarten.

b) Süd hat Schlemminteresse. Die forcierende Fitbestätigung auf der 3er-Stufe schafft den Bietraum, um frühzeitig mit der Schlemmuntersuchung beginnen zu können.

Hebung der Karo-Farbe: 3♦ = mind. 4er, ab 11FL, forcierend bis mindestens 3SA
4♦ = mind. 4er, ab ca. 17-18FV, sehr unausgeglichen, Schlemminteresse (sehr selten)

Süd	West	Nord	Ost
		1♥	
2♣		2♦	
?			

a) N / W O / S

♠ 8 6 5
♥ B 2
♦ K D 7 5
♣ A D 10 2

3♦

b) N / W O / S

♠ 7
♥ 4
♦ K D 8 6 4
♣ A K 8 6 5 2

4♦

a) Süd kann trotz seiner ausgeglichenen Verteilung nicht Sans-Atout bieten, da er über keinerlei Pik-Stopper verfügt. Hat Nord z.B. in Pik den Double König, ist es wichtig, dass Nord Alleinspieler in 3SA wird.

b) Süd hat kein Interesse an 3SA. 4♦ fordert den Partner auf, seine nächste Kontrolle zu reizen. Anschließend stellt Süd mit 4SA die Assfrage.

Während die forcierende Hebung mit 3♥ unproblematisch und ein echter Gewinn für das System ist, ist die forcierende Hebung auf 3♦ ein kritischer Punkt im System. Haben beide Partner Minimum, dürfte es schwer sein, ein Vollspiel zu erfüllen. Selbst der mögliche Endkontrakt 4♦ kann zu hoch sein. Der Antwortende sollte daher mit Minimum, immer wenn möglich, das nicht forcierende 2SA dem forcierenden 3♦ vorziehen:

N / W O / S

♠ 9 6
♥ D B 5
♦ K 10 6 4
♣ A B 9 6

Süd	West	Nord	Ost
		1♠	
2♣		2♦	
2SA			

Es ist jedoch davor zu warnen, einfach 3♦ in dieser Situation als lediglich einladend zu deklarieren; denn damit würde man sich für andere, stärkere Hände Probleme schaffen.

Hier noch eine Beispielreizung mit Karo-Fit:

Süd	West	Nord	Ost
			1♥
	2♣		2♦
	3♦		3♥ *
	3SA**		passe

West		Ost
♠ K 2	N	♠ 7 4
♥ D 4	W O	♥ A K B 5 2
♦ A D 7 5	S	♦ K 10 9 8
♣ D 7 5 4 3		♣ B 10

*) Mögliche Gebote und ihre Bedeutung an dieser Stelle:

- ➡ 3♥ = verneint Werte in Pik, liefert keine Zusatzinformation über die Coeur-Farbe, lässt dem Partner die Chance, mit Pik-Stopper 3SA zu bieten,
- ➡ 3♠ = Frage nach Halbstopper in Pik (4.Farbe),
- ➡ 3SA = verspricht Stopper in Pik,
- ➡ 4♣ = Ass oder König in Treff, Interesse am Karo-Schlemm,
- ➡ 4♦ = Interesse am Karo-Schlemm, meist ohne Treff-Ass oder -König,
- ➡ 4♠ = Single oder Chicane in Pik (Splinter), großes Interesse am Karo-Schlemm,

**) Mögliche Gebote und ihre Bedeutung an dieser Stelle:

- ➡ 3SA = Pik Stopper, will 3SA spielen,
- ➡ 3♠ = Partner hast Du gar nichts in Pik? z.B. Double Bube (zur dritten Dame),
- ➡ 4♣ = Treff Kontrolle, Interesse am Karo-Schlemm,
- ➡ 4♦ = passbar: ich habe auch keinen Pik-Stopper; außerdem keine Punktreserven,
- ➡ 4♥ = Vorschlag zum Spielen, meist Double Coeur Figur,
- ➡ 4♠ = Single/Chicane in Pik, Interesse am Karo-Schlemm

3.7. Konvention 3.Farbe forcing nach Farbwiederholung des Eröffners mit 2♣/2♦

3.Farbe forcing betrifft das Wiedergebot des Antwortenden, nachdem der Eröffner seine Unterfarbe auf der Zweierstufe wiederholt hat. Es gibt drei Sequenzen für die Anwendung der Konvention:

Süd	West	Nord	Ost
1♣		1♥	
2♣		2♦	

Süd	West	Nord	Ost
1♣		1♠	
2♣		2♦ *	

* = (schließt 4er-Coeur aus)

Süd	West	Nord	Ost
1♦		1♠	
2♦		2♥	

In diesen drei Sequenzen ist das Wiedergebot des Antwortenden konventionell. Genauer gesagt, es ist doppeldeutig: Der Antwortende kann diese Farbe durchaus besitzen, er muss dies aber nicht notwendigerweise. Ähnlich wie bei „4.Farbe forcing" stellt 3.Farbe forcing eine Aufforderung an den Partner dar, sein Blatt weiter zu beschreiben. Um 3.Farbe forcing zu reizen, muss der Antwortende mindestens 10FL besitzen. Aus Sicht des Antwortenden ist also ein Vollspiel zumindest im Bereich des Möglichen.

Mit welchen Blättern reizt der Antwortende 3.Farbe forcing? Welche Motive hat er?

- Suche eines 5-3-Fits in Oberfarbe mit beliebiger Stärke ab 10 FL.

N
W O
S

♠ K B 10 7 5
♥ A 6 5
♦ D 4 2
♣ 8 7

Süd	West	Nord	Ost
		1♣	
1♠		2♣	
2♦			

- Suche nach Stopper in einer der beiden Restfarben (oder in beiden)

N
W O
S

♠ 8 6 4
♥ A K D 4
♦ K 10 4
♣ 5 3 2

Süd	West	Nord	Ost
		1♣	
1♥		2♣	
2♦			

➠ Suche nach dem richtigen Endkontrakt mit 6er-Oberfarbe ab partieforcierender Stärke

N
W O
S

♠ A D 9 7 5 3
♥ A 7
♦ D 5
♣ 9 8 2

Süd	West	Nord	Ost
		1♦	
1♠		2♦	
2♥			

Da 2♠ und 3♠ im Wiedergebot des Antwortenden nicht forcierend sind, ist 2♥ die Lösung, um mehr von Partners Blatt zu erfahren. Ein 3♠ in der nächsten Bietrunde ist dann partieforcierend.

➠ Suche nach dem richtigen Endkontrakt mit Fit in der Farbe des Eröffners

N
W O
S

♠ D 6
♥ A K B 7
♦ 8 6 2
♣ K B 6 2

Süd	West	Nord	Ost
		1♣	
1♥		2♣	
2♦			

3♣ von Süd wäre nur einladend, also passbar. Süd weiß noch nicht, was der richtige Endkontrakt ist. Ein Sprung in 3 SA kommt ohne ausreichende Stopper in den Restfarben nicht in Betracht. 5♣ könnte an drei Topstichen beim Gegner scheitern. Gibt Nord in der nächsten Bietrunde ein Gebot auf der 2er-Stufe ab, kann Süd darauf mit 3♣ forcierend den Fit zeigen.

In der Bietsequenz:

Süd	West	Nord	Ost
		1♣	
1♠		2♣	
2♦			

verneint das Bieten von 2♦ den Besitz eines 4er-Coeur.

<u>Die Antworten des Eröffners:</u>

am Beispiel:

Süd	West	Nord	Ost
1♣		1♥	
2♣		2♦	
?			

Erste Priorität hat, einen 3er-Anschluss zu Partners erster Farbe zu zeigen:

2♥ = 3er-Coeur, notfalls auch Double Topfigur, Minimum
3♥ = 3er-Coeur, Maximum

Ohne 3er-Anschluss in Partners erster Farbe:

2 SA= Minimum, Werte in Pik und Karo
3 SA= Maximum, Werte in Pik und Karo
3♣ = Minimum, gutes 6er-Treff
3♦ = Maximum, 4er-Karo
2♠ = 4.Farbe (siehe weiter unten)

Der Eröffner muss berücksichtigen, dass der Antwortende nach den 3 Minimum-Antworten passt, wenn er nur über einladende Stärke verfügt. Die Maximum-Antworten versprechen 15-16FL.

Hier einige Beispiele zu den Antworten des Eröffners:

Süd	West	Nord	Ost
1♣		1♠	
2♣		2♦	
?			

a)
♠ B 10 5
♥ K D 2
♦ 6
♣ A K B 9 5 3
3♠

b)
♠ 6
♥ A D
♦ B 10 5 3
♣ K B 10 9 5 2
2SA

c)
♠ K 5
♥ 8 6
♦ K D 2
♣ A 9 8 5 4 2
2♠

d)
♠ 3
♥ D 7
♦ K D 8 5
♣ A D B 10 5 3
3♦

e)
♠ 3
♥ 9 8 5 2
♦ A B
♣ K D B 8 6 4
3♣

a) Mit Maximum muss man den 3er-Anschluss im Sprung zeigen.

b) 2SA zeigt Stopper in Coeur und Karo, aber im Minimumbereich. Der Partner darf passen.

c) 2♠ passt noch am ehesten. Für 3♣ ist die Treff-Farbe zu schlecht, für 2SA fehlt ein Wert in Coeur.

d) 3♦ zeigt die Maximumhand mit 4er-Karo. Nun kann die Reizung vor 3SA nicht mehr stoppen.

e) 3♣ verspricht gutes 6er-Treff und Minimum.

4.Farbe auf 3.Farbe Forcing:

Süd	West	Nord	Ost
1♣		1♠	
2♣		2♦	
2♥			

Süd	West	Nord	Ost
1♣		1♥	
2♣		2♦	
2♠			

Süd	West	Nord	Ost
1♦		1♠	
2♦		2♥	
3♣			

In der ersten Sequenz bietet der Eröffner die 4.Farbe billig, in den beiden anderen Sequenzen teuer. Entsprechend schränkt der Eröffner in der billig gereizten Sequenz seine Stärke nicht weiter ein, er kann sowohl Minimum als auch Maximum haben. Bietet der Eröffner die 4.Farbe teuer, dann verspricht er damit Maximum.

Das Reizen der 4.Farbe ist für den Eröffner ein Rettungsanker, er bietet sie nur, wenn kein anderes Gebot passt. Entsprechend verspricht der Eröffner weder Werte in der 4.Farbe noch verneint er sie. Das Bieten der 4.Farbe billig ist rundenforcing; teuer gereizt forciert die 4.Farbe zum Vollspiel.

Süd	West	Nord	Ost
1♣		1♠	
2♣		2♦	
?			

a)	b)	c)
N / W O / S	N / W O / S	N / W O / S
♠ 6	♠ D 4	♠ 6 2
♥ A K B 10	♥ K B 10	♥ 8 6
♦ 6 4	♦ 7 5	♦ A D 5
♣ K 9 6 4 3 2	♣ A K B 8 7 4	♣ A D B 9 7 6
2♥	2♥	2♥

a) Das ökonomischste Gebot für die Minimumeröffnung. Was sollte Süd sonst auch bieten? Für passbare 3♣ ist die Farbe zu schlecht.

b) Was sonst? Für Sans-Atout fehlt ein Karo-Stopper. Für passbare 2♠ und 3♣ ist das Blatt zu stark. Für 3♠ fehlt die dritte Pik-Karte.

c) Was sonst? Für passbare 3♣ ist das Blatt zu stark, für 3♦ fehlt die vierte Karo-Karte.

Hebung der 3.Farbe Coeur:

Während das Reizen von 3.Farbe forcing mit 2♦ nur Vorteile und keine Nachteile hat, kann 2♥ als 3.Farbe zu einem Reizproblem führen:

Süd	West	Nord	Ost
1♦		1♠	
2♦		2♥	
3♥			

2♥ vom Antwortenden kann 4er-Coeur beinhalten, muss es aber nicht.

Um einen eventuellen Coeur-Fit nicht zu verpassen, muss der Eröffner mit 4er-Coeur 3♥ bieten, egal ob er Minimum oder Maximum hat. Dieses 3♥ ist forcierend, denn der Eröffner kann Maximum haben. Haben jedoch beide Spieler Minimum, landet man wahrscheinlich in einem unerfüllbaren Vollspiel, insbesondere, wenn der Antwortende nun 3 SA sagen muss. Dieser unerfreuliche Fall wird jedoch nur sehr selten eintreten, wenn der Eröffner der Empfehlung aus Kapitel B.III.2.4., Seite 58f.) folgt: nämlich nach 1♦-Eröffnung und 1♠-Antwort mit einer Minimumeröffnung und 2-4-5-2- oder 1-4-5-3-Verteilung dem 1SA-Rebid im Normalfall den Vorzug zu geben.

Mit einer 3-4-5-1-Verteilung kann der Eröffner auf 3.Farbe Forcing vernünftigerweise nach Minimum und Maximum differenzieren:

- mit Minimum passbare 2♠
- mit Maximum 4♣ Splinter!

Süd	West	Nord	Ost
1♦		1♠	
2♦		2♥	
?			

a) N / W O / S

♠ A 6 3
♥ D B 7 5
♦ K D 7 6 5
♣ 9

2♠

b) N / W O / S

♠ A 6 3
♥ K 9 7 5
♦ A K B 9 6
♣ 9

4♣

a) Hat der Partner 10-11FV, wird er auf 2♠ passen und einen ziemlich sicheren Pluscore schreiben. Auf 3♥ müsste er ohne 4er-Coeur 3SA bieten. Süd könnte in 4♠ ausbessern, allerdings mit mäßiger Erfüllungschance.

b) Das Splinter-Gebot zeigt zwingend 4er-Coeur und 3er-Pik sowie Maximum. Hat der Antwortende wirklich ein 4er-Coeur, wird er dem im Vergleich zum 5-3-Fit oft besseren 4-4-Fit den Vorzug geben.

(Ein anschließendes 4SA wäre jedoch RKCB für Pik, da der Antwortende bislang keine Coeur-Farbe versprochen hat.)

Die Weiterreizung des Antwortenden auf eine Minimum-Antwort:

Gibt der Eröffner auf 3.Farbe Forcing eine Minimum-Antwort, kann der Antwortende passen.

Dies sind zur Erinnerung nochmals die Minimum-Antworten:

- Unterstützung der Oberfarbe des Antwortenden auf der 2er-Stufe
- 2SA
- Wiederholung der eröffneten Unterfarbe

Reizt der Antwortende jedoch weiter, sind seine Gebote unterhalb von Vollspiel forcierend; ausgenommen ist hiervon nur die Wiederholung der 3.Farbe nach der Antwort 2SA.

Der Antwortende bietet nach einer Unterstützung seiner Oberfarbe auf der 2er-Stufe:

- Unterstützung der eröffneten Unterfarbe
  Dies verneint im Prinzip den Fit in der Oberfarbe und zeigt den guten Unterfarb-Fit.

♠ A D 6 4
♥ 8 6 2
♦ K B 10 4
♣ A K

Süd	West	Nord	Ost
		1♦	
1♠		2♦	
2♥		2♠	
3♦			

Bis 3SA wird der Eröffner jetzt Stopper zeigen:
3SA = Coeur und Treff-Stopper (kaum möglich nach der bisherigen Reizung)
3♥ = Coeur-Stopper
3♠ = kein Coeur-Stopper

- Der Antwortende will den Oberfarb-Fit spielen
  - Abschluss mit 4 in Oberfarbe
    Da der Partner u.U. nur eine Double Topfigur als Anschluss mitbringt, verlangt der Sprung ins Oberfarb-Vollspiel entweder eine 6er- oder eine stabile 5er-Farbe.

♠ A 3
♥ K D 8 6 4 2
♦ K 6 4 3
♣ 7

Süd	West	Nord	Ost
		1♣	
1♥		2♣	
2♦		2♥	
4♥			

  - 3 in der Fitfarbe = Schlemminteresse, Aufforderung zum Kontrollgebot

♠ 3
♥ A B 8 5 4 2
♦ A K 6
♣ K 5 2

Süd	West	Nord	Ost
		1♣	
1♥		2♣	
2♦		2♥	
3♥			

- 2SA Relais

  Dieses Relaisgebot garantiert 5er-Länge in der Oberfarbe. Motive für 2SA können sein:

  Untersuchung,

  - ob der Partner 3er-Anschluss hat,
  - ob er innerhalb des gezeigten Minimumbereichs eine gute Hand hat,
  - ob er bei 3er-Anschluss und passabler Hand ein Singleton hat,
  - wo er Werte hat.

Süd	West	Nord	Ost
1♣		1♠	
2♣		2♦	
2♠		2SA	
?			

a) S
♠ K 5
♥ 10 6 4
♦ A 2
♣ K B 9 7 6 4
3♣

b) S
♠ 8 6 4
♥ 3
♦ K D 7 6
♣ A D 10 6 4
3♠

c) S
♠ D B 6
♥ 7 5
♦ B 9
♣ A K B 10 6 4
4♠

d) S
♠ K 10 6
♥ 6 3
♦ A 6
♣ K D 8 7 6 3
3♦

e) S
♠ A 7 5
♥ 7
♦ K B 5
♣ A 10 9 6 4 2
4♥

a) Die erneute Wiederholung der Eröffnungsfarbe verneint den 3er-Anschluss in Partnerfarbe. Der Antwortende darf passen.

b) 3 in Fitfarbe zeigt Minimum innerhalb des Minimumbereiches, mit 3er-Anschluss. Der Antwortende darf passen.

c) Der Sprung ins Vollspiel verspricht den 3er-Anschluss sowie eine Nicht-Minimumhand, ohne nennenswerte Werte in den Restfarben und ohne Singleton.

d) Die neue Farbe verspricht ebenfalls 3er-Anschluss sowie eine Nicht-Minimumhand, mit Ass oder König in der gereizten Farbe, ohne Singleton.

e) Der Sprung in neuer Farbe ist ein Splintergebot und zeigt gleichzeitig mit Coeur-Single/Chicane eine Nicht-Minimumhand mit 3er-Anschluss.

- Der Antwortende reizt eine neue Farbe (auch Wiederholung 3.Farbe)

  Damit verneint der Antwortende mehr als 4 Karten in der unterstützten Oberfarbe. Er hat außerdem keinen guten Fit zu Partners Eröffnungsfarbe. Er zeigt Werte in der jetzt gereizten Farbe und möchte 3SA spielen, wenn der Partner Stopper in der 4.Farbe hat.

N
W O
S

♠ A D B 5
♥ 8 6 5
♦ A K 6
♣ B 4 2

Süd	West	Nord	Ost
		1♣	
1♠		2♣	
2♦		2♠	
3♦			

Hätte Süd 5-5 in Pik und Karo mit einladender Stärke, dürfte Süd auf 2♠ also nicht 3♦ bieten. Er müsste sich entscheiden zwischen Passen (2♠ zeigt Minimum) und einem Vollspielversuch über das konventionelle 2SA (s.o.).

<u>Der Antwortende bietet auf 2SA:</u>

Süd	West	Nord	Ost
		1♣	
1♥		2♣	
2♦		2SA	
?			

- Wiederholung eigene Oberfarbe: 6er, forcing
- 3SA: Abschluss
- Unterstützung Unterfarbe des Eröffners: guter Fit, forcing
- Wiederholung 3.Farbe: 5-5, nonforcing !

  Also: Nur wenn der Eröffner auf 3.Farbe forcing 2SA bietet, ist die Wiederholung der 3.Farbe passbar. Der Antwortende hat lediglich einladende Stärke.

Süd	West	Nord	Ost
			1♦
	1♠		2♦
	2♥		2SA
	3♥		passe

♠ A D 7 5 3
♥ K 8 6 4 2
♦ 7
♣ B 2

N
W O
S

♠ 4
♥ A 10 3
♦ K B 10 6 4 2
♣ K 6 5

Nach dem Stopper versprechenden 2SA entfällt das Motiv der Stoppersuche. Entsprechend benötigt man 3♥ nicht, um nach Stopper in der 4.Farbe zu fragen. Da man 5-5 forcierend durch den direkten Sprung in der 3.Farbe zeigt (vgl. den nachfolgenden Abschnitt 3.8.), ist die obige Sequenz frei, um 5-5 mit einladender Stärke zu zeigen.

Der Antwortende bietet auf Wiederholung der Eröffnungsfarbe Treff:

Süd	West	Nord	Ost
		1♣	
1♠		2♣	
2♦		3♣	
?			

Die Bedeutung der Gebote des Antwortenden folgen dem bekannten Muster:

- Wiederholung eigene Oberfarbe (3♠): 6er, forcing
- 3SA: Abschluss
- Unterstützung Partners Unterfarbe (4♣): guter Fit, forcing, Schlemminteresse
- neue Farbe (auch Wiederholung 3.Farbe): zeigt Werte in dieser Farbe, fragt nach Stopper in der 4.Farbe, forcing

Hätte der Antwortende 5-5 in seiner Oberfarbe und der als 3.Farbe Forcing gereizten Farbe mit einladender Stärke, dann sollte er jetzt passen. Denn der Partner zeigt eine gute 6er-Farbe und Minimum.

Der Antwortende bietet auf Wiederholung der Eröffnungsfarbe Karo:

Im Prinzip haben die Gebote des Antwortenden die gleiche Bedeutung wie bei Eröffnungsfarbe Treff. Nur ist wieder das sogenannte Karo-Problem zu lösen, das auch in anderen Bietsequenzen in diesem Lehrbuch erörtert wird.

Süd	West	Nord	Ost
		1♦	
1♠		2♦	
2♥		3♦	
?			

Wenn der Antwortende an dieser Stelle 3♥ bietet, zeigt dies Werte in Coeur und fordert den Partner auf, mit Stopper in Treff 3SA zu bieten. Hat der Antwortende jedoch Treff-Stopper und keinen Coeur-Stopper, kann er dem Partner nur durch ein 3♠-Gebot die Möglichkeit geben, mit Coeur-Stopper 3SA zu bieten:

N
W O
S

♠ A D 7 6
♥ 7 5 3
♦ K 5
♣ A D 10 7

Süd	West	Nord	Ost
		1♦	
1♠		2♦	
2♥		3♦	
3♠ !			

3♠ ist also doppeldeutig. Entweder hat der Antwortende ein 6er-Pik oder ihm fehlt Coeur-Stopper für 3SA. Der Eröffner soll mit Coeur-Stopper 3SA bieten.

Die Weiterreizung des Antwortenden auf eine Maximum-Antwort:

Es ist klar, dass die Reizung nun mindestens bis zum Vollspiel forcierend ist. Sie folgt den bekannten Reizprinzipien. Hier einige Beispiele:

a)

N
W O
S

♠ D 6 5
♥ A K 9 5
♦ A 7
♣ K B 7 6

Süd	West	Nord	Ost
		1♣	
1♥		2♣	
2♦		3♥	
4♣			

Nord zeigt 3er-Coeur und mindestens 15FL.

Süd zeigt mit 4♣ Interesse an einem Treff-Schlemm.

b)

N
W O
S

♠ A D B 10 7 4
♥ 8 7 5
♦ K 7
♣ A 6

Süd	West	Nord	Ost
		1♣	
1♠		2♣	
2♦		3♠	
4♦			

Das Bieten einer neuen Farbe ist ein Kontrollgebot für die vom Partner unterstützte Oberfarbe als Trumpf-Farbe.

Achtung: Würde Süd statt dessen 4♣ bieten, wäre dies eine Bestätigung von Partners Treff-Farbe als Trumpf-Farbe (siehe a)).

c)

	N	
W		O
	S	

♠ K B 7
♥ A D 9 7 5
♦ 9 5 4
♣ 7 6

Süd	West	Nord	Ost
		1♣	
1♥		2♣	
2♦		2♠	
3♠			

Süd zeigt seine Pik-Werte. Falls Nord Karo-Stopper hat, soll er 3SA bieten. (2♠ ist ein zum Vollspiel forcierendes Notgebot, das weder Pik-Werte verspricht, noch verneint.)

3.8. NATÜRLICHE 3.FARBE-REIZUNGEN DES ANTWORTENDEN

Auch in diesem Kapitel geht es vor allem um die Situation, dass der Eröffner im Wiedergebot seine Eröffnungsfarbe auf der 2er-Stufe wiederholt. Bietet der Antwortende darauf eine neue Farbe, ist dies forcierend und natürlich (ausgenommen die unter dem vorigen Gliederungspunkt behandelten Fälle der Konvention 3.Farbe forcing).

Neue Farbe billig gereizt auf der 2er-Stufe: rundenforcierend, ab 10FL

Hierzu existiert nur eine mögliche Sequenz:

Süd	West	Nord	Ost
		1♣	
1♠		2♣	
2♥			

Der Antwortende zeigt mindestens 5er-Pik und 4er-Coeur.

♠ K 10 8 6 4
♥ A 7 4 3
♦ K 9 4
♣ 5

	N	
W		O
	S	

♠ 4
♥ D 9 8 6
♦ D 5 2
♣ A K B 10 5

Süd	West	Nord	Ost
	1♣		
	1♠		2♣
	2♥		3♥
	passe		

Hätte Ost statt Karo Dame beispielsweise Karo Ass, befände er sich für seine durch 2♣ limitierte Stärke im Maximumbereich. Dann hätte Ost auf 2♥ mit 4♥ antworten müssen. 3♥ zeigt dagegen Minimum, West darf passen.

Ist der Antwortende 5-5 in Oberfarben verteilt, dann kann er dies mit einladender Stärke (10-12FL) durch die Wiederholung der Coeur-Farbe zeigen:

N
W O
S

♠ A D 9 5 4
♥ D B 10 8 6
♦ 7 5 3
♣

Süd	West	Nord	Ost
		1♣	
1♠		2♣	
2♥		3♣	
3♥			

Der Eröffner darf passen.

Neue Farbe teuer gereizt auf der 2er-Stufe oder ohne Sprung auf der 3er-Stufe: Partieforcierend, mindestens eigene Eröffnungsstärke

Das Bieten der 3.Farbe zeigt diese Farbe bzw. zumindest Werte in dieser Farbe.

N
W O
S

♠ A D B 8 5
♥ 8 6
♦ A D 3
♣ 8 7 6

Süd	West	Nord	Ost
		1♥	
1♠		2♥	
3♦			

Süd beschreibt sein Blatt so natürlich wie möglich, und gibt dem Partner die Möglichkeit, ebenfalls in der Blattbeschreibung fortzufahren. Der Antwortende muss nicht zwingend 4 Karten in der neuen Farbe haben.

Hier drei Beispiele für die Nord-Hand in dieser Bietsituation:

a)	b)	c)
♠ K 6 4	♠ 6	♠ 6 4
♥ A 10 9 5 3 2	♥ A D 10 7 5 3	♥ A K D 9 5 3
♦ K 6	♦ B 6 5	♦ K 6 5
♣ D 5	♣ A D 5	♣ 4 2
3♠	3SA	3♥
N / W O / S	N / W O / S	N / W O / S

a) Süd wird die Reizung mit 4♠ abschließen.

b) Süd passt.

c) Süd hebt auf 4♥.

Der Antwortende kann im Rebid eine Oberfarbe auch dann bieten, wenn er in dieser Farbe keine 4 Karten besitzt. Uneingeschränkt gilt dies selbstverständlich nur für eine Oberfarbe, in der der Eröffner schon 4er-Länge verneint hat:

N
W O
S

♠ A B 10
♥ K D 10 6
♦ 8 6 3
♣ K 5 3

Süd	West	Nord	Ost
		1♣	
1♥		2♣	
2♠			

Sicher könnte Süd mit dieser Hand auch 2♦ konventionell reizen. Doch mit dieser Hand ist 2♠ zweckmäßiger. Süd verspricht Werte in Pik, Nord ist aufgefordert, mit Karo-Stopper Sans-Atout zu bieten.

Neue Farbe im Sprung auf der 3er-Stufe gereizt: 5-5, forcierend, ab Eröffnungsstärke

Da das Reizen einer neuen Farbe forcierend ist, besteht für den Antwortenden keine Veranlassung, mit lediglich 4er-Länge zu springen, auch mit sehr starken Händen nicht. Der Sprung ist reserviert, um unmissverständlich die 5-5-Verteilung zu zeigen:

N
W O
S

♠ A D 8 6 5
♥ K D 10 7 5
♦ 7
♣ D 7

Süd	West	Nord	Ost
		1♦	
1♠		2♦	
3♥			

Neue Farbe des Antwortenden nach vorheriger 1SA-Antwort: meist mindestens 6er-Länge, nicht forcierend

Hat der Antwortende sich in der 1.Bietrunde durch ein 1SA-Gebot limitiert, dann zeigt das anschließende Reizen einer neuen Farbe, die er vorher nur auf der 2er-Stufe hätte bieten können, eine besondere Länge in dieser Farbe. Es verneint gleichzeitig einen Fit in Partnerfarbe.

Süd	West	Nord	Ost
		1♠	
1SA		2♦	
2♥			

N / W O / S

♠ 4
♥ D B 9 6 5 4
♦ 7 5
♣ K 4 3 2

Mit normaler Eröffnungsstärke ist der Eröffner aufgefordert zu passen; auch dann, wenn er in Partners Farbe nur ein Singleton besitzt.

3.9. 4.FARBE FORCING

Das Bieten der 4.Farbe ohne Sprung ist konventionell und forcierend. Das Gebot sagt nichts über die gereizte Farbe aus, sondern fordert den Partner zur weiteren Blattbeschreibung auf.

Süd	West	Nord	Ost
		1♣	
1♥		1♠	
2♦			

Süds 2♦ sagt nichts über die Karo-Farbe aus. 2♦ ist forcierend und fordert den Partner auf, weitere Informationen über sein Blatt zu liefern.

Mögliche Motive des 4.Farbe-Bieters

➠ Suche nach einem 5-3-Fit in eigener 5er-Farbe

Süd	West	Nord	Ost
		1♥	
1♠		2♣	
2♦			

N / W O / S

♠ D B 8 6 4
♥ K 5
♦ A B 4
♣ 8 6 3

Vorrangig ist Süd an einem 3er-Pik-Anschluss beim Partner interessiert. Hat Nord kein 3er-Pik, wird sein nächstes Gebot dennoch Aufschlüsse über seine Stärke und/oder Verteilung geben.

➠ Suche nach einem (Halb-)Stopper in der 4.Farbe

N
W O
S

♠ K D 7 5
♥ B 6 4
♦ 9 8 7
♣ A D 3

Süd	West	Nord	Ost
		1♦	
1♠		2♣	
2♥			

Mit der 4-3-3-3-Verteilung möchte Süd einen Sans-Atout-Kontrakt spielen, aber nur wenn Nord hilft, die Coeur-Farbe zu stoppen.

➠ Zu stark für direkte Hebung der Partnerfarbe

N
W O
S

♠ K B 10 6
♥ A K 6 5 4
♦ A 6
♣ 8 6

Süd	West	Nord	Ost
		1♦	
1♥		1♠	
2♣			

Süds Blatt ist 18FV wert. Der Sprung in 4♠ würde jedoch nur 13-15FV versprechen. Süd bietet darum zunächst die 4.Farbe. Reizt er in der nächsten Bietrunde dann 3♠ (keinesfalls 2♠, könnte ein Notgebot mit 3er-Anschluss sein!), ist das forcierend und zeigt ein Blatt mit mehr als 15FV.

➠ Zu stark für Wiederholung der eigenen Farbe

N
W O
S

♠ D 3
♥ A D 9 6 5 3
♦ K 4
♣ K B 4

Süd	West	Nord	Ost
		1♦	
1♥		2♣	
2♠			

Süd hat 17FL. Der Sprung in 3♥ an dieser Stelle wäre passbar. Selbst für 4♥ ist das Blatt eindeutig zu stark. Außerdem kann Süd sich nicht sicher sein, ob man in diesem Board einen Coeur-Kontrakt spielen soll. Wenn der Partner kurz in Coeur ist und Pik-Stopper mitbringt, könnte 3SA das bessere Vollspiel sein. Außerdem kann Süd einen Schlemm noch nicht ganz ausschließen. Nach dem 4.Farbe-Gebot ist 3♥ von Süd in der nächsten Bietrunde forcierend.

Suche nach Coeur-Fit (4.Farbe Coeur)

N
W O
S

♠ A B 7 6 5
♥ A 10 6 4
♦ 6
♣ K 7 6

Süd	West	Nord	Ost
		1♦	
1♠		2♣	
2♥			

Hier hat Süd gleich mehrere Motive für das Bieten der 4.Farbe. Klar, dass ein 3er-Anschluss in Pik interessant wäre; oder wenn Nord noch einen Stopper in Coeur mitbringen würde. Es ist jedoch auch nicht ausgeschlossen, dass Nord einen Dreifärber mit 4er-Coeur hat.

Welche Mindeststärke und wie weit forcierend?

Mindeststärke und genauer Forcing-Charakter sind abhängig davon, wie ökonomisch der Antwortende die 4.Farbe bieten kann:

Auf 1er-Stufe:	ab 11FL,	rundenforcierend
Auf 2er-Stufe, billig:	ab 11FL,	rundenforcierend
Auf 2er-Stufe, teuer:	ab 13FL,	partieforcierend
Auf 3er-Stufe:	ab 13FL,	partieforcierend

Auf der 2er-Stufe „billig" gereizt bedeutet, unterhalb von 2 in der ersten Farbe des Antwortenden.

Rundenforcierend bedeutet, wenn der Eröffner jetzt sein Blatt auf den Minimumbereich einer Eröffnung limitiert, kann der Antwortende passen. Jedes Gebot des Eröffners auf der 2er-Stufe beschränkt sein Blatt auf den Minimumbereich und ist passbar. Gebote des Eröffners ab der 3er-Stufe sind nicht passbar.

Wiederholt der Antwortende in der nächsten Bietrunde die 4.Farbe, ist auch dies konventionell und forcierend. Der Eröffner soll in der Blattbeschreibung fortfahren.

Es sei daran erinnert, dass dies alles so nur gilt, wenn der Eröffner in seinem Wiedergebot keine Zusatzstärke gezeigt hat.

Antworten des Eröffners auf 4.Farbe Forcing, billig auf der 2er-Stufe gereizt

Süd	West	Nord	Ost
1♥		1♠	
2♣		2♦	
?			

Unterstützung des 1.Farbe des Antwortenden

Auf der 2er-Stufe: 3er-Länge (notfalls Double Bild), Minimum, bis 14-FL, passbar

Auf der 3er-Stufe: 3er-Länge, ab 14+FL, forcing

Süd	West	Nord	Ost
1♥		1♠	
2♣		2♦	
?			

a) N / W O / S

♠ A 8 6
♥ D 10 7 6 5
♦ 7
♣ A D 6 5

2♠

b) N / W O / S

♠ A 8 6
♥ A B 7 6 5
♦ 7
♣ A D 6 5

3♠

Sans-Atout

2SA : mind. Halbstopper in 4.Farbe, 12F – 14-FL, keine 3er-Länge in Partnerfarbe, passbar,

3SA: Stopper in 4.Farbe, 14+ - 17FL, keine 3er-Länge in Partnerfarbe

4SA: Stopper in 4.Farbe, 18-19FL, keine 3er-Länge in Partnerfarbe

Süd	West	Nord	Ost
1♦		1♥	
1♠		2♣	
?			

a) N / W O / S

♠ A 10 7 5
♥ 6
♦ D B 5 4
♣ K D 5 2

2SA

b) N / W O / S

♠ A 10 7 5
♥ 6 4
♦ A K B 6 5
♣ K 4

3SA

c) N / W O / S

♠ A D 8 6
♥ K 5
♦ A B 10 9
♣ K D 4

4SA

Wiederholung der Eröffnungsfarbe

Auf der 2er-Stufe:	keine 3er-Länge in Partnerfarbe, kein Stopper in 4.Farbe, meist Notgebot, maximal 15FL, passbar, tendenziell gute 5er-Farbe
Im einfachen Sprung (auf 3er-Stufe):	6er, ab 16FL, keine 3er-Länge in Partners Oberfarbe, forcing, Stopper in 4.Farbe möglich
Auf der 3er-Stufe (ohne Sprung):	keine 3er-Länge in Partnerfarbe, kein Stopper in 4.Farbe, meist Notgebot, maximal 17FL, forcing, meist gute 5er-Farbe
Im einfachen Sprung (auf 4er-Stufe):	6er, ab 18FL, keine 3er-Länge in Partners Oberfarbe, forcing mindestens bis Vollspiel, Stopper in 4.Farbe möglich

Die ersten beiden Fälle beziehen sich also auf 4.Farbe-Situationen, bei denen es der Bietraum erlaubt, die Eröffnungsfarbe auf der 2er-Stufe zu wiederholen. Bei den beiden letzteren Fällen ermöglicht der Bietraum keine Wiederholung der Eröffnungsfarbe auf der 2er-Stufe.

Süd	West	Nord	Ost
1♦		1♥	
1♠		2♣	
?			

a) N / W O / S

♠ K 8 6 5
♥ 6 5
♦ A K D 7 3
♣ 9 2

2♦

b) N / W O / S

♠ A D 6 5
♥ 7
♦ A D B 7 6 3
♣ D 7

3♦

In dieser Sequenz hat Süd den Bietraum, um seine Eröffnungsstärke noch auf der 2er-Stufe wiederholen zu können. Der Sprung auf die 3er-Stufe im Beispiel b) zeigt entsprechend deutliche Zusatzstärke und 6er-Länge.

Süd	West	Nord	Ost
1♣		1♥	
1♠		2♦	
?			

c) N / W O / S

♠ A 8 6 5
♥ 4 2
♦ 5 4
♣ A D B 10 4

3♣

d) N / W O / S

♠ K D 7 6
♥ K 6
♦ 7
♣ A K B 10 7 5

4♣

Im Beispiel c) hat Süd nach der 20er-Regel korrekt eröffnet. Gerne würde er seine Farbe auf der 2er-Stufe wiederholen. Er ist jedoch gezwungen, dies auf der 3er-Stufe zu tun. Der Antwortende muss weiterreizen, denn 3♣ kann bis zu 17FL beinhalten. Der Bietraum lässt keine genauere Differenzierung zu.

Wiederholung der zweiten Farbe

Ohne Sprung:	5er-Länge in 2.Farbe, bis 17FL, forcierend
Im einfachen Sprung:	5er-Länge in 2.Farbe, 18-19FL

Süd	West	Nord	Ost
1♦		1♠	
2♣		2♥	
?			

a) N / W O / S

♠ B 8
♥ 7
♦ A K B 7 4
♣ K B 10 6 5

3♣

b) N / W O / S

♠ 7
♥ 3 2
♦ A K B 9 7
♣ A K D 9 5

4♣

Hebung der 4.Farbe

4.Farbe Coeur:	4er-Coeur, keine Limitierung der Stärke, forcierend
4.Farbe außer Coeur:	meist Ass (oder König) zu dritt, ab 14+FL

N / W O / S

♠
♥ D 10 6 5
♦ A D 9 7 5
♣ K D 9 2

Süd	West	Nord	Ost
1♦		1♠	
2♣		2♥	
3♥			

Damit ist sichergestellt, dass ein Coeur-Fit auf jeden Fall gefunden wird. Besitzt Nord kein 4er-Coeur, kann er jetzt 3SA reizen.

Süd	West	Nord	Ost
1♣		1♥	
1♠		2♦	
3♦			

♠ KB96
♥ 3
♦ A94
♣ AK865

Wenn Nord in Karo die Dame hat, kann es für den Erfolg des Kontraktes entscheidend sein, dass das Blatt mit der Dame Alleinspieler in 3SA sein wird.

Antworten des Eröffners auf 4.Farbe Forcing auf der 2er-Stufe, teuer gereizt

Soweit der Bietraum es noch zulässt, gelten für das 2.Wiedergebot des Eröffners die gleichen Regeln wie nach einer billig gereizten 4.Farbe. Dies gilt insbesondere für die Sans-Atout-Gebote.

Minimum zeigende Farbgebote auf der 2er-Stufe stehen jedoch nicht zur Verfügung. Da der Antwortende für das zum Vollspiel forcierende teuer gereizte 4.Farbe-Gebot Eröffnungsstärke haben muss, besteht im Grundsatz nicht die Gefahr, zu hoch zu geraten.

Süd	West	Nord	Ost
1♦		1♥	
2♣		2♠	
?			

a)
♠ 2
♥ D75
♦ DB865
♣ AK32

3♥

b)
♠ 3
♥ D75
♦ AK865
♣ AK32

3♥

3♥ ist in jedem Falle forcierend. Der Eröffner darf nicht in 4♥ springen, da der Partner nicht unbedingt ein 5er-Coeur haben muss.

Antworten des Eröffners auf 4.Farbe Forcing auf der 3er-Stufe

Bei weiter verknapptem Bietraum beschreibt der Eröffner sein Blatt nach den gleichen Prinzipien wie nach 4.Farbe auf der 2er-Stufe.

Süd	West	Nord	Ost
1♠		2♣	
2♥		3♦	
?			

a)	b)	c)
♠ A D B 4 3	♠ A 10 6 5 4	♠ K D 8 6 5
♥ K D 7 6	♥ A B 7 5	♥ A K B 5
♦ 7 4	♦ D 10 7	♦ K 4
♣ 9 3	♣ 5	♣ 8 7
3♠	3SA	3SA

a) 3♠ muss als Notgebot dienen.

b) Der Karo-Stopper muss in dieser Situation vollkommen ausreichen, um 3SA zu bieten. Es ist durchaus möglich, dass der Partner auch noch Unterstützung in Karo mitbringt.

c) Mit 17FL Maximum um nur 3SA zu bieten. Der Sprung in 4SA verspricht unverändert 18-19FL.

4.Farbe oberhalb der 3er-Stufe??

Oberhalb der 3er-Stufe wird die Konvention 4.Farbe Forcing nicht gespielt. Es handelt sich im Zweifel um ein Kontrollgebot.

4.Farbe Forcing auf der 1er-Stufe

Dies ist ein Sonderfall und betrifft ausschließlich die Bietsequenz:

Süd	West	Nord	Ost
1♣		1♦	
1♥		1♠	

1♠ kann einerseits natürlich sein ab 6 FL (mit guten mindestens 5er-Karo), andererseits aber auch konventionell ab 11 FL. Das Reizen der 4. Farbe auf der Einerstufe ist rundenforcierend.

Wie reagiert der Eröffner?

Im wesentlichen so, als wenn 1♠ eine natürliche Reizung wäre:

Unterstützungsgebote:

2♠ = 4er-Pik, 13 - 16 FV
3♠ = 4er-Pik, 17 - 19 FV
3♥ ! = 4er-Pik, ab 20 FV

ACHTUNG: Da 1♠ künstlich sein kann, darf man nicht in 4♠ springen; Das freie Gebot von 3♥ ist darum konventionell und zeigt das 4er-Pik, ab 20 FV.

Süd	West	Nord	Ost
1♣		1♦	
1♥		1♠	
?			

a) S:
♠ K D 6 4
♥ A D 6 5
♦ 8 6
♣ A D B

3♠

b) S:
♠ A D 9 3
♥ A K 5 4
♦ 7
♣ A D 10 5

3♥ !

SA – Gebote:

1SA = 12 – 15-FL	ausgeglichen ohne 4er-Pik, mit oder ohne Stopper in Pik
2SA = 15+ -17+FL	nicht ganz ausgeglichene Verteilung (z.B. 2-4-2-5 Verteilung) mit Pik-Stopper
3SA = 18 – 19FL	tendenziell ausgeglichen, mit Stopper in Pik

Süd	West	Nord	Ost
1♣		1♦	
1♥		1♠	
?			

a)

	N	
W		O
	S	

♠ 8 7
♥ K D B 5
♦ 7 4 2
♣ A D B 4

1SA

b)

	N	
W		O
	S	

♠ K B 5
♥ A D 7 6
♦ 6
♣ A D 10 9 5

2SA

c)

	N	
W		O
	S	

♠ A D 2
♥ A K 10 7
♦ D 6
♣ K B 8 5

3SA

a) Wenn Nord an einem Vollspiel in Sans-Atout interessiert ist und dazu Pik-Stopper bei Süd benötigt, muss er anschließend 2♠ bieten. Dies fragt dann unmissverständlich nach Stopper.

Mit dem aktuellen Blatt würde sich der Eröffner in 3♦ „retten".

Sonstige natürliche Gebote auf 1♠ 4.Farbe Forcing:

2♣ = 13 - 16FL, mindestens 5er-Treff (nebst 4er-Coeur)
2♦ = 13 - 16FL, meist 1-4-3-5 Verteilung
3♣ = 17 - 19FL, mindestens 6er
3♦ = 17 - 19FL, meist 1-4-3-5 Verteilung

4.Farbe im Sprung gereizt

Bietet der Antwortende die 4.Farbe im Sprung, dann ist das natürlich und forcierend. Die 4.Farbe im Sprung verspricht 5-5 in den eigenen gereizten Farben sowie Eröffnungsstärke.

	N	
W		O
	S	

♠ 6
♥ K B 10 7 6
♦ D 4
♣ A K 9 7 6

Süd	West	Nord	Ost
		1♦	
1♥		1♠	
3♣			

4. NACH 1SA-REBID DES ERÖFFNERS (MIT KONVENTION RELAIS TRANSFER)

Die typische Bietsituation:

Süd	West	Nord	Ost
1♣		1♥	
1SA		?	

Allgemein ausgedrückt:

- Eröffnung 1 in Farbe
- Antwort 1 in Oberfarbe
- Rebid des Eröffners 1SA
- Wie geht es weiter?

Für FORUM D PLUS gilt an dieser Stelle die Konvention Relais Transfer. Sie hat zum Ziel, den Bietraum zwischen 2♣ und 3SA optimal zu nutzen, um möglichst präzise den richtigen Endkontrakt zu finden. Ähnlich wie bei der Lebensohl-Konvention gelingt es mit Relais Transfer, die Anzahl der blattbeschreibenden Bietsequenzen nahezu zu verdoppeln. Dies sei zunächst an einem Anwendungsbeispiel verdeutlicht:

Süd	West	Nord	Ost
1♣		1♠	
1SA		2♣	
2♦		2♠	

Nord beschreibt in dieser Bietsequenz ein 6er-Pik mit einladender Stärke. Das 2♣-Gebot ist in dieser Sequenz rein konventionell, sagt also nichts über die Treff-Farbe aus. 2♣ verlangt vom Partner, 2♦ zu bieten. Süds 2♦ sagt demnach nichts über die Karo-Farbe aus.

Die eingeschobenen konventionellen Gebote nennt man Relais Transfer. Die Konvention gibt dem Antwortenden die Möglichkeit, entweder seine Pik Farbe direkt zu wiederholen (ohne Relais Transfer), dies wäre ein Abschlussgebot, oder über den Umweg des Relais Transfers, um den einladenden Pik-Einfärber zu zeigen. Die Konvention ermöglicht es also dem Antwortenden, sein 6er-Pik mit einladender Stärke bereits auf der 2er-Stufe zu zeigen. Der Sprung in 3♠ wird dadurch frei, um den Pik-Einfärber mit Schlemminteresse zu zeigen, während der Sprung in 4♠ ein Abschlussgebot ist.

Je nachdem also, ob man nach 1SA die weitere Blattbeschreibung direkt beginnt, oder den Relais Transfer zwischenschaltet und dann erst mit der Blattbeschreibung fortfährt, ändert sich die Bedeutung der blattbeschreibenden Gebote.

Beschreibung der Blatttypen mit und ohne Relais Transfer gereizt

Über Relais Transfer: Hände mit 5er-Oberfarbe ab einladender Stärke (ohne relevante zweite Farbe)

Hebt man den Partner mit Umweg über Relais Transfer in Sans-Atout, verspricht dies eine 5er-Oberfarbe:

N
W O
S

♠ A 5 4
♥ K B 9 6 5
♦ D 5
♣ B 10 2

Süd	West	Nord	Ost
		1♦	
1♥		1SA	
2♣		2♦	
2SA			

Nord darf passen, 3SA, 3♥ oder 4♥ bieten.

N
W O
S

♠ A D B 7 2
♥ D B 4
♦ K 10 8 3
♣ 5

Süd	West	Nord	Ost
		1♣	
1♠		1SA	
2♣		2♦	
3SA			

Nord soll zwischen 4♠ und 3SA als Endkontrakt wählen. Da Süd Karo als Trumpffarbe nicht zur Auswahl stellen möchte, reizt er diese Farbe auch nicht.

Analoge Sequenz ohne Relais Transfer

Hebt man den Partner dagegen ohne Relais Transfer direkt in Sans-Atout, verneint dies eine 5er-Oberfarbe:

Süd	West	Nord	Ost
		1♦	
1♠		1SA	
2SA			

Über Relais Transfer: Oberfarbeinfärber und -zweifärber mit einladender Stärke

Der mit Relais Transfer auf der 2er-Stufe gereizte Oberfarb-Einfärber verspricht einladende Stärke:

Süd	West	Nord	Ost
		1♣	
1♥		1SA	
2♣		2♦	
2♥			

♠ 9
♥ A B 9 6 4 3
♦ B 10 2
♣ K 10 7

Süd zeigt 6er-Cœur und 11-12FL. Süd lädt zu 4♥ ein.

Der mit Relais Transfer auf der 2er-Stufe billig gereizte Oberfarb-Zweifärber verspricht einladende Stärke:

Süd	West	Nord	Ost
		1♦	
1♠		1SA	
2♣		2♦	
2♥			

♠ D B 10 4 3
♥ A D 6 5
♦ 8 7
♣ D 5

Süds Reizung zeigt 5er-Pik und 4er-Coeur mit 11-12FL. Nord darf den Endkontrakt festlegen. Erkennt Nord einen Oberfarb-Fit, ist aber unschlüssig, ob er die Einladung zum Vollspiel annehmen soll, kann er mit 3 in Fitfarbe (Coeur oder Pik) den Partner nochmals in den Entscheidungsprozess einbeziehen.

Analoge Sequenz ohne Relais Transfer

Direkt, also ohne Relais Transfer auf der 2er-Stufe gereizte Oberfarb-Einfärber und -Zweifärber sind dagegen schwach, nicht einladend:

Süd	West	Nord	Ost
		1♥	
1♠		1SA	
2♠			

Nord muss passen.

Süd	West	Nord	Ost
		1♦	
1♠		1SA	
2♥			

5er-Pik, mindestens 4er-Coeur, schwach, Nord darf passen, oder in 2♠ ausbessern.

Über Relais Transfer: Zweite Farbe auf der 3er-Stufe gereizt = 5-4-Zweifärber, forcierend zum Vollspiel

ACHTUNG: Diese Regel gilt nicht für Treff als zweite Farbe (siehe unten: Teilkontrakte in Unterfarbe).

Reizt der Antwortende seine zweite Farbe auf der 3er-Stufe, dann ist dies logischerweise in jedem Falle partieforcierend, egal ob mit oder ohne Relais Transfer. Hier hilft dann der Relais Transfer, um deutlich zu machen, ob man lediglich einen 5-4-Zweifärber besitzt, oder einen extremeren, also mindestens 5-5 verteilten. Der ohne Relais Transfer im direkten Sprung gereizte Zweifärber verspricht mindestens eine 5-5-Verteilung.

N
W O
S

♠ A K B 7 4
♥ K D 7 6
♦ 6 4
♣ 9 8

Süd	West	Nord	Ost
		1♣	
1♠		1SA	
2♣		2♦	
3♥			

Süd zeigt exakt seine 5-4-Verteilung und forciert mindestens zum Vollspiel. Ohne 4er-Coeur, aber mit 3er-Pik sollte Nord mit Minimum 4♠ und mit Maximum 3♠ bieten. 3♠ lässt dem Partner mehr Raum, den Schlemm zu untersuchen. Hat Nord 4er-Coeur, soll er mit Minimum 4♥ reizen, mit Maximum aber seine nächste Unterfarbkontrolle zeigen.

N
W O
S

♠ 2
♥ A D 5 3 2
♦ K D 3 2
♣ D 10 9

Süd	West	Nord	Ost
		1♦	
1♥		1SA	
2♣		2♦	
3♦			

Mit dieser Sequenz meldet Süd 5er-Coeur und 4er-Karo. Da Süd das 5er-Coeur auch zeigen könnte ohne eine zweite Farbe zu reizen (s.o.), zeigt diese Sequenz durchaus Bereitschaft, einen Karo-Kontrakt zu spielen.

Analoge Sequenz ohne Relais Transfer

Der direkte Sprung auf die 3er-Stufe in einer neuen Farbe zeigt dagegen forcierend den extremen Zweifärber, mindestens 5-5:

N
W O
S

♠ K D 10 9 6
♥ 7
♦ K 5
♣ A K 8 6 5

Süd	West	Nord	Ost
		1♦	
1♠		1SA	
3♣			

Über Relais Transfer: Sprung in eigener Oberfarbe = 6er, forcierend zum Vollspiel

Da der Antwortende einen Oberfarbeinfärber mit einladender Stärke dank Relais Transfer schon auf der 2er-Stufe beschreiben kann, ist die Farbwiederholung des Antwortenden auf der 3er-Stufe auf jeden Fall forcierend und zeigt 6er-Länge. Geht er den Weg über Relais Transfer, will er den Partner zwischen Oberfarbvollspiel und 3SA wählen lassen.

N
W O
S

♠ A D 9 8 5 3
♥ K B 8
♦ B 4
♣ D B

Süd	West	Nord	Ost
		1♦	
1♠		1SA	
2♣		2♦	
3♠			

Nord darf im Wissen über die 6er-Farbe beim Partner zwischen 4♠ und 3SA wählen.

Wäre Nord sich sicher, dass 4♠ der richtige Kontrakt ist, könnte er auf 1SA auch gleich 4♠ bieten. Doch gerade mit einer 6-3-2-2-Verteilung und verteilten Werten liefert der SA-Kontrakt häufig genauso viel Stiche wie der Oberfarbkontrakt. Und nach dem Beginn 1♦-1♠-1SA ist die Entscheidung besonders brisant, denn der Eröffner könnte Single Pik mit 1-4-4-4-Verteilung besitzen! (siehe Kap. B.III. 2.4., Seite 55).

Analoge Sequenz ohne Relais Transfer

Geht der Antwortende nicht über Relais Transfer und wiederholt direkt seine Oberfarbe im Sprung auf der 3er-Stufe, dann zeigt dies mindestens 6er-Länge und Schlemminteresse:

	N	
W		O
	S	

♠ 3 2
♥ K B 10 8 6 5 3
♦ A 6
♣ A D

Süd	West	Nord	Ost
		1♣	
1♥		1SA	
3♥			

Über Relais Transfer: Teilkontrakt in Unterfarbe

Will der Antwortende mit einer schwachen Verteilungshand einen Unterfarbteilkontrakt spielen, muss er auch den Relais Transfer verwenden:

	N	
W		O
	S	

♠ 7 6 2
♥ D 7 5 4
♦ K 10 8 6 5
♣ 5

Süd	West	Nord	Ost
		1♦	
1♥		1SA	
2♣		2♦	
passe!			

Die Reizung erleidet gewissermaßen den Sudden Death. Mitten in der Konvention bricht sie ab. Süd hat jedoch sein Ziel erreicht, nämlich den Karo-Teilkontrakt.

	N	
W		O
	S	

♠ B 5 4 2
♥ 6
♦ 7 5
♣ K B 10 7 6 2

Süd	West	Nord	Ost
		1♦	
1♠		1SA	
2♣		2♦	
3♣		passe	

Da 2♣ konventionell und forcierend ist, ist 2♣ als Endkontrakt nicht möglich. Will man mit einer schwachen Hand Treff spielen, geht dies nur auf der 3er-Stufe. 3♣ über Relais Transfer ist ein Abschlussgebot. Um überhaupt eine Möglichkeit zu schaffen, Treff im Teilkontrakt zu spielen, muss man überdies darauf verzichten, einen forcierenden Zweifärber mit exakt 4er-Treff zeigen zu können.

Ergänzungen

Die Logik und die wesentlichen Elemente der Konvention sind beschrieben. Einige Sequenzen, die das System vervollständigen bzw. optimieren, seien im folgenden aufgelistet. Weitgehend ergeben sie sich automatisch aus der Logik des oben beschriebenen Systems.

<u>Verzögerte Hebung der eröffneten Coeur-Farbe</u>

Folgende Sequenzen sind gemeint:

a)

Süd	West	Nord	Ost
1♥		1♠	
1SA		2♥	

b)

Süd	West	Nord	Ost
1♥		1♠	
1SA		2♣	
2♦		2♥	

c)

Süd	West	Nord	Ost
1♥		1♠	
1SA		3♥	

Es ist klar, dass alle Sequenzen Coeur-Fit zeigen. Der oben vorgestellten Logik der Konvention folgend, ist a) Abschluss, b) einladend, c) forcierend. Die Sequenz c) zeigt schon Schlemminteresse, denn 4♥ steht als Abschlussgebot zur Verfügung.

Zu a): Was kann das für eine schwache Hand mit Coeur-Fit sein, mit der man nicht sofort auf 2♥ hebt? Kap.B.IV.3.3., Seite 110 gibt die Antwort: eine ganz schwache Hand, ca.6FV nebst 4-5 Pikkarten, mit der man Sorge hat, der Partner könnte auf ein direktes 2♥ zu optimistisch dem Vollspiel entgegenstreben.

<u>Direktes 2♦</u>

Direkt 2♦ nach Partners 1SA-Rebid verspricht eine tendenziell unausgeglichene Hand mit mindestens 5er-Karo, ca. 11FL, also mild einladend:

N
W O
S

♠ 6
♥ K D 7 5
♦ A B 10 6 5
♣ 9 8 4

Süd	West	Nord	Ost
		1♦	
1♥		1SA	
2♦			

Zur Erinnerung: Wollte Süd auf jeden Fall Karo im Teilkontrakt spielen, hätte er über Relais Transfer gereizt (s.o.).

Transfer brechen

Bricht der Eröffner den Transfer und unterstützt sogleich Partners Oberfarbe auf der 2er-Stufe, ist dies eine Warnung! Die Hand hat zwar 3er-Anschluss, aber absolutes Minimum!

	N	
W		O
	S	

♠ 9 5 3
♥ A 5 2
♦ D B 8
♣ K D 9 6

Süd	West	Nord	Ost
1♣		1♥	
1SA		2♣	
2♥			

Süd hat schon mit schlechtem Gewissen dieses Blatt eröffnet (weil nicht in Gefahr). Nun bricht er den Transfer, um den Partner zu warnen. Mit einladender Stärke und 5er-Coeur kann der Antwortende passen.

In der Tat hat der Relais-Transfer-Bieter oft eine 5er-Oberfarbe und einladende Stärke. Darum hat dieser Transferbruch mit absolutem Minimum praktische Relevanz.

Sollte der Antwortende auf den Transferbruch 3 in Unterfarbe reizen, dann ist dies ein Abschlussgebot:

	N	
W		O
	S	

♠ D 6 5 4
♥ 7 4
♦ D B 10 7 6 3
♣ 4

Süd	West	Nord	Ost
		1♥	
1♠		1SA	
2♣		2♠	
3♦		passe	

Eigentlich wollte Süd nur 2♦ spielen. Leider hat Nord den Transfer gebrochen. Süd könnte den 4-3-Fit riskieren und passen. Oder auf 3♦ korrigieren, was mit diesem Blatt wohl besser ist.

Relais Transfer nach Gegners Intervention?

Reizt der Gegner in zweiter Hand 1 in Oberfarbe, gibt es keinen Relais Transfer mehr (System off). Bei allen anderen Interventionen, die so niedrig sind, dass Relais Transfer vom Bietraum her möglich ist, gilt System on.

Zwischenreizungen, nach denen Relais Transfer gespielt wird:

- 1♦ in 2.Hand,
- Kontra in 2. oder 4.Hand,
- 1♠ in 4.Hand.

Voraussetzung ist natürlich auch hier, dass der Eröffner im Rebid 1SA reizt.

Zusammenfassung

In der Situation:

Süd	West	Nord	Ost
1 in Farbe		1 in Oberfarbe	
1SA		?	

verwendet der Antwortende mit folgenden Blatttypen den Relais Transfer, reizt also über 2♣:

- alle einladenden Hände mit möglichem oder sicherem Oberfarb-Fit,
- partieforcierende Hände mit möglichem Oberfarb-Fit: 5er-Oberfarbe ausgeglichen, oder mit 4er-Nebenfarbe; auch mit 6er-Oberfarbe möglich,
- schwache Hände mit Zielsetzung Unterfarb-Teilkontrakt.

Nach 1SA-Rebid des Eröffners:

Übersicht der mit und ohne Relais Transfer gereizten Blatttypen		
Gebote des Antwortenden:	**Über Relais Transfer gereizt?** **Nein**	**Ja**
2♦	5er-♦, 11FL, einladend	Abschluss mit Passe!
Wiederholg.OF 2er-Stufe	5er, bis 10FL, Abschluss	6er, einladend
2♥ (neue Farbe) nach 1♠	mind. 4er-♥ (5er-♠), Abschluss in 2♥ oder 2♠	mind. 4er-♥ (5er-♠), einladend
2♥ (Eröffnungsfarbe) nach 1♠	Abschluss, ca.6FV	11-12FV, 3er, einladend
2SA	nur 4er-OF, Einladung zu 3SA,	5er-OF, einladend
3♣	5-5 in OF und ♣, forc.	lange Treff, Abschluss!
3♦	5-5 in OF und ♦, forc.	5er-OF, 4er-♦, forc.
Wiederholg.OF 3er-Stufe	6er, Schlemminteresse	6er, forc. zum Vollspiel
3♥ (neue Farbe) nach 1♠	5-5 in OF, forc.	5er-♠, 4er-♥, forc.
3♥ (Eröffnungsfarbe) nach 1♠	Fit, Schlemminteresse	nicht definiert (RKCB für Coeur?)
3SA	nur 4er-OF, Abschluss	5er-OF, Abschluss in 3SA oder 4 in OF
4SA	nur 4er-OF, quantitativ	5er-OF, quantitativ

Konvention Relais Transfer versus konkurrierende Konventionen

Andere häufig gespielte Konventionen nach dem 1SA-Rebid des Eröffners sind:

- Neue Unterfarbe Forcing (bei manchen Autoren 3.Farbe forcing genannt)
- Checkback-Stayman

Diese beiden Konventionen haben die Gemeinsamkeit, dass der Antwortende mit ihrer Hilfe den Eröffner nach weiterer Blattbeschreibung fragt; während man mittels Relais Transfer das Blatt des Antwortenden weiterbeschreibt.

Relais Transfer ist die komplexeste und abstrakteste Konvention, die nur dann leicht zu behalten ist, wenn man gewohnt ist, logische Strukturen im Gedächtnis abzuspeichern.

Vorteile des Relais-Transfer sind bei 6er-Oberfarben erkennbar: Relais Transfer bietet die Möglichkeit, den Oberfarbeinfärber mit einladender Stärke schon auf der 2er-Stufe zu zeigen; den schlemminteressierten Oberfarbeinfärber unmissverständlich auf der 3er-Stufe.

Darüber hinaus hat der Relais-Transfer noch einen taktischen Vorteil:

Häufig will der Antwortende auf jeden Fall Vollspiel spielen, er will lediglich noch die Möglichkeit eines Oberfarbvollspiels prüfen. Das heißt, für seine Entscheidung ist es ohne Bedeutung, ob der Eröffner Minimum oder Maximum hat. Beim Relais-Transfer bleibt diese Information dann verborgen, während bei den beiden anderen Konventionen der Eröffner diese Information automatisch preisgibt. Wird dann in der Folge der Eröffner Alleinspieler in 3SA, können gute Gegenspieler von dieser präzisen Information über das Blatt des Eröffners profitieren.

5. Nach einem 2SA- und 3SA-Rebid des Eröffners

5.1. Eröffner ist in 2SA gesprungen

Grundsätzlich gilt,

- der Antwortende darf passen,
- jedes Gebot forciert mindestens zum Vollspiel.

Süd	West	Nord	Ost
		1♦	
1♠		2SA	
?			

Suche nach einem 5-3-Fit in der Oberfarbe des Antwortenden:

Der Antwortende bietet konventionell eine neue Unterfarbe. Dies verspricht 5er-Länge in der selber gereizten Oberfarbe und fordert den Eröffner auf, einen 3er-Anschluss zu zeigen.

West:
♠ K 6 2
♥ A 9 7 5 4
♦ D 7 5
♣ 7 5

N / W O / S

Ost:
♠ A D 5
♥ K B 2
♦ A K B 6 2
♣ 10 8

Süd	West	Nord	Ost
			1♦
	1♥		2SA
	3♣		3♥
	4♥		passe

Nach Bestätigung des Fits durch den Eröffner verspricht ein anschließendes Farbgebot eine Kontrolle und offenbart Schlemminteresse.

Hat der Eröffner lediglich ein Doubleton in Partners Oberfarbe, dann bietet er nach seiner Wahl entweder 3SA oder eine andere Farbe auf der 3er-Stufe mit konzentrierten Werten, z.B. seine Eröffnungsfarbe. Letzteres reizt der Eröffner vor allem dann, wenn er Zweifel hat, ob in einer der übrigen Farben ausreichend Deckung vorhanden ist.

Süd	West	Nord	Ost
1♥		1♠	
2SA		3♣	

a) N / W O / S

♠ 8 6
♥ K D 10 8 4
♦ A D 7
♣ A D 8

3SA

b) N / W O / S

♠ K 5
♥ A D B 10 6
♦ B 7 4
♣ A K 2

3♥

a) Süd verneint ein 3er-Pik und besitzt gute Stopper in allen übrigen Farben.

b) Süd verneint ein 3er-Pik annonciert eine gute Coeur-Farbe. Indirekt zeigt Süd außerdem eine Schwäche in Karo. Denn mit Karo-Werten und einer Schwäche in Treff hätte Süd 3♦ bieten können.

Alle übrigen Farbgebote sind natürlich:

➠ <u>Wiederholung der selber gereizten Oberfarbe auf der 3er-Stufe: 6er-Länge mit Schlemminteresse</u>

♠ A 7 5
♥ K D 9 6 5 3
♦ D 6 4
♣ 2

Süd	West	Nord	Ost
		1♣	
1♥		2SA	
3♥			

Der Eröffner muss beurteilen, ob sein Blatt im Rahmen des durch die bisherige Reizung Vorgegebenen für einen Schlemm in Partners Farbe gut geeignet ist oder nicht:

a)	b)	c)
♠ K D 8	♠ K D 10	♠ K 6
♥ 7 2	♥ A B 4	♥ A 7 2
♦ K B 9	♦ B 5	♦ A K 3
♣ A K B 10 5	♣ K D B 7 6	♣ A 10 7 6 4
3SA	4♥	3♠

a) 3SA verneint ein 3er-Coeur.

b) Nord besitzt zwar ein 3er-Coeur und sogar einen Schnappwert in Karo. Andererseits ist das Blatt kontrollschwach. Der Verzicht auf ein Kontrollgebot soll den Partner warnen.

c) Nord erkennt, dass sein Blatt bestens für einen Coeur-Schlemm geeignet sein muss. Das Blatt ist sehr kontrollstark. 3♠ zeigt Pikkontrolle und eine für Schlemm geeignete Hand. Im aktuellen Fall ergänzt das Nord-Blatt ideal die Partnerhand. 13 Stiche im Coeur-Kontrakt sind fast sicher.

➡ 3♥ nach Pik-Reizung in der ersten Bietrunde:
5er-Pik und 4er-Coeur

N
W O
S

♠ A B 8 7 2
♥ B 10 6 4
♦ D 7
♣ 7 2

Süd	West	Nord	Ost
		1♦	
1♠		2SA	
3♥			

➡ 4♥ nach Pik-Reizung in der ersten Bietrunde:
5-5 in Oberfarben, Abschlussgebot (ausbessern auf 4♠ erlaubt)

N
W O
S

♠ D B 7 6 5
♥ K 7 5 4 2
♦ 6 5
♣ 9

Süd	West	Nord	Ost
		1♣	
1♠		2SA	
4♥			

Würde Süd statt direkt 4♥ zuerst 3♥ bieten und dann auf Partners 3SA-Antwort auf 4♥ korrigieren, dann zeigte dies mildes Schlemm-interesse.

➡ 3 in der eröffneten Unterfarbe: zeigt guten Fit und Zweifel, ob 3SA der richtige Endkontrakt ist; 5er-Länge in der gereizten Oberfarbe ist nicht sicher

Süd	West	Nord	Ost
		1♦	
1♥		2SA	
3♦			

a)

N
W O
S

♠ 6
♥ A 9 7 5
♦ D B 6 5 4 2
♣ 8 5

b)

N
W O
S

♠ K 6
♥ D B 9 5 4
♦ A B 7 6
♣ D 4

In beiden Fällen erhofft sich Süd weitere Aufschlüsse aus der Reizung. Besitzt der Eröffner 3er-Länge in Partners Oberfarbe, dann soll er dies zeigen. Außerdem soll er durch seine weitere Blattbeschreibung dem Eröffner bei der Frage helfen, ob 3SA der richtige Kontrakt ist, oder ob 5♦ oder gar ein Karo-Schlemm zu reizen ist.

- 3 in Partners Coeur-Farbe: Fit, Schlemminteresse, stärker als 4♥

♠ A K 7 5 2
♥ K B 4
♦ 9
♣ D 10 6 2

Süd	West	Nord	Ost
		1♥	
1♠		2SA	
3♥			

- 4 in Unterfarbe: natürlich, unausgeglichene Verteilung, Schlemminteressse

♠ A D B 6 3
♥ 3 2
♦ 6
♣ K D B 10 6

Süd	West	Nord	Ost
		1♥	
1♠		2SA	
4♣			

Wie reagiert darauf der Eröffner?

- 4♦, 4♥ = Kontrollgebote, Bestätigung des Fits in der zweiten Farbe (Treff)
- 4♠ = 3er-Pik, höchstens mittleres Schlemminteresse
- 4SA = Bremse! Nur Double Pik, dafür viele Werte in den roten Farbe, eher kontrollschwach

5.2. ERÖFFNER HAT 2SA OHNE SPRUNG GEBOTEN

2SA ohne Sprung kann der Eröffner nur bieten, wenn der Partner 2 über 1 geantwortet und damit ab 11FL versprochen hat.

Nach Oberfarb-Eröffnung:

Da 2SA Zusatzstärke verspricht, ist die Folgereizung selbstverständlich forcierend mindestens bis zum Vollspiel.

Nach 1♦ - 2♣:

2SA verspricht keine Zusatzstärke. Wiederholt der Antwortende seine Treff-Farbe, ist dies lediglich einladend. Alle anderen Gebote sind dagegen forcierend.

Süd	West	Nord	Ost
		1♦	
2♣		2SA	
?			

a) Süd:
♠ A B 6
♥ 2
♦ 6 4 2
♣ K D 9 7 6 4

3♣

b) Süd:
♠ 7
♥ A K 7
♦ D B 10 9 2
♣ K 10 9 6

3♦

a) Mit Maximum und Treff-Anschluss kann der Eröffner Richtung 3SA bzw. 5♣ weiterreizen.

b) Süd war zu stark, um Partners Karo-Farbe sogleich zu unterstützen. Nun ist 3♦ forcierend.

5.3. ERÖFFNER IST IN 3SA GESPRUNGEN

Wenn der Antwortende nicht passt, gelten für die Weiterreizung bekannte Prinzipien. Jetzt 4 in Unterfarbe vom Antwortenden verkündet auf jeden Fall Schlemminteresse und forciert mindestens bis 4SA.

West:
♠ A D
♥ D 9 7 6 2
♦ D 8 5
♣ B 4 2

Ost:
♠ K B 2
♥ 2
♦ A K B 10 6 5
♣ A K 3

Süd	West	Nord	Ost
			1♦
	1♥		3SA
	4♦		4♥ !
	4♠		5♣
	6♦		

Keine Regel ohne Ausnahme! West weiß schon aus der Reizung, dass Ost in Coeur höchstens ein kleines Doubleton haben sollte (vgl. Kap.B.III. 2.4, Seite 55). Mit 4♥ zeigt Ost eine Coeur-Kontrolle, die in diesem speziellen Fall logischerweise ein Singleton in Partnerfarbe sein darf.

6. DER ERÖFFNER HAT EINEN TEUREN ZWEIFÄRBER GEBOTEN (REVERSE)

6.1. REVERSE NACH EINEM FARBGEBOT AUF DER 1-ER-STUFE

Die Ausgangssituation:

Süd	West	Nord	Ost
		1♣	
1♠		2♥	
?			

Nords ab 17FL starke Reverse-Reizung ist selbstforcierend. Der wesentliche Vorteil des Selbstforcings an dieser Stelle ist, dass der Antwortende mit starken Händen bietraumsparend auf der 3er-Stufe den Fit in einer von Partners Farben zeigen kann, ohne dass der Eröffner passen darf.

Wiedergebote des Antwortenden, die es erlauben, mit einem Teilkontrakt abzuschließen:

Alle Wiedergebote des Antwortenden auf der 2er-Stufe können schwach sein; sie müssen es aber nicht, denn der Eröffner darf nicht passen. Zeigt der Eröffner jetzt keine weitere Zusatzstärke, kann der Antwortende mit einer schwachen Hand in der nächsten Bietrunde passen, ohne dass die Reizung Vollspielhöhe erreicht hat.

➠ einfache Wiederholung der Oberfarbe

Süd	West	Nord	Ost
		1♦	
1♠		2♥	
2♠			

a) S

♠ K B 10 4 3
♥ 6 5
♦ 6 3
♣ D 8 6 5

b) S

♠ A K 8 7 5
♥ A 5
♦ 6 3
♣ A 8 6 5

Da der Eröffner nicht passen darf, kann der Antwortende sowohl mit schwachen als auch mit stärkeren Händen gefahrlos seine Oberfarbe wiederholen, wenn sie aus mindestens 5 Karten besteht.

Der Eröffner kann daraufhin mit Minimum (17-18FL, evtl. auch 19FL) folgende nichtforcierende Gebote abgeben:

➠ 2 SA mit Stopper in der 4.Farbe

Süd	West	Nord	Ost
		1♦	
1♠		2♥	
2♠		2SA	

♠ 2
♥ A D B 4
♦ A D 5 4 2
♣ K B 3

N
W O
S

Unterstützt Süd darauf eine von Partners Farben auf der 3er-Stufe, ist dies nicht forcierend.

➠ Wiederholung der Eröffnungsfarbe (verspricht keine Zusatzlänge)

Süd	West	Nord	Ost
		1♦	
1♠		2♥	
2♠		3♦	

♠ A
♥ K D 10 2
♦ A K B 7 5
♣ 9 4 3

N
W O
S

➠ Hebung der Oberfarbe des Antwortenden (i.d.R. mit 3er-Länge, notfalls mit Double Topfigur

Süd	West	Nord	Ost
		1♦	
1♠		2♥	
2♠		3♠	

♠ A 6 2
♥ A D 10 2
♦ K D B 7 5
♣ 9

N
W O
S

➠ 2SA (Moderateur)

Auf die Reversereizung des Eröffners ist 2SA konventionell. 2SA verspricht keinen Stopper in der 4.Farbe. Dieses ökonomische Gebot erlaubt es der Partnerschaft, die Reizung noch auf der 3er-Stufe im Teilspiel abzubremsen (dies will die aus dem Französischen stammende Bezeichnung „Moderateur" zum Ausdruck bringen). 2SA verneint an dieser Stelle eine 5er-Länge in der eigenen Oberfarbe.

S:
♠ D B 9 4
♥ 9 8 2
♦ 8 5 3
♣ K 7 4

Süd	West	Nord	Ost
		1♣	
1♠		2♥	
2SA			

Auf 2SA ist der Eröffner verpflichtet, mit Minimum eine seiner beiden Farben auf der 3er-Stufe zu wiederholen. Normalerweise ist dies die Eröffnungsfarbe; nur mit einer 5er-Länge in der 2.Farbe (und 6er in Eröffnungsfarbe) wiederholt er seine 2.Farbe.

Süd	West	Nord	Ost
		1♣	
1♠		2♥	
2SA		?	

a) N:
♠ A 7
♥ K D 10 7
♦ 7 6
♣ A D B 9 5

3♣

b) N:
♠
♥ A D B 7 4
♦ 9 6
♣ A D B 10 8 5

3♥

a) Eine Farbwiederholung der Eröffnungsfarbe in der 3.Bietrunde zeigt 17-18 (19)FL und ist lediglich einladend. Darauf darf der Antwortende passen. Süd würde in dem obigen Beispiel auf 3♣ passen.

b) Die Wiederholung der 2.Farbe zeigt die 5-6-Verteilung mit ca. 4 Verlierern und 13-15F.

3♥ ist stark einladend, aber passbar. Mit dem obigen Südblatt haben 4♥ schon beachtliche Chancen. Immerhin erkennt Süd Doppelfit und deckt mit Treff König einen von Partners Verlierern ab.

Alle anderen Gebote des Eröffners auf 2SA zeigen Zusatzstärke und sind unter Vollspiel nicht passbar.

Auf dem Umweg über 2SA kann der Antwortende anschließend auch die 2.Farbe des Eröffners nicht-forcierend unterstützen:

	N	
W		O
	S	

♠ D 8 5 4 2
♥ B 8 7 6
♦ D B 10
♣ 8

Süd	West	Nord	Ost
		1♣	
1♠		2♥	
2SA		3♣	
3♥			

Während das sofortige 3♥ Schlemminteresse gezeigt hätte, kann Süd auf diesem Wege dem Partner die Möglichkeit geben, ohne Reserven in 3♥ stehen zu bleiben.

Da 2SA (Moderateur) nicht passbar ist, kann der Antwortende 2SA auch mit stärkeren Händen und Stopper in der 4.Farbe bieten. Weiter unten folgt eine Übersicht, die deutlich macht, wie der Antwortende die unterschiedlichen SA-Stärken reizt.

➠ 4.Farbe auf der 2er-Stufe

Süd	West	Nord	Ost
		1♣	
1♥		2♦	
2♠			

a)

	N	
W		O
	S	

♠ 7 5 4
♥ D B 7 6
♦ K 5 4
♣ 7 5 4

b)

	N	
W		O
	S	

♠ A 7 6 2
♥ A K 5 4
♦ K 5 4
♣ 9 5

Das Bieten der 4.Farbe auf der 2er-Stufe verneint im Prinzip 5 Karten in der eigenen Oberfarbe. Ansonsten ist die Stärke beliebig, denn der Antwortende ist gezwungen zu reizen; er kann nach Partners Reverse-Reizung auch mit 6F auf der 2er-Stufe die 4.Farbe bieten, egal ob billig oder teuer.

Der Antwortende verspricht auch keine Deckung in der 4.Farbe; eher im Gegenteil. Denn kann der Antwortende mit einer schwachen Hand wählen, ob er auf der 2er-Stufe 4.Farbe oder 2SA bietet, dann sollte er ohne Stopper in der 4.Farbe nicht Sans-Atout, sondern die 4.Farbe bieten.

Hat der Eröffner Minimum, kann er nach Partners 4.Farbe-Gebot auf der 2er-Stufe zwischen folgenden passbaren Alternativen wählen:

- Wiederholung der Eröffnungsfarbe
- Wiederholung der 2.Farbe (mit 5-6-Verteilung)
- 2 SA (mit Stopper in der 4.Farbe)
- Unterstützung von Partners Oberfarbe

Süd	West	Nord	Ost
1♣		1♠	
2♦		2♥	
?			

a) N W O S
♠ K
♥ 9 7 2
♦ A K 7 5
♣ A D B 10 3
3♣

b) N W O S
♠ 6
♥ 2
♦ A D B 7 5
♣ A D B 7 6 3
3♦

c) N W O S
♠ 7
♥ A D 6
♦ K D B 6
♣ A 10 7 6 3
2SA

d) N W O S
♠ A 8 4
♥ 4
♦ A B 10 5
♣ A K 9 7 6
2♠

e) N W O S
♠ 6
♥ B 9 7
♦ A K D 7
♣ A K D B 3
3♥

3♦ bei b) zeigt die 5-6-Verteilung mit ca. 4 Verlierern und etwa 13-15F.

In den Fällen a) bis d) kann der Antwortende mit einer schwachen Hand passen.

Bei Hand e) ist Süd zu stark, um ein passbares Gebot abzugeben. Da der dritte Coeur Bube kein vollwertiger Coeur-Stopper ist, kann man nicht in 3SA springen; statt dessen bietet Süd forcierende 3♥: Mit ein wenig Unterstützung in Coeur soll der Partner 3SA bieten.

Partieforcierende Wiedergebote des Antwortenden:

Alle Wiedergebote des Antwortenden oberhalb der 2er-Stufe forcieren zum Vollspiel.

- die Unterstützung der Eröffnungsfarbe
  - einfache Hebung auf die 3er-Stufe: mindestens 9F bzw. 11FV mit einem guten Fit (Topfigur zu dritt oder 4er-Länge).

N / W O / S

♠ K 7 5 4
♥ D 8 6
♦ A 9 4
♣ 5 3 2

Süd	West	Nord	Ost
		1♦	
1♠		2♥	
3♦			

  - Sprunghebung der Eröffnungsfarbe:
    ungleichmäßig verteilte Hand mit mind. 14FV und Topfigur zu viert bzw. 5 kleine Karten; sie lädt den Partner zum Schlemm ein und fordert zum Kontrollgebot auf.

N / W O / S

♠ A 7 5 3
♥ 6
♦ A B 5
♣ D 10 7 5 3

Süd	West	Nord	Ost
		1♣	
1♠		2♥	
4♣			

- Hebung der 2.Farbe Coeur
  - einfache Hebung auf 3♥: ab 11-12FV, mindestens Topfigur zu viert oder 5 kleine

N / W O / S

♠ A 9 7 5 2
♥ K 10 9 7
♦ 7 6
♣ D 7

Süd	West	Nord	Ost
		1♦	
1♠		2♥	
3♥			

- Sprunghebung in 4♥: 8-10/11 FV, 4er-Länge

Süd	West	Nord	Ost
		1♣	
1♠		2♥	
4♥			

S:
♠ 9 7 6 5 3
♥ D 10 6 5
♦ 8 3
♣ A 2

Mit 8FV Minimum für die Hebung ins Vollspiel.

Achtung: Hätte Süd statt der Dame in Coeur die Dame in Pik mit identischer Verteilung, sollte Süd das Blatt abwerten und den Coeur-Fit lediglich nichtforcierend zeigen (siehe oben). Eine Dame in einer Farbe, in der das Hauptblatt voraussichtlich kurz ist, ist abzuwerten.

Hebung der 2.Farbe Karo

Da dies eine Unterfarbe ist, ist die Reizregel in Analogie zu sehen zur Hebung der Eröffnungsfarbe:

- einfache Hebung auf die 3er-Stufe: mindestens 9F bzw. 11FV mit einem guten Fit (Topfigur zu viert oder 5er-Länge)
- Sprunghebung auf die 4er-Stufe: ungleichmäßig verteilte Hand mit mind. 14FV und Topfigur zu fünft; sie lädt den Partner zum Schlemm ein und fordert zum Kontrollgebot auf.

Wiederholung der eigenen Farbe im Sprung

Die Wiederholung der eigenen Farbe im Sprung verspricht eine sehr gute 6er-Farbe mit höchstens einem Verlierer in dieser Farbe, ab 12FL.

Süd	West	Nord	Ost
		1♣	
1♠		2♥	
3♠			

S:
♠ K D B 10 4 2
♥ 7 5
♦ A 5 2
♣ B 6

➠ 4.Farbe auf der 3er-Stufe

Wie üblich bittet das Reizen der 4.Farbe den Partner um weitere Blattbeschreibung. Der Antwortende wählt dieses Gebot nur dann, wenn er mindestens 8F hat und kein anderes Gebot passt.

Süd	West	Nord	Ost
		1♦	
1♠		2♥	
3♣			

N
W O
S

♠ A D B 6
♥ K 6 4
♦ 7 5 2
♣ 9 3 2

Für ein 3♦-Gebot ist der Karo-Fit zu schlecht. Ein SA-Gebot wählt Süd aus taktischen Gründen nicht. Hat der Partner zum Beispiel den König in Treff, ist es viel besser, wenn der Partner zum Alleinspieler in Sans-Atout wird.

➠ Sprung in SA

Der Sprung in Sans-Atout verspricht auf jeden Fall Stopper in der 4.Farbe und ausreichende Stärke zum Vollspiel. Wie der Antwortende seine genaue Punktstärke zeigt, wenn er einen Sans-Atout-Kontrakt spielen will, zeigt die nachfolgende Übersicht:

Beschreibung der SA-Stärke des Antwortenden

Will der Antwortende nach einem teuer gereizten Zweifärber des Eröffners 3SA oder höher spielen, kann er seine genaue Punkstärke wie folgt zeigen:

8-9F:	2.Bietrunde 2SA, 3.Bietrunde 3SA
10-11F:	2.Bietrunde 3SA
12-13F:	2.Bietrunde 2SA, 3.Bietrunde, wenn Eröffner Minimum gezeigt hat, 3SA; zeigt Partner Zusatzstärke: 4SA.
14-15F:	2.Bietrunde 4SA
16-17F:	2.Bietrunde 6SA
18-19F:	2.Bietrunde 5SA
ab 20F:	2.Bietrunde 7SA

Will der Antwortende nach einer Reversereizung des Eröffners die Assfrage stellen, dann muss er zunächst den Fit bestätigen. Anschließend kann man dann mit 4SA die Assfrage (RKCB) stellen.

6.2. REVERSE NACH EINEM FARBGEBOT AUF DER 2-ER-STUFE

Die Mindeststärke für eine Reverse-Reizung des Eröffners liegt auch nach der 2 über 1 Reizung des Partners bei 17FL. Die gemeinsame Stärke beträgt mindestens 28FL, die Reizung ist also forcierend mindestens bis zum Vollspiel. Es gilt das Principle of Fast Arrival, das heißt, Sprünge ins Vollspiel zeigen Minimum. Sie sind im Zweifel zu vermeiden, weil die gemeinsame Stärke mit Fit selbst bei beiderseitiger Minimumstärke an der Grenze zum Schlemm liegt

Süd	West	Nord	Ost
		1♥	
2♣		2♠	
?			

a) (S)
♠ 5 4
♥ B 9 6
♦ A D 7 6
♣ K D 8 6

4♥

b) (S)
♠ D 6
♥ D 8 2
♦ A 7 5
♣ A 10 8 6 4

3♥

a) Weniger als 13FV kann der Antwortende nach einem 2♣-Gebot mit Coeur-Fit nicht haben.

Der Coeur-Anschluss ist außerdem mäßig. Die Damen in den Unterfarben sind von zweifelhaftem Wert. Süd will den Partner mit dem Sprung in 4♥ vor einem Schlemm warnen. Je nachdem, wie das Blatt des Partners ausschaut, wird dieser dennoch weiterreizen.

b) Passende 14FV sind durchaus ausreichend, um mit 3♥ Schlemmambitionen zum Ausdruck zu bringen. Süd darf davon ausgehen, dass alle Figuren wertvoll sind.

7. DER ERÖFFNER HAT EINEN ZWEIFÄRBER IM SPRUNG GEBOTEN

Mit dem Sprung in einer 2.Farbe forciert der Eröffner zum Vollspiel:

Süd	West	Nord	Ost
1♣		1♥	
2♠			

Süd	West	Nord	Ost
1♥		1♠	
3♦			

Übrigens: Das Bietsystem kennt keinen im Sprung gereizten teuren Zweifärber. Dies wäre doppelt gemoppelt.

Springt der Eröffner auf die 2er-Stufe, hat der Antwortende mehr Bietraum als nach Partners Sprung auf die 3er-Stufe. Entsprechend sollen diese beiden Situationen getrennt behandelt werden.

Der Eröffner ist auf die 2er-Stufe gesprungen:

Die Reizung hat kaum mehr Bietraum verbraucht als nach einem teuren Zweifärber des Eröffners.

Dennoch haben die Gebote des Antwortenden teilweise eine abweichende Bedeutung: Es müssen keine Gebote dafür reserviert werden, die Bietsequenz unter Vollspiel abstoppen zu können. Alle Sequenzen sind forcierend, bis ein Vollspiel erreicht ist.

Ein Fit wird direkt gezeigt, mit Ausnahme eines schlechten 3er-Anschlusses zur eröffneten Unterfarbe:

- Hebung der Eröffnungsfarbe
  - auf 3er-Stufe: mindestens Topfigur zu dritt oder 4er-Länge, fast beliebige Stärke
  - Sprung auf 4er-Stufe: starkes Schlemminteresse mit gutem Fit (Topfigur zu viert oder 5 kleine)

Süd	West	Nord	Ost
		1♦	
1♥		2♠	
?			

a) N / W O / S
♠ 8 6 5
♥ D B 9 7
♦ 10 7 5 3
♣ K 6
3♦

b) N / W O / S
♠ 6
♥ D B 8 6 5
♦ D 7 6
♣ K D 7 5
3♦

c) N / W O / S
♠ 6 4 3
♥ D B 7 5
♦ 6 5 2
♣ K B 4
2SA

d) N / W O / S
♠ D 5
♥ A B 4 3 2
♦ D 7 5 3 2
♣ 5
4♦

a) – b): Egal, ob mit 6F oder 10F, Süd zeigt forcierend den passablen Fit.

c) Der Karo-Fit ist zu schlecht. 2SA beschreibt das Blatt besser.

d) Süd zeigt den sehr guten Fit mit starkem Interesse am Karo-Schlemm.

➠ <u>Hebung der 2.Farbe (Oberfarbe):</u>

- ➠ auf 3er-Stufe: Regelfall, beliebige Stärke mit 4er-Fit
- ➠ auf 4er-Stufe: möglichst vermeiden, der Eröffner hat u.U. nur 3er-Länge!

West		Ost
♠ K D 7	N	♠ A 8 6 2
♥ K D 6	W O	♥ B 10 8 7 2
♦ 7	S	♦ D 5 4
♣ A K D B 9 6		♣ 3

Süd	West	Nord	Ost
	1♣		1♥
	2♠		3♠
	4♥		passe

Auf 1♥ hat West kein passendes Gebot. Für passbare 3♣ ist das Blatt viel zu stark. Der Sprung in 2♠ zeigt immerhin die Stärke und verlängert die Treff-Farbe. Hätte Ost nur 4er-Coeur, stünde er jetzt vor der Wahl zwischen den beiden 4-3-Fits in Oberfarbe und einem aus seiner Sicht unattraktiven Vollspiel in Treff.

<u>Ohne Fit</u> beschreibt der Antwortende sein Blatt weiter:

➠ <u>Wiederholung der eigenen Farbe:</u> 6er-Länge

Die Einschränkung auf mindestens 6er-Länge erleichtert dem Eröffner die Entscheidung zwischen Vollspiel in Sans-Atout und Farbe.

West		Ost
♠ A K 6 4	N	♠ D 8
♥ K 5	W O	♥ D B 8 7 6 2
♦ A K D 7 5	S	♦ 6 2
♣ 6 3		♣ B 6 3

Süd	West	Nord	Ost
	1♦		1♥
	2♠		3♥
	4♥		passe

Hätte Ost lediglich 5er-Cœur, sollte er nicht seine Farbe auf der 3er-Stufe wiederholen.

Denn nach 2SA oder 3♣ (4.Farbe), hätte der Eröffner ohnehin Gelegenheit, einen 3er-Anschluss zu zeigen.

➠ <u>SA-Gebote:</u>

- ➠ 2SA: mindestens Halbstopper in 4.Farbe, Stärke variabel (nicht 10-11)
- ➠ 3SA: Stopper in 4.Farbe, 10-11F

➠ 4.Farbe: alle übrigen Hände, Stärke variabel

Süd	West	Nord	Ost
		1♣	
1♥		2♠	
3♦			

a) S: ♠ B 7 6 ♥ A B 7 6 ♦ 7 5 4 3 ♣ 6 4

b) S: ♠ K 6 ♥ A D 8 6 5 ♦ A 6 5 ♣ 6 5 3

Mit beiden Händen ist 3♦ das korrekte Gebot.

Der Eröffner ist auf die 3er-Stufe gesprungen:

Es gelten nun ähnliche Regeln wie nach einem Sprung auf die 2er-Stufe, allerdings unter Berücksichtigung des knapperen Bietraumes. Der Antwortende ist nicht selten gezwungen, eine einseitige Entscheidung zugunsten des naheliegendsten Endkontraktes zu treffen. Dies bedeutet insbesondere, dass mit einer 5er-Oberfarbe und Stopper in der 4.Farbe das 3SA-Gebot Priorität hat; ohne einen möglichen 5-3-Fit in seiner Oberfarbe untersuchen zu können:

S: ♠ D 10 7 6 3 ♥ 6 2 ♦ D 7 ♣ A 10 6 4

Süd	West	Nord	Ost
		1♥	
1♠		3♦	
3SA			

Die Wiederholung der eigenen Oberfarbe verspricht eine 6er-Farbe oder eine gute 5er-Farbe ohne geeignetes Alternativgebot:

S: ♠ 8 6 5 ♥ A D B 6 5 ♦ 7 4 ♣ B 8 6

Süd	West	Nord	Ost
		1♦	
1♥		3♣	
3♥			

Die Bedeutung einer Unterstützung der Eröffnungsfarbe hängt entscheidend vom verfügbaren Bietraum ab:

➠ Könnte der Antwortende noch auf der 3er-Stufe die 4.Farbe reizen, dann zeigt die Unterstützung der Eröffnungsfarbe echten Fit;

➠ Ist die 4.Farbe auf der 3er-Stufe nicht mehr bietbar, dann ist die Unterstützung der Eröffnungsfarbe doppeldeutig: entweder ein echter Fit oder ein Ausbessern mit lediglich einem Doubleton.

Süd	West	Nord	Ost
		1♥	
1♠		3♣	
?			

a) N / W O / S

♠ K B 5 4 2
♥ A 6 5
♦ D 7
♣ K B 6

3♥

b) N / W O / S

♠ K B 8 6 2
♥ 8 5
♦ 9 7 5
♣ D 7 5

3♦

a) Zeigt echten Fit. In dieser partieforcierenden Situation stärker als der Sprung in 4♥. 3♥ verspricht ab 13FV.

b) In der forcierten Situation ist das Reizen der 4.Farbe ein Notgebot.

Süd	West	Nord	Ost
		1♥	
1♠		3♦	
?			

c) N / W O / S

♠ A 9 7 5
♥ 8 6
♦ D 8 6
♣ 6 5 3 2

3♥

d) N / W O / S

♠ B 8 6 5 3
♥ D 10 9
♦ 7
♣ A K D 5

3♥

c) Ein anderes Notgebot als 3♥ steht nicht zur Verfügung.

d) Für den direkten Sprung in 4♥ zu stark.

Die Sprunghebung in 4♥ (die Eröffnungsfarbe) nach erster 1♠-Antwort verspricht dagegen 11-12FV mit 3er-Coeur :

N / W O / S

♠ A B 6 5
♥ B 6 5
♦ 6
♣ K 9 6 5 4

Süd	West	Nord	Ost
		1♥	
1♠		3♦	
4♥			

Süd war offensichtlich zu stark, um auf 1♥ nur 2♥ zu antworten. Für die Sprunghebung in 3♥ fehlte die 4.Coeur-Karte. Den konventionellen Sprung in 2SA, um 3er-Coeur mit 11-12FV zu zeigen, verhinderte das 4er-Pik.

War die erste Antwort auf der 2er-Stufe, kann die nachträgliche Unterstützung der Eröffnungsfarbe selbstverständlich kein Notgebot sein, sondern zeigt echten Fit:

N
W O
S

♠ D 6 4
♥ A 8 6 5
♦ 8 6
♣ A K 7 5

Süd	West	Nord	Ost
		1♥	
2♣		3♦	
3♥			

Wie reagiert der Eröffner, wenn der Antwortende doppeldeutig (Fit oder Notgebot) die Eröffnungsfarbe unterstützt?

So, als wenn Partners Unterstützung Notgebot wäre.

Süd	West	Nord	Ost
		1♥	
1♠		3♦	
3♥		3SA	

♠ 7
♥ A K 10 7 6
♦ K D B 3
♣ A D 6

N
W O
S

Sollte Süd jetzt weiterreizen, wird klar, dass 3♥ kein Notgebot war, sondern Schlemminteresse mit Fit verbarg.

Unterstützung der Eröffnungsfarbe nach erster 1SA-Antwort: Notgebot

N
W O
S

♠ B 5
♥ 8 6 4
♦ K 6 5
♣ K 8 7 6 4

Süd	West	Nord	Ost
		1♠	
1SA		3♦	
3♠			

1SA verneinte ein 3er-Pik. 3♠ muss also ein Notgebot sein. Da die Partnerschaft erst zwei Farben gereizt hat, würde Süd jetzt mit einem 3♥-Gebot Werte in Coeur zeigen:

Nord soll mit Stopper in Treff 3SA bieten. Werte in Treff kann Süd auf Partners 3♦ nicht mehr zeigen und bietet daher 3♠: Der Partner wird hoffentlich mit Coeur-Stopper 3SA bieten.

Hebung der zweiten Farbe?

Der Antwortende sollte Partners zweite Farbe (Unterfarbe) nicht leichtfertig auf die 4er-Stufe heben, weil dies 3SA als Endkontrakt ausschließt:

- Hebung auf die 4er-Stufe: guter Fit mit deutlichem Interesse am Unterfarbschlemm;
- Hebung auf die 5er-Stufe: figurenpunktschwache Hand mit mindestens 5 Trümpfen und guter Verteilung.

Süd	West	Nord	Ost
		1♦	
1♠		3♣	
?			

a)
♠ K 10 6 5
♥ B 7 5
♦ 3 2
♣ D 9 7 6

3♥

b)
♠ A B 6 5
♥ 8
♦ 10 6 5
♣ B 10 7 6 3

5♣

c)
♠ A K 7 6 5
♥ K 6
♦ 7 6
♣ D 7 6 5

4♣

Sprung in 4SA: quantitativ (11-12F)

♠ A D 9 2
♥ 9 6
♦ K 9 8 5
♣ D B 5

Süd	West	Nord	Ost
		1♥	
1♠		3♣	
4SA			

Wollte Süd auf der Basis eines Treff-Fits die Assfrage stellen, müsste er auf 3♣ mit 4♣ antworten. Dies fordert den Eröffner zum Kontrollgebot auf der 4er-Stufe auf. Anschließend 4SA wäre die Assfrage (RKCB) für Treff.

8. DER ERÖFFNER HAT SEINE OBERFARBE IM SPRUNG WIEDERHOLT

Der Eröffner hat mit der Sprungwiederholung auf der 3er-Stufe eine gute 6er-Oberfarbe gezeigt mit 17-19FL. Nach einer ersten Antwort auf der 1er-Stufe ist dieses Gebot passbar, jedoch stark einladend. Alle Wiedergebote des Antwortenden unterhalb von Vollspiel sind forcierend.

Nach einer 2 über 1-Antwort forciert Eröffners Sprung in seiner Farbe selbstverständlich zum Vollspiel.

Der Bietraum ist knapp. Der Antwortende muss sich in den meisten Fällen unmittelbar zwischen Passen, 3SA und 4 in Partners Oberfarbe entscheiden. Mit bis zu 7F sollte der Antwortende passen, eventuell auch mit 8F.

Süd	West	Nord	Ost
		1♥	
1SA		3♥	
?			

a) N / W O / S
♠ 8 6 5
♥ 8
♦ D B 8 7 6
♣ K 7 6 3
Passe

b) N / W O / S
♠ 6
♥ K 6
♦ D 10 6 5 4
♣ K 7 6 4 2
4♥

c) N / W O / S
♠ D B 6
♥ 8 4
♦ K D 10 6 5
♣ B 10 8
3SA

<u>Alle Gebote auf der 4er-Stufe (außer der Hebung ins Oberfarbvollspiel) zeigen Schlemminteresse. Das Reizen einer neuen Farbe auf der 4er-Stufe ist ein Kontrollgebot:</u>

Süd	West	Nord	Ost
		1♥	
1♠		3♥	
?			

a) N / W O / S
♠ K B 10 8 6
♥ 7
♦ D B 10 5 4
♣ D 5
3SA (oder 3♠)

b) N / W O / S
♠ K D 4 2
♥ B 10 7
♦ 5 4
♣ A K 6 2
4♣

a) Süd darf nicht 4♦ bieten. Dies wäre Fitbestätigung in Coeur und verspräche Kontrolle in Karo. Er muss sich zwischen 3SA und einem forcierenden 3♠ entscheiden. 3♠ versteht der Eröffner als 6er-Länge oder gute 5er-Länge mit Bedenken, 3SA zu bieten.

b) Kontrollgebot. Zeigt Interesse an einem Schlemm in Coeur.

9. DER ERÖFFNER HAT SEINE UNTERFARBE IM SPRUNG WIEDERHOLT

Der Eröffner zeigt mit der Sprungwiederholung seiner eröffneten Unterfarbe eine gute 6er-Farbe, 17-19FL. Das Gebot verneint den Besitz einer 4er-Oberfarbe, es ist passbar, aber stark einladend.

Reaktion des Antwortenden:

Passen:	meist bis 7F
Neue Farbe auf 3er-Stufe:	zeigt Werte, forcierend bis 3SA
Farbwiederholung:	mindestens gute 5er-Farbe, forcierend bis 3SA (Karo-Problem beachten, s.u.)
4 in Eröffnungsfarbe:	Fit und Schlemminteresse
3SA:	Stopper in den Restfarben
4SA:	quantitativ, 14-15F, Einladung zu 6SA

Der Bietraum bis 3SA dient vor allem dem Ziel, herauszufinden, ob 3SA gespielt werden kann.

Süd	West	Nord	Ost
		1♣	
1♥		3♣	
?			

a)	b)	c)
♠ B 10 7 2	♠ K B 10	♠ 8 6 5
♥ K 9 3 2	♥ K D 6 2	♥ A K 10 6 4
♦ A B	♦ 8 4	♦ 7 5 2
♣ 7 6 5	♣ 10 4 3 2	♣ B 5
3SA	3♠	3♥

a) Dies ist hundertprozentig ein Abschlussgebot.

b) Nord soll mit Karo-Stopper 3SA bieten. 3♠ verspricht kein 5er-Coeur.

c) Nord soll nur mit Karo- und Pik-Stopper 3SA bieten. Auch 4♥ könnte noch Endkontrakt werden.

Hier einige Beispielsequenzen mit beiden Händen:

West		Ost
♠ B 6 4	N	♠ D 9
♥ B 9 7 2	W O	♥ A 5 4
♦ A D 10	S	♦ B 3
♣ 10 5 3		♣ A K D 5 4 2

Süd	West	Nord	Ost
			1♣
	1♥		3♣
	3♦		3♥
	3♠		3SA

3♦: Karo-Stopper, 5er-Coeur möglich, aber keineswegs sicher; kein ausreichender Pik-Stopper

3♥: 3er-Coeur, kein vollwertiger Pik-Stopper

3♠: Frage nach Halbstopper in Pik

3SA: zeigt den Halbstopper in Pik

West		Ost
♠ 8 6 4	N	♠ 9
♥ K D B 3	W O	♥ A 7 5
♦ A 7 5 4	S	♦ D 10
♣ 8 5		♣ A K B 10 6 4 2

Süd	West	Nord	Ost
			1♣
	1♥		3♣
	3♦		3♥
	4♥		

West erkennt, dass kein Pik-Stopper vorhanden ist und bietet mit der guten 4er-Farbe den 4-3-Fit. Der Kontrakt dürfte in der Praxis keine schlechteren Chancen als 5♣ haben. Insbesondere im Paarturnier lockt ein Score, der 5♣ überlegen sein könnte.

Das Karo-Problem

Nach einer 1♦-Eröffnung und Rebid 3♦ ist der Bietraum knapp, um kontrolliert die Stopperfrage zu klären. Der Antwortende kann nicht umhin, seine bereits gereizte Oberfarbe auch mit nur 4er-Länge zu wiederholen, wenn er zwar stark genug für 3SA ist, aber über keinen Stopper in der anderen Oberfarbe verfügt.

Wie soll der Antwortende dieses Bietproblem lösen?

S

♠ K D 10 8
♥ 8 5
♦ D 7
♣ K 10 9 6 5

Süd	West	Nord	Ost
		1♦	
1♠		3♦	
??			

3♥ würde Coeur-Stopper und fehlenden Treff-Stopper bedeuten. 3SA mit einem kleinen Doubleton wäre sehr gegambelt. Die Notlösung besteht darin, das 4er-Pik zu wiederholen!

Süd bietet 3♠ !

Der Partner muss dieses Problem kennen und mit Coeur-Stopper 3SA bieten.

Dieses Problem tritt nur nach 3♦ auf, nie nach 3♣.

Ein weiteres Beispiel:

W	O
♠ B 7 5	♠ A K 2
♥ A K 7 5	♥ B 9
♦ B 6 2	♦ A K 10 7 4 3
♣ 9 8 7	♣ 6 2

Süd	West	Nord	Ost
			1♦
	1♥		3♦
	3♥		3♠
	4♦		passe

Die Bietsequenz offenbart den fehlenden Treff-Stopper. Nun ist 4 in der Eröffnungsfarbe nicht forcierend. Nur mit Maximum sollte der Eröffner darauf in 5♦ gehen.

Übungen zu Abschnitt B.IV.

①

♠ A 8 7
♥ D 10 9 2
♦ 7
♣ 10 6 5 3 2

Süd	West	Nord	Ost
		1♥	
2♥		2SA	
?			

②

♠ 7 5
♥ K D 10 6 5 4
♦ A D 4 3
♣ 7

Süd	West	Nord	Ost
		1♠	
2♥		3♥	
?			

③

♠ 4
♥ B 10 8
♦ K D 7
♣ A K D B 4 3

Süd	West	Nord	Ost
1♣		1♠	
3♣		3♦	
?			

④

♠ B 4
♥ A D 7 5 4
♦ A 5
♣ K 6 4 2

Süd	West	Nord	Ost
1♥		2♣	
3♣		4♣	
?			

⑤

♠ A B 3
♥ 7 6
♦ A D 7 5 4
♣ K 7 2

Süd	West	Nord	Ost
		1♠	
2♦		3♦	
?			

Lösungen:

① 4♦. Splinter. Partners 2SA ist ein allgemeines Versuchsgebot, das zur Blattbeschreibung auffordert. Es ist nicht ausgeschlossen, dass der Partner sogar Schlemminteresse besitzt.
4♦ zeigt Karo-Single/Chicane und Maximum.
(Vgl. Abschnitt 1.1.)

---

② 4♣. Partners 3♥ zeigt neben dem Fit eine gewisse Zusatzstärke. Das eigene Blatt ist mit 15-16FV zu bewerten. Ein Schlemm liegt durchaus im Bereich des Möglichen. 4♣ zeigt Erst- oder Zweitrundenkontrolle in Treff.
(Vgl. Abschnitt 1.2.)

---

③ 3♥. Drei Farben sind gereizt. Partners 3♦-Gebot hat einen vollwertigen Stopper in Coeur bereits verneint. 3♥ fragt nach Halbstopper in Coeur.
(Vgl. Abschnitt 9.)

---

④ 4♦. Kontrollgebot. Partners 4♣ zeigt Schlemminteresse und fordert zum Kontrollgebot auf.
(Vgl. Abschnitt 2.2.)

---

⑤ 3♠. 3♦ ist forcierend mindestens bis 3SA. 3♠ ist forcing und daher stärker als 4♠. (Mit der Einschränkung, dass Süd 3♠ auch einmal mit einer Double Topfigur bietet. Wenn er nämlich zwar Treff-Stopper, aber keinen Coeur-Stopper besitzt. Mit Coeur-Stopper sollte Nord daher 3SA bieten es sei denn, er will im Zweifel lieber einen Farbkontrakt als 3SA spielen. Mit dem echten Pik-Fit wird Süd dann 3SA nicht stehen lassen und weiterreizen.) (Vgl. Abschnitt 2.2.)

Merke: Wenn kein Oberfarb-Fit möglich ist: Hat die Partnerschaft bereits drei Farben gereizt und der Partner einen Stopper in der 4.Farbe explizit oder implizit verneint, fragt das Bieten der 4.Farbe nach Halbstopper.

Übungen zu Abschnitt B.IV.

⑥

N
W O
S

♠ B
♥ A D B 6 2
♦ K 10 5
♣ A D 7 2

Süd	West	Nord	Ost
1♥		1♠	
2♣		2♥	
?			

---

⑦

N
W O
S

♠ D B 8 5 3
♥ K 6
♦ A 3
♣ K 10 9 5

Süd	West	Nord	Ost
1♠		2♦	
2♠		3♠	
?			

---

⑧

N
W O
S

♠ 4
♥ K D B 2
♦ A 7 5
♣ A 10 7 3 2

Süd	West	Nord	Ost
		1♠	
2♣		2♥	
?			

---

⑨

N
W O
S

♠ K B 10 7 6
♥ 8 6
♦ 9 2
♣ A D 4 3

Süd	West	Nord	Ost
		1♦	
1♠		2♦	
?			

---

⑩

N
W O
S

♠ A D 9 8
♥ A B 10 2
♦ 6
♣ A K B 2

Süd	West	Nord	Ost
1♣		1♦	
1♥		1♠	
?			

Lösungen:

⑥ 2SA. Einladung zu 3SA. Der Partner hat 6-10FL und Double Coeur versprochen.
(Vgl. Abschnitt 3.3.)

---

⑦ 4♣. Partners 3♠ verspricht einen guten Fit ab 16FV. Süd sollte den Bietraum unterhalb von Vollspiel nutzen und seine nächste Kontrolle reizen. Dies um so mehr, als man sich mit dem 2♠-Rebid bereits einigermaßen limitiert hat.
(Vgl.Abschnitt 3.4.)

---

⑧ 3♥. Dies ist forcierend und daher stärker als 4♥. 3♥ schafft Raum, um Schlemmchancen auszuloten.
(Vgl. Abschnitt 3.6.)

---

⑨ 2♥. Dritte Farbe Forcing. Gibt dem Partner Gelegenheit, sein Blatt weiter zu beschreiben.
2♥ verspricht ab 10FL. Für ein natürliches 3♣ ist das Blatt nicht stark genug, denn dies forciert mindestens bis 3SA.
(Vgl. Abschnitt 3.7.)

---

⑩ 3♥. Dieses „unmögliche" Gebot ist konventionell und verspricht 4er-Pik ab 20FV. Süd zeigt damit also die Stärke, um eine natürliche 1♠-Reizung des Partners in 4♠ zu heben. Jedoch war Partners 1♠-Gebot doppeldeutig: entweder 4er-Pik, oder 4.Farbe Forcing, also ein Blatt ab 11FL, für das kein anderes natürliches Gebot passt. Meist fehlt ein Fit und der Partner möchte Sans-Atout spielen, besitzt aber keinen Stopper in Pik. Ist der Partner an Pik-Stopper interessiert, dann kann er auf das 3♥-Gebot unbesorgt Sans-Atout reizen. (Vgl. Abschnitt 3.9.)

Merke: Nach einer forcierenden Oberfarb-Fit-Bestätigung auf der 3er-Stufe erwartet der Partner unterhalb von Vollspiel ein Kontrollgebot. Hebt man statt dessen die Fitfarbe auf die 4er-Stufe, dann zeigt dies eine kontrollschwache Minimumhand.

Übungen zu Abschnitt B.IV.

⑪ N / W O / S

♠ K 7 2
♥ A B 6 4 3
♦ 6
♣ A K 3 2

Süd	West	Nord	Ost
1♥		1♠	
2♣		2♦	
?			

---

⑫ N / W O / S

♠ K 3
♥ D B 10
♦ A D B 7 5
♣ 9 5 3

Süd	West	Nord	Ost
1♦		1♠	
1SA		2♣	
2♦		3♣	
?			

---

⑬ N / W O / S

♠ 8 6
♥ K B 5
♦ A K 6 5
♣ D 8 6 4

Süd	West	Nord	Ost
1♣		1♥	
1SA		2♣	
2♦		3SA	
?			

---

⑭ N / W O / S

♠ K B 7 6 5
♥ D 10 6
♦ 5 4
♣ D 6 5

Süd	West	Nord	Ost
		1♣	
1♠		2SA	
?			

---

⑮ N / W O / S

♠ A 7 5 2
♥ D 9 7 6 5 2
♦ 7
♣ 9 5

Süd	West	Nord	Ost
		1♦	
1♥		3SA	
?			

Lösungen:

⑪ 3♠. Partners 4.Farbe-Reizung fragt nach weiterer Blattbeschreibung. Vorrang hat jetzt, den 3er-Anschluss in Partners Oberfarbe zu zeigen. Mit 2♠ würde man eine Minimumeröffnung beschreiben. Der Partner dürfte darauf passen. 3♠ zeigt 3er-Pik und Zusatzstärke.
(Vgl. Abschnitt 3.9.)

---

⑫ Passe. Partners 3♣ nach vorherigem Relais Transfer ist ein Abschlussgebot.
(Vgl. Abschnitt 4.)

---

⑬ 4♥. Partners über Relais Transfer gereiztes 3SA zeigt ein 5er-Coeur und gibt dem Eröffner die Wahl zwischen 3SA und 4♥.
(Vgl. Abschnitt 4.)

---

⑭ 3♦. Das Bieten der neuen Unterfarbe fordert den Partner auf, einen 3er-Anschluss zur Oberfarbe des Antwortenden zu zeigen.
(Vgl. Abschnitt 5.1.)

---

⑮ Passe. Partners Doppelsprung in 3SA zeigt einen starken Einfärber in Karo ab 20FL bzw. ab 8 Spielstichen mit Stoppern in Pik und Treff. In Coeur kann der Partner dagegen durchaus ein Singleton haben. Darum ist es nicht richtig, eine mittelmäßige oder in diesem Fall sogar schlechte 6er-Farbe auf der 4er-Stufe zu wiederholen.
(Vgl. Abschnitt 5.3.)

Merke: Nach einem Doppelsprung des Eröffners in 3SA sollte der Antwortende sein 6er-Coeur nur dann auf der 4er-Stufe wiederholen, wenn die Farbe auch gegenüber einem Single nicht mehr als einen Verlierer hat.

Übungen zu Abschnitt B.IV.

⑯ S

♠ 10 9 6
♥ K 9 7 6
♦ D B 7
♣ 9 8 2

Süd	West	Nord	Ost
		1♣	
1♥		2♦	
?			

---

⑰ S

♠ 10 4
♥ A K B 6
♦ K D 10 9 4
♣ K 7

Süd	West	Nord	Ost
1♦		1♠	
2♥		2SA	
?			

---

⑱ S

♠ A 4
♥ D B 8 6
♦ A K D B 2
♣ B 3

Süd	West	Nord	Ost
1♣		1♠	
2♥		3♥	
?			

---

⑲ S

♠ 4
♥ A K 4 3 2
♦ A K D 5
♣ K B 9

Süd	West	Nord	Ost
1♥		1♠	
3♦		3♥	
?			

---

⑳ S

♠ A K B 10 6 5
♥ A 5
♦ 7 5
♣ K B 3

Süd	West	Nord	Ost
1♠		2♦	
3♠		4♣	
?			

Lösungen:

⑯ 2♠. Nach Partners forcierender Reversereizung kann jedes Rebid des Antwortenden auf der 2er-Stufe schwach sein, also auch das Bieten der 4.Farbe. 2♠ ist ökonomischer und taktisch klüger als 2SA. Auf 2SA darf der Partner nicht passen. Bietet er aber auf 2♠ selbst 2SA, darf der Antwortende in der dritten Bietrunde passen. Hat der Partner Pik-Stopper, dann sind 2SA vielleicht einfacher zu erfüllen als 3♣. Für das Paarturnier ist außerdem wichtig, dass erfüllte 2SA einen besseren Score bringen als erfüllte 3♣. Ein direktes 3♣ kommt gar nicht in Betracht: Denn dies zeigt einen guten Fit und forciert bis mindestens 3SA. (Vgl. Abschnitt 6.1.)

⑰ 3♦. Partners 2SA ist konventionell (Moderateur). Der Eröffner soll mit einer Minimum-Reversereizung die Eröffnungsfarbe auf der 3er-Stufe wiederholen. Ist der Partner schwach, dann kann er jetzt passen oder mit 4er-Coeur in 3♥ ausbessern.
(Vgl. Abschnitt 6.1.)

⑱ 3♠. Ein Kontrollgebot. Partners 3♥ bestätigt nicht nur den Fit, sondern zeigt auch mildes Schlemminteresse. Nord sollte mindestens 11-12FV mit einer Topfigur zu viert in Trumpf (oder mit 5 kleinen) besitzen.
(Vgl. Abschnitt 6.1.)

⑲ 3SA. Nach 3♦ ist der Partner möglicherweise in der Klemme. Ohne Treff-Stopper kann Nord nicht 3SA bieten. Darum hat er unter Umständen mit einem Doubleton in Coeur auf 3♥ ausbessern müssen. 3SA trägt diesem Problem des Partners Rechnung. Der Eröffner annonciert damit Treff-Stopper. Auf 3SA wird der Antwortende jetzt mit einer schwachen Hand und lediglich Double Coeur passen. Mit echtem Coeur-Fit kann Nord dagegen 4♥ bieten bzw. mit 4♣, 4♦ oder 4♠ ein Kontrollgebot abgeben. (Vgl. Abschnitt 7.)

⑳ 4♥. Kontrollgebot. Nach dem Sprung in 3♠ ist jede neue Farbe auf der 4er-Stufe als Kontrollgebot definiert. Partners 4♣ ist also schon ein Kontrollgebot und annonciert Interesse an einem Pik-Schlemm. 4♥ zeigt Erst- oder Zweitrundenkontrolle in Coeur und verneint Kontrolle in Karo.
(Vgl. Abschnitt 8.)

Merke: Die Reversereizung des Eröffners ist selbstforcierend. Danach kann jedes Gebot des Antwortenden auf der 2er-Stufe sowohl stark als auch schwach sein. Wählt der Antwortende jedoch ein Gebot auf der 3er-Stufe, dann kann dies nicht schwach sein. Es forciert mindestens bis 3SA.

V. ERÖFFNUNG IN 3. UND 4.HAND MIT FOLGEREIZUNG

1. ERÖFFNUNGEN

Sowohl für Eröffnungen in 3. als auch in 4.Hand gilt, dass der Partner bereits gepasst hat.

Eröffnung in 3.Hand

Hat man in 3.Hand ein Blatt mit weniger als normaler Eröffnungsstärke, ist die Wahrscheinlichkeit sehr hoch, dass der Gegner in 4.Hand das stärkste Blatt am Tisch besitzt. Wenn man in 3.Hand passt, wird der nächste Spieler wahrscheinlich die Reizung eröffnen. Ob man dann in der nächsten Bietrunde Gelegenheit erhält, auf niedriger Stufe gegenzureizen, ist nicht klar. Deshalb sollte man in 3.Hand eine schöne Farbe auch dann zu eröffnen, wenn das Blatt über weniger als reguläre Eröffnungsstärke verfügt. Wird der linke Gegner nämlich zum Alleinspieler, dann hat man dem Partner wenigstens eine Ausspielmarke gezeigt.

Besonders attraktiv ist eine Oberfarb-Eröffnung, weil sie dem Gegner auch noch Bietraum nimmt. Dabei ist für den Bereich des Deutschen Bridgeverbandes darauf zu achten, dass auch in 3.Hand die Eröffnung systemgemäß mindestens der 18er-Regel genügen muss.

Süd	West	Nord	Ost
		Passe	Passe
?			

a) N / W O / S
♠ K D B 9 5
♥ A 6 4
♦ 10 9 6
♣ 3 2
1♠

b) N / W O / S
♠ B 10 7 6
♥ 6
♦ A K B 10 2
♣ 9 5 4
1♦

c) N / W O / S
♠ K 7
♥ A B
♦ D 7 5 3
♣ B 8 6 4 3
Passe

a) Perfekte Eröffnung nach der 18er-Regel in 3.Hand: sperrt den Gegner, zeigt die schöne Farbe.
b) Die Farbe ist auch als Unterfarbe zu schön, um verschwiegen zu werden. Außerdem würde man nach einer Coeur-Reizung des linken Gegners auch noch den potenziellen 4-4-Fit in Pik risikoarm finden.
c) Eröffnen Sie nicht für den Gegner. Die Treff-Farbe ist schlecht und nimmt dem Gegner keinerlei Bietraum. Eine Treff-Eröffnung erleichtert sogar dem Gegner den Eintritt in die Reizung mit einer Oberfarbe und etwa 10F.

Eröffnung in 4.Hand

In 4.Hand besitzt man die reale Chance, das Blatt durchzupassen. Es wäre dumm, mit 10-11F zu eröffnen, um dann festzustellen, dass der Gegner einen Fit in einer höheren Farbe hat und eine Plusanschrift nur für den Gegner möglich ist. Hier sollte man als Faustregel die sogenannte 15er-Regel beachten!

> Nur eröffnen, wenn: F-Punkte + Anzahl der Pikkarten mindestens gleich 15.

Dies gilt für Hände mit weniger als 13F.

Süd	West	Nord	Ost
	Passe	Passe	Passe
?			

a)	b)	c)
♠ K 7	♠ D 9 5 4	♠ A B 8 6 4
♥ D B 3	♥ A 8 6	♥ 7 6
♦ A B 6 2	♦ 7 6 5	♦ K 5
♣ B 10 4 3	♣ A B 10	♣ D 10 6 5
Passe	1♣	1♠

a) Trotz 12F genügt das Blatt wegen der Kürze in Pik nicht der 15er-Regel: 12F + 2 Karten in Pik = 14.

b) Dank des 4er-Pik genügen 11F, um die 15er-Regel zu erfüllen.

c) 10F + 5 Pik-Karten =15.

Gegen einen deutlich schwächeren Gegner kann eine Eröffnung in 4.Hand auch dann vernünftig sein, wenn 1 Punkt zur Erfüllung der 15er-Regel fehlt. Denn mit dem Durchpassen gibt man dem Gegner keine Chance mehr, einen Fehler in Reizung oder Abspiel zu machen. Hierfür muss man schon eröffnen.

2. NATÜRLICHE ANTWORTEN

Für die Bedeutung der Partnerantworten ist zu unterscheiden, ob sie nach einer Oberfarb- oder Unterfarb-Eröffnung abgegeben werden.

Natürliche Antworten auf Unterfarb-Eröffnungen

Alle Farbreizungen ohne Sprung: natürlich und nicht forcierend

Farbreizungen behalten ihre ursprüngliche Bedeutung, so als ob der Partner in 1. oder 2.Hand eröffnet hätte. Allerdings bewirkt die limitierte Stärke der gepassten Hand, dass der Partner passen darf.

West:
♠ D B 7 5
♥ A 7 5
♦ D 7
♣ 9 8 7 5

N / W O / S

Ost:
♠ K 9 6
♥ 4 2
♦ K B 10 6
♣ A B 6 2

Süd	West	Nord	Ost
	passe		1♦
	1♠		passe

Ost hofft zwar darauf, dass der Partner ein 5er-Pik hat, aber auch mit einem 4er-Pik will Ost lieber 1♠ als 1SA spielen. Da Ost lediglich eine knappe Eröffnung hat und West angepasst ist, sieht Ost keine reellen Vollspielchancen und passt möglichst niedrig in einem Oberfarbkontrakt.

SA-Antworten: wie von der ungepassten Hand

N / W O / S

Süd:
♠ K B 7
♥ D B 10
♦ D 7
♣ D 10 5 4 3

Süd	West	Nord	Ost
passe		1♦	
2SA			

Die Gefahr, dass Nord eine Unterfarbe mit weniger als 12F bzw. 13FL eröffnet hat, ist gering.

Natürliche Antworten auf Oberfarb-Eröffnungen

Natürlich und fast unverändert sind:

- 2♦ auf 1♥/♠: mindestens 5er-Länge, 10-12FL
- 2♥ auf 1♠: mindestens 5er-Länge, 10-12FL
- 1♠ auf 1♥: mindestens 4er, ab 5-6FL

Da die Antworten der gepassten Hand nicht forcierend sind, geschweige denn selbstforcierend, ist auch die einfache Hebung durch den Eröffner nicht forcierend, sondern lediglich einladend:

N
W O
S

♠ 7 2
♥ K B 10 7 6
♦ D 10 4
♣ K 10 7

♠ K D 8 6 5
♥ A 4 2
♦ B 7
♣ A 6 2

N
W O
S

Süd	West	Nord	Ost
passe		1♠	
2♥		3♥	
passe			

Hätte Süd statt Coeur Bube die Coeur Dame, würde Süd die Einladung annehmen und die Erfüllungschancen stünden merklich besser.

3. Farbwechsel im Sprung

Springt die gepasste Hand in eine neue Farbe, dann ist dies ein Fitsprung (Fitjump).

Fitsprünge:

Süd	West	Nord	Ost
passe		1♣	
2♥			

Süd	West	Nord	Ost
passe		1♠	
3♣			

Fitsprünge versprechen:

- gute 5er-Länge in der gereizten Farbe
- 4er-Länge in Partners Eröffnungsfarbe
- ab einladende Stärke (ab 11FV; FV bei Unterfarb-Eröffnung unter der Annahme, der Partner hat mindestens 4er-Länge)

Fitsprung:

- nach einer Oberfarb-Eröffnung: forcierend
  (es ist klar, dass die gemeinsame Oberfarbe gespielt werden muss).
- nach einer Unterfarb-Eröffnung: passbar

♠ K D 10 6 3
♥ 8
♦ A 9 6 3
♣ 9 7 5

Süd	West	Nord	Ost
passe		1♦	
2♠			

♠ 8 6
♥ B 10 6 3
♦ 7 5
♣ A D 10 3 2

Süd	West	Nord	Ost
passe		1♥	
3♣			

Erkennt der Eröffner einen Doppelfit, dann ermutigt dies zu optimistischer Reizung.

Auch wenn der Gegner zwischengereizt hat, ist der Sprung in eine neue Farbe von einer gepassten Hand ein Fitsprung (vgl. FORUM D PLUS – Die Wettbewerbsreizung, S.16).

Bei einer kompetitiven Reizung sollte man mit Doppelfit im Zweifel eine Stufe höher bieten.

Splinter:

Auch von einer gepassten Hand bleibt der Doppelsprung nach Partners Oberfarberöffnung ein Splinter-Gebot, welches standardmäßig ab 15FV und Single/Chicane in der gereizten Farbe verspricht. In der Regel zeigt es den Typus Dreifärber (bis 5-4-3-1-Verteilung mit einer nicht allzu guten 5er-Nebenfarbe).

♠ A 7 5 4
♥ D 9 7 5 3
♦ K B 10 5
♣

Süd	West	Nord	Ost
passe		1♥	
4♣			

4. 2♣-DRURY NACH ERÖFFNUNG 1♥/1♠

4.1. VORSTELLUNG DER KONVENTION

Erkennt der Antwortende Fit zu Partners Oberfarb-Eröffnung, dann wird er als ungepasste Hand in vielen Fällen nicht direkt heben können, sondern er bietet zunächst eine neue Farbe. Dies ist jedoch für eine gepasste Hand mit dem Risiko verbunden, dass der Partner passen könnte. Darum spielt man von der gepassten Hand 2♣ als konventionelles Fitgebot (Drury), das mindestens einladende Stärke verspricht. Hat der Partner mit Subminimum eröffnet, vermeidet man mit Hilfe von Drury außerdem, unnötig mit einer einladenden Hand und drei Trümpfen den Partner auf die 3er-Stufe zu hieven und ihn dort fallen zu sehen.

Drury:

Süd	West	Nord	Ost
Passe		1♥/1♠	
2♣			

2♣ bietet man mit folgenden Händen:

- mindestens 3 Trümpfe, ab 11FV,
- Double-Topfigur in der vom Eröffner gereizten Oberfarbe und 11-12FL (bei 12FL auch mit kleiner Figur in Partnerfarbe),
- gute 6er-Länge in Treff, ab 8-9F.

Süd	West	Nord	Ost
passe		1♠	
?			

a) N / W O / S

♠ D 8 5
♥ B 5
♦ A B 9 6 4
♣ D 10 6

2♣

b) N / W O / S

♠ 8 2
♥ K 7 5
♦ 10 7
♣ K D B 9 6 5

2♣

c) N / W O / S

♠ K 8
♥ D B 10 6
♦ B 9 7
♣ A 10 4 2

2♣

a) Der häufigste Anwendungsfall für 2♣-Drury: Fit ab 11FV. Süd darf nicht 2♦ bieten, weil Nord darauf passen könnte. Den Fit zeigenden Sprung in 2SA gibt es für die gepasste Hand nicht. Es wäre auch bedenklich in 2SA zu springen, wenn der Partner keine volle Eröffnungsstärke hat.

b) Süd möchte seine sehr schöne Treff-Farbe zeigen. Dies ist nur über 2♣ mit anschließendem 3♣ möglich. Der direkte Sprung in 3♣ wäre bekanntlich ein Fitsprung.

c) Das Blatt ist mit der Double Topfigur in Partnerfarbe und guten 11FL zu schön, um nur 1SA zu bieten. 2SA ist dagegen konventionell (siehe unten). Vielleicht findet sich sogar noch ein Coeur-Fit.

Antworten auf 2♣-Drury (nach 1♠-Eröffnung):

- 2♦ = mehrdeutig:
  - jede Hand mit weniger als 13FL, ab 0 Karos,
  - ausgeglichen, 13-14FL
  - 4er-Karo, ab 13FL, bzw. 5er-Karo, 13-16FL
  - 2.Farbe Treff, 13-16FL
- 2♥ = 4er-Coeur, ab 13FL, bzw. 5er-Coeur, 13-16FL
- 2♠ = 6er-Pik, 13-16FL
- 2SA = ausgeglichen, 15-17FL
- 3♣ = mindestens 4er-Treff, ab 17FL
- 3♦ = 5er-Karo, ab 17FL
- 3♥ = 5er-Coeur, ab 17FL
- 3♠ = 6er-Pik, 17-19FL
- 3SA = ausgeglichen, 18-19FL
- 4SA = ausgeglichen, 20-21FL

Süd	West	Nord	Ost
		passe	
1♠		2♣	
?			

a) N / W O / S
♠ K B 8 7 2
♥ K 9 7
♦ A 8
♣ D 10 8
2♦

b) N / W O / S
♠ A K B 8 5
♥ 7 6 4
♦
♣ D 9 7 5 3
2♦

c) N / W O / S
♠ A D 9 6 4
♥ A K D 7
♦ K 6
♣ D 6
2♥

d) N / W O / S
♠ K D 9 6 5
♥ 7
♦ A K 10 9 7
♣ A 7
3♦

e) N / W O / S
♠ D 10 6 4 2
♥ A K D
♦ K D 6
♣ A 10
4SA

a) 14FL, ausgeglichen; wird konventionell unter 2♦ subsummiert;

b) Mit allen Händen unter 13FL antwortet der Eröffner 2♦;

c) 2♥ ist natürlich und in der Stärke unlimitiert; 3♥ würde auf jeden Fall 5er-Coeur zeigen;

d) Der Sprung in 3♦ verspricht ab 17FL mit 5-5;

e) 4SA beschreibt das Blatt: ausgeglichen, 20-21FL.

Weiterreizung des Antwortenden nach 2♦-Antwort auf Drury:

Süd	West	Nord	Ost
passe		1♥	
2♣		2♦	
?			

- 2♥ = 4er-Coeur, 11-12FV,
  oder 3er-Coeur, 11-13FV,
  oder Double Coeur-Figur, 11-12FL ;
- 3♥ = 4er-Cœur, 13-14FV
- 2SA = 6er-Treff, 8-10F, mindestens 2 Topfiguren
- 3♣ = 6er-Treff, 8-10F, 1 Topfigur
- 2♠ = Versuchsgebot, eher längere Pik als Karo, Fit in Partnerfarbe
- 3♦ = Versuchsgebot, eher längere Karo als Pik, Fit in Partnerfarbe (die Versuchsgebote kommen nach Drury und 2♦ selten zur Anwendung)

Süd	West	Nord	Ost
passe		1♠	
2♣		2♦	
?			

a) N / W O / S

♠ D 6
♥ A D 7
♦ D B 10 7
♣ 9 6 5 2

2♠

b) N / W O / S

♠ K 10 8 6
♥ 8
♦ K 10 6 2
♣ K 9 7 5

3♠

c) N / W O / S

♠ 8
♥ K 8 6
♦ 9 6 5
♣ A D 10 7 5 4

2SA

d) N / W O / S

♠ 8 6 4
♥ K D 8 5 4
♦ A B 7 6
♣ 7

2♥

e) N / W O / S

♠ 7 5
♥ 10 7
♦ K D 7
♣ D B 10 6 4 2

3♣

a) Hat der Partner eine gute Pik-Farbe und ansonsten eine Minimum- oder gar Subminimum-Eröffnung, ist 2♠ voraussichtlich ein besserer Kontrakt als 2SA.

b) 13FV und 4 Trümpfe. Wenn 3♠ schon fallen sollten, sind die Chancen beachtlich, dass der Gegner ein Coeur-Spiel erfüllen kann. 3♠ ist einerseits konstruktiv in Richtung 4♠, andererseits geschützt durch das Law of Total Tricks. Mit 9 Trümpfen ist die 3er-Stufe die Fitstufe.

c) Zeigt konventionell das 6er-Treff mit 2 Topfiguren.

d) 2♥ ist nun forcierend, da es ein Versuchsgebot mit Pik-Fit ist.

e) Zeigt die Treff-Länge mit lediglich 1 Topfigur. Mit 2 fehlenden Topfiguren könnte es in einem SA-Kontrakt zu lange dauern, bis die Treff-Farbe hochgespielt ist. Der Gegner könnte vorher schon eine Farbe hochgespielt haben. Darum ist 3♣ aller Voraussicht nach ein besserer Kontrakt als 2SA.

Drittrundengebote des Eröffners nach:

Süd	West	Nord	Ost
		passe	
1♥		2♣	
2♦		2♥	
?			

passe	=	bis 13FL/FV, 14-FL
2SA	=	14+FL, ausgeglichen, eher verteilte Werte
2♠	=	14-16FL, 4er-Pik
3♣	=	14-16FL, 4er-Treff
3♦	=	ab 14FL, 4er-Karo
3♥	=	14-15FV, gute Trumpffarbe
3SA	=	ab 15FL, will 3SA oder 4♥ spielen

Süd	West	Nord	Ost
		passe	
1♥		2♣	
2♦		2♥	
?			

a)
♠ A 7 6
♥ K 10 9 8 4
♦ D B 2
♣ D 9
passe

b)
♠ 8 7
♥ A K 5 4 3
♦ 9 7
♣ A K 5 4
3♣

c)
♠ D B 6
♥ D B 10 7 5
♦ A 10 4
♣ K 5
2SA

d)
♠ 8 6
♥ A K B 10 2
♦ A B 10
♣ 5 3 2
3♥

e)
♠ K 9
♥ A D 10 7 5
♦ A B
♣ B 10 5 2
3SA

a) 13FL sind zu wenig, um noch einen Vollspielversuch zu unternehmen.

b) Immerhin 15FL und 16FV, falls der Partner den erwarteten 3er-Anschluss hat.

Mit den konzentrierten Werten in 2 Farben will Süd aber auch dann nicht unbedingt 3SA spielen, falls der Partner nur ein Double Bild in Coeur hat. Nord soll mitentscheiden.

c) Zeigt das Blatt präzise: gute 14FL, ausgeglichen.

d) 3♥ beschreibt perfekt das Blatt: eine sehr gute Coeur-Farbe mit mindestens 5er-Länge und 14-15FV.

e) Trotz des Zweifärbers sieht Süd keine Veranlassung, die zweite Farbe zu reizen. Der Partner soll lediglich zwischen 3SA und 4♥ wählen.

Nach Gegners Intervention:

- Nach einer Oberfarb-Eröffnung in 3. oder 4.Hand und anschließender Gegenreizung gibt es kein Drury .
- Kontriert der Gegner 2♣-Drury: nun zeigt Passe vom Eröffner weniger als 13FL, die Bedeutung der übrigen Gebote bleibt unverändert. Rekontra würde eine gute Hand mit 4er-Treff versprechen.

4.2. KONSEQUENZEN VON DRURY FÜR DIE ÜBRIGEN ANTWORTEN

Abgestimmt auf Drury, verändert sich die Bedeutung anderer Gebote:

- <u>Sprunghebung der Oberfarbe auf die 3er-Stufe:</u> 4er-Länge, 8-10FV

N
W O
S

♠ D 8 6 4
♥ A 6
♦ 10 8 7 4
♣ 6 4 2

Süd	West	Nord	Ost
passe		1♠	
3♠			

Die Sprunghebung hat die gleiche Stärke, als wenn der Gegner Partners Eröffnung kontriert hätte. 3♠ ist beschreibend für den Partner und sperrend gegenüber dem Gegner.

Stärkere Hände mit Fit kann die gepasste Hand über Drury reizen.

- <u>1SA:</u> 6-11FL

Da Partners Oberfarb-Eröffnung unter Umständen nur 9 oder 10F beinhaltet, wäre es unvorsichtig, mit 11F in 2SA zu springen. Allerdings soll man mit 11F und einer Double Topfigur in der Eröffnungsfarbe besser 2♣ Drury bieten (s.o.). Denn die Double Topfigur in Partnerfarbe wertet das Blatt auf.

N
W O
S

♠ K 5 3
♥ 7 4
♦ A 10 7 6
♣ K B 8 2

Süd	West	Nord	Ost
passe		1♥	
1SA			

➠ 2SA: 5-5-Zweifärber in Unterfarben, 10-12FL

Da 2SA als natürliches SA-Gebot nicht benötigt wird, wird es frei, um den 5-5-Unterfarbzweifärber zu zeigen. Würde man mit einem nicht-forcierenden 2♦ beginnen, dann wird der Partner vielleicht mit Kürze in Karo passen müssen. Ein guter Treff-Fit würde unentdeckt bleiben. Außerdem erschwert es dem Gegner, in der noch freien Oberfarbe in die Reizung einzutreten.

N
W O
S

♠ 8 6
♥ 7
♦ D 10 9 6 4
♣ A K 7 5 4

Süd	West	Nord	Ost
passe		1♥	
2SA			

Achtung:

Die besonderen Bedeutungen der Gebote dieses Abschnitts gelten nur so lange, wie 2♣ an dieser Stelle Drury wäre: also nur von der gepassten Hand und nie nach gegnerischer Intervention auf Partners Eröffnung.

Übungen zu Abschnitt B.V.

①

N
W O
S

♠ 6
♥ D B 6 4
♦ K D 4 3
♣ K 10 7 5

Süd	West	Nord	Ost
passe		1♠	
?			

---

②

N
W O
S

♠ K D 10 8 5
♥ 7
♦ D 7 5
♣ K 4 3 2

Süd	West	Nord	Ost
passe		1♣	
?			

---

③

N
W O
S

♠ A 6
♥ D 8 6 4
♦ K 6 5 4
♣ 7 5 3

Süd	West	Nord	Ost
passe		1♥	
?			

---

④

N
W O
S

♠ K 3 2
♥ D 8 6 5 4
♦ A
♣ K D 8 6

Süd	West	Nord	Ost
		passe	
1♥		2♣	
?			

---

⑤

N
W O
S

♠ A D B 3 2
♥ K 7 6 4
♦ 6 3 2
♣ 10

Süd	West	Nord	Ost
		passe	
1♠		2SA	
?			

Lösungen:

① 1SA. Nach einer Oberfarberöffnung umfasst die Spannbreite von 1SA 6-11FL, wenn der Antwortende vorab schon gepasst hat.
(Vgl. Abschnitt 4.2.)

---

② 2♠. Von der gepassten Hand ist dies ein Fitsprung. Der Sprung zeigt ein gutes 5er-Pik sowie 4er-Treff. Wenn der Partner 4er-Treff hat, verspricht der Fitsprung mindestens 11FV. Der Partner darf auf 2♠ passen.
(Vgl. Abschnitt 3.)

---

③ 2♣. Drury. Die gepasste Hand bietet Drury mit folgenden Händen: mindestens 3 Trümpfe ab 11FV, oder Double Topfigur in der vom Eröffner gereizten Oberfarbe und 11-12FL (bei 12FL auch mit kleiner Figur in Partnerfarbe), oder gutes 6er-Treff, ab 8-9F.
(Vgl. Abschnitt 4.1.)

---

④ 2♦. Nach Drury 2♣ ist das ökonomische 2♦-Rebid des Eröffners ein konventionelles Sammelbecken für alle Hände, für die kein anderes Gebot passt. 2♥ würde ein 6er-Coeur versprechen; das natürliche 3♣ ist eine echte Reversereizung und verlangt daher mindestens 17FL.
(Vgl. Abschnitt 4.1.)

---

⑤ 3♦. Der Partner zeigt 5-5 in den Unterfarben. 3♦ gibt die Präferenz für Karo und legt voraussichtlich den Endkontrakt fest. Auf 2SA zu passen, ist keine gute Idee; denn in Sans-Atout wird es kaum Kommunikation zwischen den beiden Händen geben.
(Vgl. Abschnitt 4.2.)

Merke: Interveniert der Gegner nach einer Eröffnung in 3. oder 4.Hand, gilt zwar weiterhin der Fitsprung, aber kein Drury. 2SA zeigt dann auch nicht 5-5 in den Unterfarben, sondern ist nach einer Farbgegenreizung natürlich (Stopper und ca. 11FL) und nach Kontra Truscott (4 Trümpfe, einladende Stärke) – wie von der ungepassten Hand (vgl. FORUM D PLUS – Die Wettbewerbsreizung).

C. Sans-Atout-Eröffnungen und Folgereizung

I. ERÖFFNUNGSREGELN FÜR AUSGEGLICHEN VERTEILTE HÄNDE

Eine ausgeglichene Verteilung nennt man auch SA-Verteilung. Hände mit ausgeglichener Verteilung werden je nach Stärke entweder bereits in Sans-Atout eröffnet, oder im Wiedergebot des Eröffners beschrieben (ausgenommen bestimmte Hände mit 5er-Oberfarbe).

Wie beschreibt man ausgeglichen verteilte Hände ohne 5er-Oberfarbe?

12F-15-FL:	Eröffnung 1 in Unterfarbe, Rebid 1SA
15+-17+FL:	Eröffnung 1SA
18-19FL:	Eröffnung 1 in Unterfarbe, Rebid Sprung in SA
20-21FL:	Eröffnung 2SA
22-23FL:	Eröffnung 2♣, Rebid 2SA
ab 24FL:	Eröffnung 2♦, Rebid 2SA

Als ausgeglichene Verteilungen gelten:

4-3-3-3
4-4-3-2
5-3-3-2

Allerdings kann es sein, dass man aus pragmatischen Gründen auch semi-ausgeglichene Hände als SA-verteilt beschreibt, also:

- bestimmte 5-4-2-2-Verteilungen,
- bestimmte 6-3-2-2-Verteilungen,
- bestimmte 4-4-4-1- oder 5-4-3-1-Verteilungen mit einer Single Topfigur.

Die 1SA-Eröffnung

Sie zeigt im Prinzip ab guten 15FL bis gute 17FL (oder schlechte 18) und eine ausgeglichene Verteilung. Es ist dabei nicht erforderlich, in allen Farben über Stopper zu verfügen. Auch ein kleines Doubleton in einer Farbe ist kein Hinderungsgrund für eine 1SA-Eröffnung.

Süd	West	Nord	Ost
?			

a) N / W O / S

♠ K D 10 7
♥ A D 9
♦ 7 5
♣ K D 9 7

1SA

b) N / W O / S

♠ D B 3
♥ D 10 5
♦ K D 7 5
♣ K D 9

1♦

a) Normale 1SA-Eröffnung mit 16FL. Das kleine Doubleton ist kein Hinderungsgrund.

b) 15F mit 4-3-3-3-Verteilung ohne Ass und nur eine 10 sind eher 14 als 15 Punkte wert. Das Blatt ist zu schwach für eine 1SA-Eröffnung.

Mit einer 5er-Oberfarbe ist die 1SA-Eröffnung grundsätzlich nicht empfehlenswert. Einerseits läuft man erhebliche Gefahr, einen 5-3-Fit oder gar 5-4-Fit in Oberfarbe zu verpassen, andererseits treten keine nennenswerten Probleme nach einer 1♥- oder 1♠-Eröffnung auf.

Empfehlenswert ist es jedoch, bestimmte 5-4-2-2-verteilte Hände mit 15-16FL nicht mit 1 in Farbe, sondern mit 1SA zu eröffnen, weil es ansonsten ein gravierendes Rebid-Problem geben könnte. Nämlich dann, wenn die 4er-Farbe die höhere Farbe, aber nicht die Pikfarbe ist:

N
W O
S

♠ D 4
♥ K D 8 6
♦ A B
♣ K 10 6 5 3

Süd	West	Nord	Ost
1♣		1♠	
???			

Für ein 1SA-Wiedergebot ist das Blatt zu stark. Für eine Reverse-Reizung mit 2♥ ist das Blatt eindeutig zu schwach. 2♣ ist ein äußerst unbefriedigendes Rebid mit diesem Blatt.

Kann der Partner darauf mit Kürze in Treff nicht weiterreizen, ist der schlechte Score vorprogrammiert.

Die beste Lösung besteht darin, dieses Blatt 1SA zu eröffnen.

Ein ähnliches Problem kann sich mit einer Single Topfigur ergeben:

N
W O
S

♠ A
♥ K B 10 4
♦ A B 4 2
♣ K 5 4 3

Eröffnung 1SA (Empfehlung)

Man sollte das sich ergebende Rebid-Problem nach einer 1♠-Antwort des Partners antizipieren und das Blatt gleich mit 1SA eröffnen. Allerdings bleibt dies eine Ermessensentscheidung, denn immerhin droht die Gefahr, dass der Partner mit einer schwachen Hand und 5er-Pik auf 2♠ transferiert und man diesen Kontrakt dann mit 5-1 in Trumpf spielen muss.

Mit einer 6er-Unterfarbe und 3-2-2 in den Restfarben kommt die 1SA-Eröffnung dann in Betracht, wenn man in den Kürzen Figuren hat:

N
W O
S

♠ K 5
♥ B 10 7
♦ K 5
♣ A D B 10 6 3

Eröffnung 1SA (Empfehlung)

Wenn Sans-Atout der richtige Kontrakt ist, dann kann es wichtig sein, mit dem Süd-Blatt Alleinspieler zu sein – um die beiden Double Könige zu schützen.

Die 2SA-Eröffnung

Sie zeigt 20-21FL und im Prinzip eine ausgeglichene Verteilung ohne 5er-Oberfarbe.

Ist die 5er-Oberfarbe jedoch von schlechter Qualität, dann ist es eine Ermessensentscheidung, diese Farbe wie eine 4er-Farbe zu „verkaufen":

N
W O
S

♠ A D 5
♥ B 7 5 4 2
♦ A K 10
♣ A K

Eröffnung 2SA (Empfehlung)

Je stärker die ausgeglichen verteilte Hand mit einer schwachen 5er-Oberfarbe ist, desto dringlicher wird die Empfehlung, das Blatt als SA-verteilt zu beschreiben. Bei einer 1 in Farbe-Eröffnung ist es zu verschmerzen, wenn die Eröffnungsfarbe schwach ist. Reizt man jedoch ein Blatt als Semiforcing in Oberfarbe (nach einer 2♣-Eröffnung), dann muss die 5er-Oberfarbe von guter Qualität sein.

Ab 20FL ist es besonders empfehlenswert, semiausgeglichen verteilte Hände mit 6er-Unterfarbe und Stopper in den Kürzen als SA-verteilt zu beschreiben. Ansonsten läuft man Gefahr, über kein passendes Rebid zu verfügen:

N
W O
S

♠ A D
♥ K 7 6
♦ A 2
♣ A D 10 7 6 3

Eröffnung 2SA

II. DIE FOLGEREIZUNG NACH 1SA

1. HEBUNGEN IN SANS-ATOUT

Hebungen in Sans-Atout verneinen ein Interesse an einem Oberfarbspiel und sind natürliche Punktansagen:

- 8+ - 9FL = 2SA (Einladung zu 3SA)
- 9+ - 15FL = 3SA
- 16 - 17FL = 4SA (Einladung zu 6SA)
- 18 - 19FL = 6SA
- 20 - 21FL = 5SA (Einladung zu 7SA)
- ab 22FL = 7SA

Süd	West	Nord	Ost
		1SA	
?			

a) N W O S
♠ D 9 5
♥ A 7
♦ D 8 6 4
♣ 10 6 5 2
passe

b) N W O S
♠ 7 6
♥ A 8 6
♦ 8 6
♣ K B 10 8 7 2
3SA

c) N W O S
♠ K D 10
♥ A B 6
♦ D B 7
♣ K 10 9 7
4SA

d) N W O S
♠ A 9 5
♥ K 5
♦ K D 10 6 3
♣ A B 4
6SA

e) N W O S
♠ 10 8 7
♥ A 9
♦ D B 10 9
♣ B 10 8 2
2SA

a) Normale 8 Punkte. Zu wenig für eine Einladung zum Vollspiel.

b) 10FL sind ausreichend für ein SA-Vollspiel. Ohne Single besteht auch kein besonderes Interesse an einem Treff-Kontrakt.

c) Mit 16FL zum Kleinschlemm einladen.

d) 18FL reichen aus, um in jedem Fall 6SA spielen zu wollen.

e) 8F mit Zusatzwerten ermutigen zur Vollspieleinladung.

Der Eröffner nimmt Einladungen an, wenn sich sein Blatt im oberen Bereich der versprochenen Punktezone befindet und passt, wenn er eher Minimum besitzt.

Bei einer sogenannten quantitativen Einladung mit 4SA verfügt der Eröffner darüber hinaus noch über Variationsmöglichkeiten:

Mit mittlerer Stärke kann er auf 4SA mit 5SA antworten, also gewissermaßen den Schwarzen Peter der endgültigen Kontraktentscheidung zurückgeben:

West		Ost
♠ K D 9 5	N	♠ A 6
♥ A D 3	W O	♥ K 10 2
♦ 10 6 2	S	♦ A 8 7 5
♣ K D 9		♣ A B 4 3

Süd	West	Nord	Ost
	1SA		4SA
	5SA		passe

Beide haben 16F ohne Länge und ohne sonstige Ab- oder Aufwertungselemente. West zeigt die 16F durch 5SA; Ost lehnt die Rückeinladung ab, da er keine 17FL, sondern nur 16 hat.

Verfügt der Eröffner über mittlere Stärke, kann er außerdem en passant zu einem möglichen SA-Kleinschlemm einen vielleicht chancenreicheren Unterfarbschlemm suchen, in dem er eine 4er-Unterfarbe auf der 5er-Stufe reizt. Immerhin hat der Partner durch den Sprung in 4SA Interesse an einem Oberfarb-Fit verneint, er hat also meist mindestens eine Unterfarbe zu viert.

West		Ost
♠ K 8	N	♠ A 7 6
♥ K D 7	W O	♥ A B 4
♦ A 10 8 7	S	♦ K D 3 2
♣ A 8 6 5		♣ K 9 2

Süd	West	Nord	Ost
	1SA		4SA
	5♣		5♦
	6♦		

Auf 5♣ bietet Ost sein 4er-Karo, falls West beide Unterfarben zu viert hat. So findet man den guten Karo-Schlemm. Der Schnapper in Pik bietet eine sehr gute Zusatzchance auf den zwölften Stich.

Springt der Eröffner nach 4SA in einer Unterfarbe auf die 6er-Stufe, dann zeigt dies eine 5er-Farbe. Der Eröffner lässt dem Antwortenden damit nur die Wahl zwischen 6 in Unterfarbe und 6SA (im Ausnahmefall ist mit einem sehr guten Fit, einem Doubleton und Kontrollstärke sogar die Hebung auf 7 in Unterfarbe denkbar).

West		Ost
♠ A 10 4	N	♠ B 2
♥ A D 5	W O	♥ K 10 2
♦ 8 6	S	♦ A K 10 2
♣ A B 10 9 3		♣ K D 4 2

Süd	West	Nord	Ost
	1SA		4SA
	6♣		?

Mit der aktuellen West-Hand tut Ost gut daran, sich mit dem 6♣-„Spatz in der Hand" zu begnügen. Doch West könnte für seine Reizung auch folgendes Blatt haben:

♠ A 10 4
♥ A 4
♦ D B 9
♣ A 10 9 5 3

N
W O
S

Jetzt hat man in Sans-Atout wie im Treff-Kontrakt praktisch 12 Stiche von oben. In einem gut besetzten Paarturnier würde man mit dem 6♣-Kontrakt nur einen sehr mäßigen Score bekommen. Darum spricht die Turniertaktik des gut besetzten Paarturniers dafür, im Zweifel mit vielen F-Punkten und ausgeglichenen Händen 6SA dem vielleicht etwas sicheren Unterfarbschlemm vorzuziehen. Im schwach besetzten Paarturnier ist es jedoch wie im Teamturnier wichtig, den sichersten Schlemm zu reizen und diesen dann auch zu erfüllen.

Merke: Ohne Fit gibt es keine Assfrage mit 4SA!

Antwortet der Partner auf ein quantitatives 4SA mit einem Farbgebot, dann stellt dies einen Versuch dar, einen vielleicht sichereren Farbschlemm zu finden.

2. STAYMAN

Hat der Partner 1SA eröffnet, sucht man mit Hilfe der Stayman-Konvention nach einem 4-4-Fit in einer Oberfarbe. Es gibt keine Möglichkeit, einen 4-4-Oberfarb-Fit auf anderem Wege als über Stayman zu finden. Insbesondere ist es in FORUM D PLUS nicht möglich, erst Oberfarb- bzw. Unterfarb-Transfer zu reizen und anschließend eine 4er-Oberfarbe als 2.Farbe zeigen. Denn diese Sequenzen sind alle konventionell mit anderen Bedeutungen belegt.

Süd	West	Nord	Ost
		1SA	
2♣			

Die 2♣-Antwort verspricht den Besitz zumindest einer Oberfarbe mit exakt 4 Karten sowie ab 8+FL. 2♣ zeigt also mindestens partieeinladende Stärke („Forcing Stayman"). Der Antwortende kann neben der 4er-Oberfarbe durchaus eine längere 2.Farbe besitzen, sei es eine Oberfarbe oder eine Unterfarbe; diese kann bei Bedarf in der nächsten Bietrunde offenbart werden.

Die Antworten auf 2♣-Stayman:

- 2♦ = keine 4er-Oberfarbe
- 2♥ = 4er-Coeur (kein 4er-Pik)
- 2♠ = 4er-Pik (kein 4er-Coeur)
- 2SA = beide Oberfarben zu viert

Eine Besonderheit zu anderen Systemen stellt nur die 2SA-Antwort dar. Insbesondere in Systemen mit einer schwachen SA-Eröffnung spielt man die Stayman-Konvention auch mit schwachen Händen. Dann verbietet sich die 2SA-Antwort des Eröffners. Spielt man jedoch Forcing Stayman, ist die 2SA-Antwort unproblematisch und dient der Präzision von Folgereizungssequenzen.

	N	
W		O
	S	

♠ K B 8 7
♥ A 10 6 2
♦ D B 10
♣ A 7

Süd	West	Nord	Ost
1SA		2♣	
2SA			

Wiedergebote des Antwortenden nach 2♦:

Süd	West	Nord	Ost
		1SA	
2♣		2♦	
?			

Der Eröffner besitzt also keine 4er-Oberfarbe. Gebote des Antwortenden auf der 2er-Stufe sind jetzt einladend, auf der 3er-Stufe mindestens partieforcierend.

- 2♥ = 5er-Coeur (im Prinzip mit 4er-Pik), 8+ -9FL, einladend
- 2♠ = 5er-Pik (im Prinzip mit 4er-Coeur), 8+ -9FL, einladend
- 2SA = 8+ -9FL, einladend zu 3SA
- 3♣ = gute Trefffarbe, meist mind. 5er, ab 9+FL, forcing bis 3SA
- 3♦ = gute Karofarbe, meist mind. 5er, ab 9+FL, forcing bis 3SA
- 3♥ = 5er-Pik (!) und 4er-Coeur, ab 9+FL, partieforcing
- 3♠ = 5er-Coeur (!) und 4er-Pik, ab 9+FL, partieforcing
- 3SA = Abschlussgebot
- 4SA = Einladung zu 6SA

Süd	West	Nord	Ost
		1SA	
2♣		2♦	
?			

a)
♠ D B 10 7
♥ 7
♦ K D B 8 6
♣ B 3 2
3♦

b)
♠ K 8 6 5
♥ A 9 7 5
♦
♣ A D 7 5 2
3♣

c)
♠ B 8 5 4
♥ K D 10 5 3
♦ D 7 2
♣ 2
2♥

d)
♠ A D 9 4 3
♥ K 10 9 3
♦ 7 4
♣ 3 2
3♥

e)
♠ K 10 6 4
♥ K 6 5 4
♦ 5
♣ D B 9 7
2SA

a) Süd hat die Stärke für Vollspiel. Wegen des Singletons in Coeur bietet Süd jedoch nicht einfach 3SA. Je nachdem, wie Nords Blatt aussieht, könnten auch 5♦ richtig sein. Nord bietet jetzt nur dann 3SA, wenn er beide Oberfarben stoppt. Ansonsten reizt er die Farbe, in der er Werte besitzt.

a1)
♠ A K 5
♥ B 8 3
♦ A 10 2
♣ K D 8 7

a2)
♠ K 9 2
♥ A D 10
♦ A 7 2
♣ K 10 9 4

Zusammen mit der obigen Hand a) ergeben sich unterschiedliche Endkontrakte:

a1)

Süd	West	Nord	Ost
		1SA	
2♣		2♦	
3♦		3♠	
4♦		5♦	

a2)

Süd	West	Nord	Ost
		1SA	
2♣		2♦	
3♦		3SA	
passe			

b) Süd hat Interesse an einem Treff-Schlemm.

c) 2♥ zeigt die einladende Stärke mit 5er-Coeur. Nord darf passen; oder in 3♥ bzw. 4♥ heben; oder 2SA bzw. 3SA bieten.

d) Ist man mit 5-4 in Oberfarben stark genug für Vollspiel, reizt man den sogenannten Smolen-Transfer. 3♥ verspricht 5er-Pik. Mit 3er-Pik soll Nord 3♠ (Maximum) bzw. 4♠ (Minimum) bieten.

e) Süd kann seine weitere Verteilung nicht zeigen. 2SA lädt zu 3SA ein.

Wiedergebote des Antwortenden nach einer Oberfarbantwort (z.B. 2♠):

Süd	West	Nord	Ost
		1SA	
2♣		2♠	
?			

Mit Fit:

- 3♠ = einladend
- 4♠ = Abschluss
- 3♣, 3♦, 3♥ = zeigt eine gute Farbe; Fit möglich, aber nicht sicher; Schlemminteresse, falls anschließend Fit offenbart wird.
- 4♣, 4♦, 4♥ = Kontrollgebot

West		Ost
♠ K B 9 6	N	♠ A D 7 2
♥ 4	W O	♥ A 8 3
♦ D 9 6	S	♦ K 10 3
♣ A K 7 5 3		♣ D B 8

Süd	West	Nord	Ost
			1SA
	2♣		2♠
	3♣		3SA
	4♠		4SA
	5♥		6♠

Wests passbare 4♠-Reizung klärt den Blatttyp: offenbar Schlemminteresse mit Pik-Fit und guter Nebenfarbe in Treff. Dazu passt das Ost-Blatt ideal. Ost versichert sich mit 4SA, dass nicht 2 Keycards fehlen und bietet dann zuversichtlich den Schlemm.

West		Ost
♠ K D 9 6	N	♠ A 10 7 2
♥ K 2	W O	♥ A D B
♦ D B 9 7	S	♦ 8 5 2
♣ A 7 5		♣ K D 10

Süd	West	Nord	Ost
			1SA
	2♣		2♠
	4♣		4♥
	4♠		passe

Nach 2♠ von Ost kann West den Fit unterhalb von Vollspiel unmissverständlich und forcierend nur durch ein Sprunggebot zeigen. Darum ist dies nach einer 1SA-Eröffnung kein Splinter, sondern ein Kontrollgebot. 4♥ verneint die Karo-Kontrolle, West schließt daher mit 4♠ ab.

<u>Ohne Fit:</u>

- 2SA = einladend
- 3SA = Abschluss
- 4SA = einladend zu 6SA
- 3♣, 3♦, 3♥ = zeigt eine gute Farbe; Fit möglich, aber nicht sicher; (3♥ zeigt jedoch fast immer schon Fit)

West		Ost
♠ K 5	N	♠ A B 8 4
♥ K 9 7 5	W O	♥ A B 10
♦ 4	S	♦ K D 8 7
♣ K D 6 5 4 3		♣ B 8

Süd	West	Nord	Ost
			1SA
	2♣		2♠
	3♣		3SA
	passe		

Mit 3SA verspricht Ost Stopper in den roten Farben.

Sähe Osts Figurenverteilung anders aus, würde er auf 3♣ auch anders antworten:

Ost (2)		Ost (3)	
N	♠ A D B 9	N	♠ A 9 8 3
W O	♥ A B 10	W O	♥ A 4
S	♦ D 7 3	S	♦ A 8 7
	♣ B 10 2		♣ A B 8 2
	3♥		4♣

Mit Blatt (2) zeigt Ost Coeur-Werte und verneint gleichzeitig einen vollwertigen Karostopper. Der beste Endkontrakt ist 5♣.

Blatt (3) gefällt zu Partners Reizung so außerordentlich gut, dass man als 1SA-Eröffner ausnahmsweise direkt über 3SA hinausgeht und die Trefffarbe unterstützt. West kann die Assfrage stellen oder gleich 6♣ bieten, denn für das 4♣-Gebot muss Ost kontrollstark sein. 7♣ ist sogar ein hervorragender Kontrakt, weil Ost (3) das Doubleton in der richtigen Farbe hat.

Wiedergebote des Antwortenden nach Antwort 2SA (beide Oberfarben zu viert):

Süd	West	Nord	Ost
		1SA	
2♣		2SA	
?			

Der Oberfarb-Fit ist sicher.

- 3♣ = Coeur-Fit; Partner soll mit Minimum 3♥, mit Maximum 4♥ bieten;
- 3♦ = Pik-Fit; Partner soll mit Minimum 3♠, mit Maximum 4♠ bieten;
- 3♥ = Coeur-Fit, Schlemminteresse, Aufforderung zum Kontrollgebot;
- 3♠ = Pik-Fit, Schlemminteresse, Aufforderung zum Kontrollgebot.

Süd	West	Nord	Ost
		1SA	
2♣		2SA	
?			

a) N / W O / S

♠ K 10 8 5
♥ 8 6 2
♦ 7 4
♣ A B 10 4

3♦

b) N / W O / S

♠ A D 8 7
♥ K D 4
♦ K D 10 2
♣ 7 4

3♠

a) Süd besitzt lediglich einladende Stärke. Antwortet Nord nun mit 3♠ (Minimum), wird Süd passen. Die stärkere Hand wird zum Alleinspieler.

b) Süd zeigt mit 3♠ den Fit und Schlemminteresse. Der Antwortende ist ungefähr so stark wie der 1SA-Eröffner. Es gibt keinen Grund, das Alleinspiel für den Partner zu reservieren. Süd hofft auf ein 4♣-Kontrollgebot von Nord, nur dann lohnt es sich, den Schlemm weiter zu untersuchen.

3. OBERFARB-TRANSFER

Oberfarben mit mindestens 5er-Länge kann der Antwortende über ein Transfer-Gebot zeigen. Der Antwortende bietet dafür die unmittelbar unter seiner 5er-Oberfarbe liegende Farbe; er fordert damit den Eröffner auf, die nächst höhere Farbe zu reizen, also den Transfer auszuführen.

Süd	West	Nord	Ost
		1SA	
2♥			

2♥ verspricht ein 5er-Pik und fordert den Partner auf, 2♠ zu bieten. Selbst mit nur 2 Pik-Karten soll Nord den Transfer ausführen.

Im Gegensatz zu Stayman kann der Antwortende die Transfer-Reizung mit beliebiger Stärke abgeben, also sowohl mit null Figurenpunkten, als auch mit schlemminteressierten Händen.

Warum Transfer?

Mit schwachen Händen: Es spielt immer die starke Hand. Dies erschwert dem Gegner das Gegenspiel, insbesondere das erste Ausspiel.

Mit starken Händen: Man spart Bietraum und hat mehr Gebote zur Verfügung, um sein Blatt genauer zu beschreiben.

Transfer brechen?

Der Eröffner soll die Trumpffarbe im Sprung reizen, wenn er 4 Trümpfe und auch ansonsten nicht Minimum hat (19-20FV).

N
W O
S

♠ A 6
♥ K 10 7 6
♦ A K 7 6
♣ D 7 2

Süd	West	Nord	Ost
1SA		2♦	
3♥			

Immerhin hat Süd unter Berücksichtigung der 9.Trumpfkarte 19FV. Nord benötigt nicht mehr viele Punkte für ein chancenreiches Vollspiel.

Wie beschreibt der Antwortende sein Blatt nach ausgeführtem Oberfarbtransfer?

Der Antwortende hat:

eine ausgeglichene Verteilung

Süd	West	Nord	Ost
		1SA	
2♦		2♥	
?			

- 0-8FL: passen
- 8+ -9FL: 2SA
- 9+-15FL: 3SA
- 16-17FL: 4SA
- 18-19FL: 6SA
- 20-21FL: 5SA

Nach 6SA vom Antwortenden darf der Eröffner nicht ohne weiteres auf 7♥ „ausbessern". Nur mit einem kontrollstarken Maximum darf er den Großschlemm wagen, ansonsten muss er auch mit 3er-Coeur passen.

Süd	West	Nord	Ost
		1SA	
2♥		2♠	
?			

a) N / W O / S

♠ K 8 6 5 4
♥ D 8 7
♦ D 10 3
♣ 6 4

passe

b) N / W O / S

♠ D B 10 9 7
♥ 6 4
♦ A 10 9
♣ 10 6 5

2SA

Blatt b) hat so gute Mittelwerte, dass Süd noch einen Versuch Richtung Vollspiel unternehmen sollte.

Das 2SA-Gebot des Antwortenden nach vorherigem Oberfarbtransfer auf Pik stellt den Eröffner vor die Wahl zwischen folgenden Endkontrakten:

- 2SA (Minimum, Double Pik, evtl. auch 3er mit 4-3-3-3-Verteilung)
- 3SA (Maximum, Double Pik, evtl. auch 3er mit 4-3-3-3-Verteilung)
- 3♠ (Minimum, meist 3er-Pik)
- 4♠ (tendenziell Maximum mit 3er-Pik, oder 4er-Pik)

Der Antwortende hat:

einen Einfärber

Süd	West	Nord	Ost
		1SA	
2♦		2♥	
?			

Mit einer 6er-Oberfarbe ist ein Oberfarb-Fit sicher. Die 1SA-Eröffnung verspricht mindestens ein Doubleton Anschluss. Daher soll der Eröffner sein Blatt bereits in FV bewerten:

- 0-8FV: passen
- 9-10FV: 3♥
- 10+-15FV: 4♥

Mit einem Oberfarb-Einfärber ab 16FV soll der Antwortende auf die Transfer-Reizung verzichten und die Farbe natürlich im Sprung auf der 3er-Stufe reizen (siehe unten, Abschnitt 5.).

Süd	West	Nord	Ost
		1SA	
2♥		2♠	
?			

a) N / W O / S

♠ A B 9 5 3 2
♥ 7
♦ K 7 5 4
♣ 7 2

4♠

b) N / W O / S

♠ K 10 8 6 4 2
♥ D 5
♦ D B 6
♣ 8 5

3♠

a) 11FV sind genug, um das Vollspiel zu riskieren.

b) Mit schlechten 10FV genügt die Einladung zu 4♠.

Der Eröffner soll ab 17-18FV die Einladung zu 4♠ annehmen, andernfalls passen. Nur im Ausnahmefall ist es richtig, wenn der Eröffner 3SA bietet.

Der Antwortende hat:

einen Zweifärber mit 2.Farbe Unterfarbe

Der Antwortende kann die Unterfarbe als 2.Farbe auf der 3er-Stufe reizen. Dies forciert jedoch mindestens bis 3SA. Das heißt, der Antwortende benötigt mindestens 9+FL, um die Unterfarbe zu zeigen. Er reizt die Unterfarbe nur, wenn er wegen eines Singles Angst vor 3SA hat, oder weil er Schlemminteresse besitzt. Eine Einladung zum Vollspiel ist nur mittels 2SA möglich (wie bei ausgeglichener Verteilung).

Springt der Antwortende im Rebid auf 4 in Treff oder Karo, zeigt dies:
5-5 mit starkem Schlemminteresse

Süd	West	Nord	Ost
		1SA	
2♥		2♠	
?			

a)
♠ K D B 6 5
♥ 7
♦ A D B 5 3
♣ 9 8
4♦

b)
♠ D 10 7 5 4
♥ K 6 4
♦ K 10 6 4
♣ 6
2SA

c)
♠ K D 9 6 4
♥ 4
♦ K D 10 3 2
♣ 7 5
3♦

d)
♠ A 10 7 4 3
♥ K 9
♦ 9 4
♣ D B 9 4
3SA

a) 17FV mit zwei sehr schönen 5er-Farben bedeuten starkes Schlemminteresse.

Der Eröffner soll mit Pik-Fit 4♠ (oder 5♠ bzw. sogar 6♠) bieten. Mit Double Pik, aber Karo-Fit und nicht allzu kontrollschwacher Hand ein Kontrollgebot in Coeur (notfalls in Treff) abgeben. Mit 4SA kann der Eröffner vor dem Schlemm warnen.

b) Zu schwach, um partieforcierend reizen zu können.

c) Süd ist stark genug für Vollspiel. Von 3SA bis Schlemm in Pik oder Karo sind einige Endkontrakte noch im Bereich des Möglichen.

d) Mit dem Südblatt möchte man ein Farbspiel in Treff nicht als ernsthafte Alternative präsentieren. Der Endkontrakt soll 3SA oder 4♠ lauten. Von einem 3♣-Gebot an dieser Stelle könnte am ehesten der Gegner beim Ausspiel profitieren.

Wie reagiert der Eröffner auf das Wiedergebot 3♣/3♦?

Süd	West	Nord	Ost
1SA		2♦	
2♥		3♣	
?			

- mit Oberfarb-Fit: Partners Oberfarbe reizen;
- mit nur Double in Partners Oberfarbe:
  - 3SA mit guten Stoppern in Restfarben
  - neue Farbe mit gutem Stopper in der gereizten Farbe (zu wenig in der 4.Farbe)
  - Hebung der Unterfarbe nur mit sehr gutem Fit (meist 5er)

Süd	West	Nord	Ost
1SA		2♥	
2♠		3♣	
?			

a) S	b) S	c) S
♠ D B 5	♠ K 6	♠ B 9
♥ A 7	♥ A K 7 5	♥ K B 9 2
♦ A D 7 5 2	♦ 8 5 3	♦ A K D 10
♣ K 10 8	♣ A D 3 2	♣ D 7 5
3♠	3♥	3SA

a) Zeigt den Fit und ist nicht passbar. Mit einem 3er-Pik und einem kontrollschwachen Minimum kann der Eröffner alternativ in 4♠ springen. Dies soll den Partner vor einer knappen Schlemmreizung warnen.

b) Süd verneint den Pik-Fit und zeigt Werte in Coeur mit schlechten Karos.

c) Süd verkündet, die roten Farben zu stoppen – ohne Pik-Fit.

Das Karo-Problem

Bietet der Antwortende im Wiedergebot 3♦, kann sich für den Eröffner ein gravierendes Reizproblem ergeben:

N	
W O	
S	

♠ B 9 5
♥ A 4
♦ K D 7
♣ A D 10 8 2

Süd	West	Nord	Ost
1SA		2♦	
2♥		3♦	
??			

Der Eröffner muss 3♥ bieten!

3♠ würde Stopper in Pik verheißen und einen Treff-Stopper verneinen. 3SA würde Stopper in beiden Oberfarben zeigen. Angesichts dessen, dass der Partner sehr gut ein Singleton in Pik haben könnte, wäre 3SA zu sehr gegambelt.

In dieser prekären Situation wählt der Eröffner ein Notgebot: Er unterstützt Partners Oberfarbe, obwohl er nur Doubleton hat. Der Partner muss dieses Problem kennen und mit Stopper in der nicht gereizten Oberfarbe 3SA anbieten.

Dieses Problem könnte nach 3♣ vom Antwortenden niemals auftreten. Darum heißt es auch Karo-Problem.

Dieses Karo-Problem, welches nicht zulässt, den Stopper in der ungereizten Oberfarbe unterhalb von 3SA festzustellen, ist in ähnlichen Bietsituationen schon behandelt worden: Vgl. Kap. B.IV.2.2., Seite 98 sowie B.IV.9., Seite 187.

Der Antwortende hat:

5-5 in Oberfarben

Ein Oberfarb-Zweifärber mit 5-4-Verteilung muss hier nicht behandelt werden, da er über Stayman gereizt wird.

Wie beim Oberfarbeinfärber steht mit 5-5 in Oberfarben ein Fit schon fest, denn der Eröffner kann systemgemäß nicht in beiden Oberfarben ein Doubleton haben, mindestens ein 3er-Fit muss vorhanden sein. Entsprechend bewertet der Antwortende sein Blatt bereits in FV. Es gelten analoge Punktzonen zum Einfärber:

- 3-8FV = schwach, auf 2er-Stufe spielen (3V sind sicher!)
- 8+ -9FV = einladen
- 9+ -13/14FV = Vollspiel
- 14+ 16FV = milde Schlemmeinladung
- ab 16+FV = starker Schlemmversuch

Der Antwortende ist schwach:

Süd	West	Nord	Ost
		1SA	
2♥		2♠	
passe			

N / W O / S

♠ B 9 7 5 4
♥ B 10 7 3 2
♦ 7 6
♣ 5

Lediglich 5FV. Viel zu wenig, um einzuladen.

Der Antwortende kann aus Schwäche leider nur eine 5er-Farbe zeigen. Ist eine Farbe deutlich besser als die andere, sollte er diese wählen. Im Zweifel ist es aber richtig, auf die Pik-Farbe zu transferieren. Erstens verhindert man, dass der Gegner durch ein Ausspielkontra auf Karo (bei Transfer auf Coeur) risikolos in die Reizung eintreten kann. Zweitens, tritt der Gegner tatsächlich noch in die Reizung ein, kann man evtl. kompetitiv die Coeur-Farbe nachreizen.

Der Antwortende hat einladende Stärke:

Süd	West	Nord	Ost
		1SA	
2♦		2♥	
2♠			

N / W O / S

♠ B 10 8 4 3
♥ K B 10 6 4
♦ 7
♣ 8 7

Transfer auf Coeur und anschließend 2♠ zeigt die einladende 5-5-Hand.

Wie reagiert der Eröffner?

Süd	West	Nord	Ost
		1SA	
2♦		2♥	
2♠		?	

a) N / W O / S

♠ A K 9 2
♥ D 3 2
♦ D B 7 5
♣ A 4

4♠

b) N / W O / S

♠ A 2
♥ A 8 7
♦ A D B 8 6
♣ 10 9 2

3♥

a) 19FV sind rein rechnerisch vollkommen ausreichend für 4♠. Allerdings sollte der Eröffner den Wert seiner Punkte auch angesichts von Partners Verteilung überprüfen. Dame und Bube in Karo sind nahezu wertlos zu Partners wahrscheinlicher Karo-Kürze. Die anderen Figuren sowie die neunte Pik-Karte sind jedoch sehr wertvoll.

b) 17FV sind zu wenig, vor allem, wenn man Karo Dame und Bube sowie die fünfte Karo-Karte als sehr zweifelhafte Werte einstuft. Gerne würde man nur 2♥ spielen.

Der Antwortende hat Vollspielstärke:

N
W O
S

♠ D B 9 8 3
♥ K 10 8 6 4
♦ 8
♣ 9 2

Süd	West	Nord	Ost
		1SA	
4♦			

Süd hat 10FV: 6F, 3V für die Kürzen, in jedem Falle einen 1L in der 5er-Nebenfarbe.

Der Sprung in 4♦ ist konventionell und lässt dem Partner nur die Wahl zwischen 4♥ und 4♠.

Milde Schlemmeinladung:

N
W O
S

♠ K D 10 8 6
♥ A D 9 7 5
♦ 8 6
♣ 9

Süd	West	Nord	Ost
		1SA	
2♥		2♠	
4♥			

Der Transfer auf Pik mit anschließendem 4♥ zeigt eine stärkere Hand als der direkte Sprung in 4♦. Der Eröffner soll sich zwei gute 5er-Oberfarben und 10-12F vorstellen – etwa 6 Verlierer.

Das Judgment des Eröffners:

Süd	West	Nord	Ost
		1SA	
2♥		2♠	
4♥		?	

a)
♠ 9 3 2
♥ K B 4
♦ K D B 9 3
♣ A D 5
passe

N
W O
S

b)
♠ A 4
♥ K 10 4 2
♦ A 7 3
♣ A 4 3 2
6♥

N
W O
S

a) Coeur König und Bube decken etwa 1,5 Verlierer, Treff Ass einen weiteren ab. Ob die anderen Unterfarbfiguren nützlich sind, ist zweifelhaft. Man sollte sich mit 4♥ zufrieden geben.

b) Alle Punkte arbeiten! Die 9.Trumpfkarte sollte außerdem sicherstellen, 1 oder 2 mögliche Pik-Verlierer zu schnappen.

<u>Starke Aufforderung zum Schlemm:</u>

N
W O
S

♠ A B 10 7 6
♥ K D 9 7 5
♦ A 6
♣ 7

Süd	West	Nord	Ost
		1SA	
2♥		2♠	
3♥			

Süd zählt 18FV. Das sollte eigentlich für Kleinschlemm genug sein. Großschlemm ist nicht ausgeschlossen.

Antwort des Eröffners:

- Wenn in Pik der bessere Fit ist: zunächst 3♠ bieten (4♠ wäre Warnung vor dem Schlemm!);
- wenn in Coeur der bessere Fit ist: nächste Kontrolle in Unterfarbe reizen (4♥ wäre Warnung vor dem Schlemm).

♠ D B 10 7 4
♥ A K B 7 4
♦ 8
♣ K 2

N
W O
S

♠ A 9 2
♥ 10 6
♦ A K 6 2
♣ A B 7 6

Süd	West	Nord	Ost
			1SA
	2♥		2♠
	3♥		3♠
	4SA		5♣
	6♠		

West besitzt in allen Farben Kontrollen und verzichtet darum nach 3♠ auf ein Kontrollgebot. Der Fit ist bestätigt. West stellt daher mit 4SA die Assfrage (RKCB). Wenn Ost 3 Keycards besitzt, will West Schlemm spielen. Die Erfüllung ist nicht sicher, doch man muss den chancenreichen Schlemm reizen.

Nur wenn Ost auf 3♥ in 4♠ springen würde, würde West die Warnung respektieren und vom Schlemmversuch Abstand nehmen:

West		Ost
♠ D B 10 7 4	N	♠ 9 3 2
♥ A K B 7 4	W O	♥ D 6
♦ 8	S	♦ K D B 10
♣ K 2		♣ A D B 10

Süd	West	Nord	Ost
			1SA
	2♥		2♠
	3♥		4♠
	passe		

Ost sieht Minimum und viele nutzlose Punkte in seinem Blatt. 4♠ warnt zur rechten Zeit. Der Gegner hat 3 Schnellstiche.

Ist der Antwortende so stark, dass er die Schlemmentscheidung ausschließlich von der Anzahl der Keycards seines Partners abhängig machen will, kann er noch einen direkteren Weg zum Schlemm gehen. Er bietet 4♦ und zwingt den Partner damit, die Trumpffarbe zu wählen; anschließend reizt er dann 4SA:

N
W O
S

♠ K D B 10 6
♥ A K D 7 4 2
♦ 8
♣ 3

Süd	West	Nord	Ost
		1SA	
4♦		4♠	
4SA			

Nord: 5♣ Süd: 7♠
Nord: 5♦ Süd: 5♠ (2 Keycards fehlen)
Nord: 5♥ Süd: 6♠

4. UNTERFARBTRANSFER

Süd	West	Nord	Ost
1 SA		2♠	

= Transfer auf Treff, Stärke beliebig

Süd	West	Nord	Ost
1 SA		3♣	

= Transfer auf Karo, schwach oder stark

Man reizt also keinen Transfer auf Karo mit einladender Stärke (siehe unten).

Außerdem ist zu beachten, dass man nach dem Transfer auf eine Unterfarbe keine 4er-Oberfarbe mehr zeigen kann.

Mit welchen Händen reizt der Antwortende Unterfarbtransfer?

<u>Schwache Hände mit mindestens 6er-Länge: „besser 3 in Unterfarbe als 1SA"</u>

West:
♠ 9 7 2
♥ 5
♦ B 10 8 6 5 3
♣ 9 8 4

N / W O / S

Ost:
♠ A K 4 3
♥ D 6 2
♦ D 9
♣ A B 6 2

Süd	West	Nord	Ost
			1SA
	3♣		3♦

Obwohl der Eröffner in dem Beispiel nur einen kleinen Karo-Anschluss hat, haben 3♦ Erfüllungschancen; mehr als ein Faller ist unwahrscheinlich. 1SA ist dagegen ein Katastrophen-Kontrakt. Man verfügt nur über drei sichere Stiche, zwei bis vier Faller sind zu erwarten.

Starke Hände, meist mit mindestens 6er-Länge; OHNE 4er-OF

- Vollspielstärke: Zweifel über bestes Vollspiel (mit Singleton oder Chicane im Blatt)

	N	
W		O
	S	

♠ K 7 5
♥ 3
♦ D B 9 7 5 2
♣ D 6 4

Süd hat keinerlei Schlemmambitionen. Mit dem Singleton in Coeur hat man jedoch Zweifel, ob 3SA der richtige Kontrakt ist. Entscheidend ist, wie stark Partner in Coeur ist.

Mit Hilfe des Unterfarbtransfers und der Folgereizung kann man dem Partner die wichtigsten Informationen vermitteln:

- 6er-Karo
- mindestens Vollspielstärke
- Singleton in Coeur

Diese Informationen sollten den Partner befähigen, eine vernünftige Kontraktentscheidung zu treffen.

Kein Unterfarbtransfer mit:

	N	
W		O
	S	

♠ D 10
♥ A 5
♦ K 10 6 5 4 3
♣ 8 6 3

Da man weder Schlemminteresse, noch beunruhigende Kürzen im Blatt hat, bietet man ohne Umwege den wahrscheinlich besten Kontrakt, nämlich 3SA.

Besitzt die Hand neben einer 6er-Unterfarbe noch eine 4er-Oberfarbe, reizt man nicht über Unterfarbtransfer, weil man anschließend die 4er-Oberfarbe nicht mehr zeigen kann. Statt dessen beginnt man mit Stayman:

W		O
♠ D B 9 6	N	♠ A K 8
♥ 7 4	W O	♥ A B 6 2
♦ 7	S	♦ B 8 2
♣ A D 10 8 6 4		♣ K 3 2

Süd	West	Nord	Ost
			1SA
	2♣		2♥ *
	3♣ **		3♠ ***
	4♠		

*) 2♥ zeigt das 4er-Coeur, verneint gleichzeitig ein 4er-Pik.
**) 3♣ verspricht mindestens 5er-Treff und ist partieforcierend.
***) Verneint ausreichenden Karo-Stopper, zeigt guten 3er-Pik-Anschluss.

West könnte auf 3♠ in 5♣ springen. Insbesondere im Paarturnier wird jedoch der ambitionierte 4♠-Kontrakt den Top bringen (vorausgesetzt, die Pik-Farbe ist beim Gegner nicht ungünstiger als 4-2 verteilt).

➠ Schlemminteresse

Will man einen Unterfarbschlemm untersuchen (ohne 4er-Oberfarbe im Blatt), beginnt man über Unterfarbtransfer.

Wie reagiert der Eröffner auf Unterfarbtransfer?

Nach Transfer auf Karo führt der 1SA-Eröffner den Transfer immer aus.

Süd	West	Nord	Ost
1SA		3♣	
3♦			

Egal wie die Süd-Hand strukturiert ist, der 1SA-Eröffner muss 3♦ bieten. Denn Partner könnte null Punkte mit langen Karos haben!

Nach Transfer auf Treff hat der 1SA-Eröffner eine Wahlmöglichkeit:

Süd	West	Nord	Ost
1SA		2♠	
?			

Die Standardantwort lautet 3♣.

Der Eröffner bietet z.B. 3♣ mit folgender Hand:

N
W O
S
♠ A D 7 5
♥ K D 2
♦ K D 5 3
♣ 10 8

Nur mit gutem Anschluss, also mindestens Topfigur zu dritt sowie Maximum bricht der Eröffner den Transfer und bietet 2SA statt 3♣.

N
W O
S
♠ A 7 5
♥ K D 2
♦ K D 5 3
♣ K 8 4

Mit dieser Hand bietet der Eröffner 2SA auf 2♠.

Ist die lange Treff-Hand schwach, wird die schwache Hand nun Alleinspieler in 3♣. In diesem Fall ist das Ausbrechen aus dem Transfer also ein Nachteil. Wenn die Treff-Hand jedoch stärker ist, entweder einladend oder mit Schlemminteresse, dann kann die Information über guten Fit und Maximum sehr relevant sein.

Wie geht die Reizung weiter ?

Die zweite Ansage des Antwortenden

Mit schwachen Händen passt der Antwortende nach Erreichen des Unterfarbteilkontraktes.

Reizt er jedoch weiter, dann gilt:

Jegliche zweite Ansage des Antwortenden ist mindestens partieforcierend !

<u>3♦ (nach Transfer auf Treff):</u> 5 - 5 in Unterfarben!

♠ 6
♥ 7 5
♦ A D 9 8 4
♣ K 10 8 5 3

Süd	West	Nord	Ost
		1SA	
2♠		3♣	
3♦			

<u>3 in Oberfarbe:</u> Single oder Chicane in anderer Oberfarbe!

♠ B 9 8
♥ 6
♦ K D B 7 5 4
♣ A 7 5

Süd	West	Nord	Ost
		1SA	
3♣		3♦	
3♠			

<u>3 SA:</u> Single oder Chicane in anderer Unterfarbe!

♠ D 7 6
♥ 6 4 2
♦ 2
♣ A K 9 7 5 2

Süd	West	Nord	Ost
		1SA	
2♠		3♣	
3SA			

Nord soll mit guten Karo-Werten passen, andernfalls weiterreizen.

<u>4 in eigener Unterfarbe:</u> starkes Schlemminteresse, Einladung zu einem Kontrollgebot

West:
♠ D 8 5
♥ A 7
♦ 4
♣ A K B 9 8 7 4

Ost:
♠ K B 6
♥ B 5 4
♦ A K B 6 5
♣ D 2

Süd	West	Nord	Ost
			1SA
	2♠		3♣
	4♣		4♦
	4♥		4♠
	4SA		5♦
	6♣		

4♦, 4♥ und 4♠ sind Kontrollgebote.

Wests Hand ist zu stark, um auf Partners 3♣ mit 3SA das Singleton in Karo zu zeigen.

Denn das konventionelle 3SA (s.o.) gäbe Partner die Option, mit gutem Karo-Stopper auf 3SA zu passen. Dies hätte Ost mit seiner aktuellen Hand unbedingt gemacht. Bietet die Hand mit dem schlemminteressierten Unterfarbeinfärber nach dem Transfer sofort 4 in eigener Unterfarbe, dann hat sie entweder kein Singleton, oder Kürze in der anderen Unterfarbe.

Ein Oberfarb-Singleton oder -Chicane kann der Antwortende jedoch problemlos auch mit Schlemminteresse sofort nach dem Transfer zeigen (s.o.).

4 in Oberfarbe: 5er, mit mindestens 6er-Unterfarbe (mildes Schlemminteresse)

West		Ost
♠ K 10 6 5 4	N	♠ D 2
♥ 6	W O	♥ A 10 5
♦ A D B 7 5 2	S	♦ K 10 8 4
♣ 2		♣ A D 6 5

Süd	West	Nord	Ost
			1SA
	3♣		3♦
	4♠		6♦

Ost weiß aus der Reizung, dass in Partners kurzen Farben nur die Asse von Wert sind, nicht jedoch die anderen Figuren. In Partners langen Farben sind jedoch auch die anderen Figuren äußerst hilfreich. Wenn die Dame in Pik nicht ausreichen sollte, um Partners Farbe „dicht" zu machen, dann stehen immerhin 4 Trümpfe zur Verfügung, um die Farbe hochzuschnappen. Somit wird die ursprüngliche Minimum-Hand plötzlich zum Riesen.

Die Dritte Ansage des Eröffners nach Rebid des Antwortenden auf der 3er-Stufe

3 SA: Vorschlag zum Spielen

N
W O
S

♠ K D 10 6
♥ A D 5
♦ K 2
♣ D 9 8 7

Süd	West	Nord	Ost
1SA		3♣	
3♦		3♥	
3SA			

Trotz des annoncierten Singletons in Pik bei Nord will man mit der Süd-Hand 3SA spielen.

Nord wird nur mit starkem Schlemminteresse weiterreizen.

<u>4 in Partners Unterfarbe:</u> guter Fit, Ermutigung zum Schlemm

West	Ost
♠ A 7 5	♠ 4
♥ K B 10 8	♥ D 4
♦ D 5 3	♦ A K B 7 6 4
♣ A K 4	♣ D 8 7 5

Süd	West	Nord	Ost
	1SA		3♣
	3♦		3♥
	4♦		

Eine Super-Vorlage für den schönen Karo-Schlemm.

<u>4 in neuer Farbe:</u> natürlich, Suche nach besserem Fit (evtl. 4-3)

West	Ost
♠ K D 6 4	♠ B 5 2
♥ A K 10 2	♥ D 9 7
♦ 10 3	♦ A D 9 7 6 2
♣ A 5 4	♣ 7

Süd	West	Nord	Ost
	1SA		3♣
	3♦		3SA
	4♥		passe

Das beste Vollspiel ist gefunden.

<u>5 in Partners Unterfarbe:</u> Fit, Minimum bzw. kontrollschwach

West	Ost
♠ D B 10	♠ A K 4
♥ D 8 5	♥ 3
♦ K D 10 3	♦ 7 5 4
♣ A B 5	♣ K D 10 8 7 3

Süd	West	Nord	Ost
	1SA		2♠
	3♣		3♠
	5♣		passe

Die Dritte Ansage des Eröffners nach Rebid des Antwortenden auf der 4er-Stufe in seiner langen Unterfarbe

Der Antwortende zeigt durch sein Rebid auf der 4er-Stufe nachdrückliches Schlemminteresse. Wie reagiert darauf der Eröffner?

<u>Neue Farbe:</u> Kontrollgebot

Ein Kontrollgebot stellt eine positive Reaktion auf Partners Schlemminteresse dar.

West	Ost
♠ A D 8 4	♠ K 2
♥ A K	♥ B 7 5
♦ A 6 5 4	♦ K 2
♣ 10 9 4	♣ A K 7 6 3 2

Süd	West	Nord	Ost
	1SA		2♠
	3♣		4♣
	4♦*		4♠**
	5♥ ***		6♣

*) Kontrollgebot (Erst- oder Zweitrundenkontrolle)
**) Kontrollgebot. West weiß nun, dass Partner Pik König besitzt. Denn Pik-Singleton oder -Chicane hätte Partner schon bietraumsparend auf der 3er-Stufe zeigen können.
***) 5♥ sollte jetzt Erstrundenkontrolle zeigen. Aus der Sicht von West ist ein Großschlemm noch nicht auszuschließen. Hätte West in Coeur nur den König bzw. die Mariage, würde er statt dessen in 6♣ springen.

4SA: Bremse! Vorschlag zum Spielen.

Auf eine Schlemmeinladung mit 4 in natürlicher Unterfarbe bedeutet ein direktes 4SA immer: Partner, die Einladung zum Schlemm muss ich leider ablehnen!

West		Ost
♠ K D B 3	N	♠ 6
♥ D B 9 5	W O	♥ 7 2
♦ K D B	S	♦ A 10
♣ B 7		♣ A K D 10 8 6 4 3

Süd	West	Nord	Ost
	1SA		2♠
	3♣		3♥
	3SA		4♣ *
	4SA**		passe

*) Obwohl 3SA für Ost eine Negativbotschaft war (West muss für einen Treff-Schlemm in Pik unnötige Werte haben, da er angesichts des Singles 3SA bietet), gibt Ost die Hoffnung auf den Schlemm noch nicht auf.
**) West warnt nochmals: Selbst im begrenzten Rahmen dessen, was nach der bisherigen Reizung noch möglich ist, ist die extrem kontrollschwache Hand denkbar ungeeignet für einen Treff-Schlemm.

5 in Partners Unterfarbe??

Süd	West	Nord	Ost
1SA		2♠	
3♣		4♣	
5♣ ???			

Vor dieser Reizung ist nachdrücklichst zu warnen! Sie kann nur im Ausnahmefall richtig sein. Insbesondere im Paarturnier dürfte 5♣ mit großer Wahrscheinlichkeit den Nuller bescheren. Denn 10 Stiche im SA-Vollspiel zählen bekanntlich mehr als 11 oder 12 Stiche im Unterfarbvollspiel.

Unterfarb-Einfärber mit einladender Stärke

Mit 8+/9FL hat man zum Sterben (Passen im Teilkontrakt) zu viel, aber zum Leben (forcierende Vollspielreizung) zu wenig. Unangenehmerweise hat man ziemlich oft genau diese Stärke. Was also tun mit Unterfarbeinfärber und partieeinladender Stärke?

Einladende Stärke mit Treff-Einfärber

Man bietet 2♠ =Transfer auf Treff und wartet ab, ob Partner das positive 2SA-Rebid abgibt. Bietet der Eröffner jedoch nur 3♣, passt man.

W		O
♠ 9 3	N	♠ A B 10
♥ 10 9 6	W O	♥ A D 3
♦ 7 4	S	♦ D 10 9 5
♣ A D 10 9 5 2		♣ K 7 4

Süd	West	Nord	Ost
			1SA
	2♠		2SA
	3SA		

Ein direktes 3SA nach der 2SA-Antwort zeigt kein Singleton in Karo!

Einladende Stärke mit Karo-Einfärber

Der direkte Sprung in 3♦ zeigt die einladende Stärke.

Süd	West	Nord	Ost
1SA		3♦	
?			

a) Süd	b) Süd
♠ B 10 4 3	♠ A D 7
♥ A K 6	♥ D 5 4
♦ K 5 3	♦ 9 4
♣ A B 8	♣ A K B 3 2
3SA	passe

a) Wenn Nord lediglich ADxxxx in Karo hat, ohne sonstige Figuren, ist 3SA ein perfekter Kontrakt.

b) Sowohl der schlechte Karo-Anschluss als auch die schlechte Coeur-Farbe sprechen gegen 3SA.

5. SONSTIGE ANTWORTEN

Neben dem zuletzt vorgestellten natürlichen Sprung in 3♦, um einladende Stärke zu zeigen, gibt es weitere natürliche Gebote:

- 3♥ = starker Einfärber in Coeur, Schlemminteresse
- 3♠ = starker Einfärber in Pik, Schlemminteresse
- 4♥ = zum Spielen
- 4♠ = zum Spielen

Während also die Sprünge in 3♥ bzw. 3♠ zum Kontrollgebot auffordern, sind 4♥ und 4♠ selten gewählte Abschlussgebote. Denn man verzichtet darauf, dass die stärkere Hand über Transfer zum Alleinspieler wird.

West		Ost
♠ K 6 5	N / W O / S	♠ A D B 10 7 3
♥ K B 6 5		♥ A D 2
♦ A K D		♦ B 7 6
♣ 10 9 7		♣ B

Süd	West	Nord	Ost
	1SA		3♠
	4♦		4SA
	5♥		6♠

<u>4♣ = Assfrage nach Gerber</u>

Da der direkte Sprung in 4♣ auf 1SA für nichts anderes benötigt wird, ist dies die einfache Assfrage. Nur äußerst selten wird man eine Hand bekommen, mit der nach Partners 1SA-Eröffnung nur die Frage nach den Assen relevant ist:

N / W O / S

♠ 7
♥ K D B
♦ A K D B 7 6 5 2
♣ 2

Süd	West	Nord	Ost
		1SA	
4♣			

Die Antworten auf 4♣:

- 4♦ = 0 oder 4 Asse
- 4♥ = 1 Ass
- 4♠ = 2 Asse
- 4SA = 3 Asse

In Abhängigkeit von Partners Antwort will Süd den Endkontrakt bestimmen.

Interveniert der Gegner nach einer 1SA-Eröffnung, kann dies erheblichen Einfluss auf die Bedeutung der Gebote der Eröffnungspartei haben. Siehe hierzu den Band „FORUM D PLUS – Die Wettbewerbsreizung", Kap.B.I.

III. DIE FOLGEREIZUNG NACH 2SA

1. HEBUNGEN IN SANS-ATOUT

Auch nach Partners 2SA-Eröffnung verneinen Hebungen in Sans-Atout ein Interesse an einem Oberfarbspiel und sind natürliche Punktansagen:

- bis 4FL: passe
- 4+ - 11FL: 3SA
- 12FL : 4SA
- 13-15FL: 6SA
- 16FL: 5SA (Einladung zu 7SA, forcing bis 6SA)
- ab 17FL: 7SA

Für die Reaktion des Eröffners gelten die selben Prinzipien wie nach der 1SA-Eröffnung (siehe II.1).

2. STAYMAN

Der Antwortende kann den Eröffner mit 3♣ nach einer 4er-Oberfarbe fragen. Reizt der Antwortende Stayman, verspricht er damit eine Oberfarbe mit exakt 4 Karten und mindestens 4+FL. Nach 2SA forciert Stayman mindestens zum Vollspiel.

Die Antworten auf Stayman:

- 3♦ = keine 4er-Oberfarbe
- 3♥ = 4er-Coeur, kein 4er-Pik
- 3♠ = 4er-Pik, kein 4er-Coeur
- 3SA = beide Oberfarben zu viert

Wiedergebote des Antwortenden auf 3♦:

Süd	West	Nord	Ost
		2SA	
3♣		3♦	
?			

Alle Wiedergebote forcieren mindestens zum Vollspiel:

- 3♥ = 5er-Pik (mit 4er-Coeur),
- 3♠ = 5er-Coeur (mit 4er-Pik),
- 3SA = Abschluss
- 4♣ = mindestens 5er, Schlemminteresse
- 4♦ = mindestens 5er, Schlemminteresse
- 4SA = Einladung zu 6SA

Süd	West	Nord	Ost
		2SA	
3♣		3♦	
?			

a) N / W O / S

♠ K B 8 7 3
♥ D 10 6 5
♦ 7 5 4
♣ 10

3♥

b) N / W O / S

♠ D B 7 3
♥ 7 5 3
♦ 6
♣ K B 9 8 3

3SA

c) N / W O / S

♠ D B 7 2
♥ K 7 5
♦ 6
♣ K B 9 8 3

4♣

a) Der Eröffner hat lediglich die Wahl zwischen 3♠ (3er-Pik), 4♠ (3er-Pik, kontrollschwach) und 3SA (2er-Pik).

b) Süd darf nicht die 5er-Unterfarbe zeigen, weil dies Schlemminteresse zeigen würde. Außerdem ist die Gefahr beträchtlich, dass 3SA das letzte erfüllbare Vollspiel ist.

c) 4♣ zeigt das 5er-Treff mit Schlemminteresse.

Wie reagiert der Eröffner auf 4♣?

Erscheint dem Eröffner sein Blatt für einen Treff-Schlemm geeignet, bietet er seine nächste Kontrolle, ansonsten lehnt er mit 4SA ab. Auf 4SA vom Eröffner kann der Antwortende passen.

c1)
♠ A 4 2
♥ D B 2
♦ A K B 10 5
♣ A 2

4SA

N / W O / S

c2)
♠ A K 2
♥ A 2
♦ A K 7 3
♣ D 10 4 2

4♦

N / W O / S

Wiedergebote des Antwortenden auf 3 in Oberfarbe:

Süd	West	Nord	Ost
		2SA	
3♣		3♥	
?			

- 3♠ (auf 3♥) = Kontrolle in Pik, Coeur-Fit, Schlemminteresse
- 3SA = Abschlussgebot
- 4♣ = Schlemminteresse; entweder mit Oberfarb-Fit und Treff-Kontrolle; oder ohne Oberfarb-Fit mit mindestens 5er-Treff
- 4♦ = analog zu 4♣
- 4♥ (nach 3♥) = Abschluss
- 4♥ (nach 3♠) = Kontrolle in Coeur, Pik-Fit, Schlemminteresse, keine Kontrolle in Karo und Treff
- 4SA = kein Fit, Einladung zu 6SA

Die Gebote 4♣ und 4♦ sind heikel, weil sie bei dem knappen Bietraum notwendigerweise doppeldeutig sind:

Süd	West	Nord	Ost
		2SA	
3♣		3♠	
4♣			

a) S

♠ A 10 9 6
♥ D 8 6
♦ K 10 9 7 5
♣ 5

b) S

♠ A 6
♥ D 9 8 6
♦ 7
♣ K 10 9 5 3 2

Mit beiden Händen bietet der Antwortende 4♣ – in a) als Kontrollgebot mit Interesse am Pik-Schlemm; in b) mit Interesse an 6♣.

Das zweite Wiedergebot des Eröffners auf 4♣/4♦:

Der Eröffner soll zunächst von einer echten Unterfarbe ohne Oberfarb-Fit ausgehen:

- Interesse am Unterfarbschlemm: Kontrollgebot auf der 4er-Stufe
- kein Interesse am Unterfarbschlemm: 4SA (Bremse!)

Süd	West	Nord	Ost
		2SA	
3♣		3♠	
4♣		?	

a) ♠ K 8 4 3
♥ K 10
♦ A D B
♣ A D B 4

4♦

N
W O
S

b) ♠ K D B 2
♥ A K 2
♦ D B 8 2
♣ A 4

4SA

N
W O
S

a) Obwohl das Blatt nicht sonderlich kontrollstark ist, reagiert Nord wegen des ausgezeichneten Treff-Fits positiv.

b) Double Treff Ass ist ein magerer Treff-Anschluss. 6 Kontrollen sind außerdem wenig für eine 2SA-Eröffnung (Ass = 2 Kontrollen, König = 1 Kontrolle). 4SA soll den Partner vor einem Treff-Schlemm warnen.

Hat der Antwortende tatsächlich Pik-Fit, muss er in der nächsten Bietrunde unbedingt die Pikfarbe reizen; dies ist dann kein Kontrollgebot, sondern zeigt den Pik-Fit.

Dann muss Nord im Hinblick auf Pik-Fit sein Blatt neu bewerten. Nun ist die Schlemmeignung der beiden Nord-Hände plötzlich vertauscht. Mit Hand b) sollte Nord den Schlemm ansteuern, nicht aber mit a).

Kombiniert man die obigen Süd-Hände a) und b) mit den Nord-Händen a) und b), sollten sich folgende vier Bietsequenzen ergeben:

Süd-a)	West	Nord-a)	Ost
		2SA	
3♣		3♠	
4♣		4♦	
4♠ (5♠)		passe	

Süd-a)	West	Nord-b)	Ost
		2SA	
3♣		3♠	
4♣		4SA	
5♠		6♠	
passe			

Süd-b)	West	Nord-a)	Ost
		2SA	
3♣		3♠	
4♣		4♦	
4SA (RKCB)		5♠	
6♣			

Süd-b)	West	Nord-b)	Ost
		2SA	
3♣		3♠	
4♣		4SA	
passe			

Wiedergebote des Antwortenden auf 3SA (beide Oberfarben):

Süd	West	Nord	Ost
		2SA	
3♣		3SA	
?			

Ein Oberfarb-Fit ist sicher. Analog zur Reizung nach 1SA-Eröffnung bedeutet jetzt:

- 4♣ = Coeur-Fit; Eröffner muss 4♥ bieten;
- 4♦ = Pik-Fit; Eröffner muss 4♠ bieten;
- 4♥ = Coeur-Fit, mildes Schlemminteresse
- 4♠ = Pik-Fit, mildes Schlemminteresse

West		Ost
♠ K 3	N	♠ A 10 7 6
♥ D 5 3 2	W O	♥ A K 9 7
♦ B 5 4 3 2	S	♦ A 9
♣ 7 5		♣ K D 6

Süd	West	Nord	Ost
			2SA
	3♣		3SA
	4♣		4♥
	passe		

3. OBERFARB-TRANSFER

Nach der 2SA-Eröffnung bedeutet:

- 3♦ = Transfer auf Coeur
- 3♥ = Transfer auf Pik

Wie nach der 1SA-Eröffnung kann der Antwortende den Oberfarbtransfer schon ab null Punkten reizen.

Transfer brechen?

Der Eröffner führt den Transfer immer aus, wenn er nur 2 oder 3 Karten in Partners Oberfarbe hat. Dagegen bricht er den Transfer immer, wenn er 4 Trümpfe zu Partners 5er-Oberfarbe hat. Nach 2SA ist das Risiko, dass trotz eines 9-Karten-Fits das Oberfarb-Vollspiel chancenlos ist, geringer als die Gefahr, bei Verheimlichung des sehr guten Fits ein Vollspiel oder einen Schlemm zu verpassen.

	N	
W		O
	S	

♠ K 6
♥ K D 8 5
♦ A K D 6
♣ K 10 9

Süd	West	Nord	Ost
2SA		3♦	
4♥			

Der Sprung in das Oberfarbvollspiel verspricht 4 Trümpfe und Kontrolle in allen Farben.

Hat der Eröffner 4 Trümpfe, aber in einer Farbe keine Kontrolle, dann bietet er seine nächste Kontrolle:

	N	
W		O
	S	

♠ A K 7 5
♥ A K 5
♦ D 8 6 5
♣ A B

Süd	West	Nord	Ost
2SA		3♥	
4♣			

Der Antwortende weiß nun, dass der Eröffner entweder in Karo oder in Coeur über keine Kontrolle verfügt.

NB:
In Frankreich gewinnt bei Turnierspielern eine moderne Variante nach der 2SA-Eröffnung immer mehr Anhänger: Danach forciert der Oberfarbtransfer zum Vollspiel. Hat der Eröffner nur Doubleton, verneint er mit der Antwort 3SA den Fit. Die Annahme des Transfers verspricht dagegen 3er-Unterstützung. Dies erleichtert erheblich die Folgereizung mit schlemminteressierten Händen. Reizt der Antwortende nach der Annahme des Transfers eine neue Farbe, zeigt dies unmissverständlich eine Kontrolle mit Interesse am Schlemm in der Fitfarbe. Verneint der Eröffner dagegen den Fit mit der Antwort 3SA, verspricht das Bieten einer Unterfarbe auf der 4er-Stufe unmissverständlich eine natürliche zweite Farbe und Schlemminteresse. Der Nachteil dieser modifizierten Konvention liegt darin, dass man mit ganz schwachen Händen und 5er-Oberfarbe auf 2SA passen muss. Ansonsten liefe man Gefahr, dass der Partner mit 3SA antwortet.

Wie beschreibt der Antwortende nach Oberfarbtransfer sein Blatt weiter?

Süd	West	Nord	Ost
		2SA	
3♦		3♥	
?			

Das Prinzip ist das gleiche wie nach einer 1SA-Eröffnung. Wegen des knapperen Bietraumes sind jedoch Einschränkungen erforderlich.

Bis 4FL sollte der Antwortende passen. Ab 4+FL lohnt es sich, ein Vollspiel zu versuchen.

Der Antwortende hat:

eine ausgeglichene Verteilung

- ➠ 4+ - 11FL = 3SA
- ➠ 12FL = 4SA

Der Antwortende hat :

einen Oberfarb-Einfärber

- ➠ 4+ - 10FV = Abschluss mit 4 in Oberfarbe
- ➠ ab 11FV = neue Farbe (gemeint als Kontrollgebot):
  - ➠ 3♠ nach Transfer auf Coeur: eindeutig Kontrollgebot
  - ➠ 4♣/4♦: doppeldeutig, entweder Kontrolle mit Oberfarb-Einfärber, oder Zweifärber und natürlich
  - ➠ 4♥ nach Transfer auf Pik ??: nicht möglich! (denn es zeigt 5-5 in Oberfarben mit mildem Schlemminteresse)

Süd	West	Nord	Ost
		2SA	
3♦		3♥	
?			

a)
N
W O
S

♠ 8
♥ K D 10 9 6 5
♦ A 7 5
♣ 8 5 3

3♠

b)
N
W O
S

♠ 8 6
♥ A B 6 4 3 2
♦ 8 6
♣ K B 10

4♣

a) 3♠ zeigt eindeutig mindestens 6er-Coeur und Schlemminteresse sowie Kontrolle in Pik.

b) 4♣ zeigt auf jeden Fall Schlemminteresse – entweder mit einem Einfärber und 4♣ ist Kontrollgebot, oder mit einem Zweifärber und 4♣ ist die zweite Farbe.

Der Antwortende hat:

einen Oberfarb-Unterfarb-Zweifärber

- bis ca. 10FL bzw. 10FV = 3SA
- ab 10+/11FL bzw. 10+/11FV = 4 in der Unterfarbe

Der Antwortende zeigt die Unterfarbe nur bei Schlemminteresse. Er muss stark genug sein, um mit einem nicht fittenden Partner 4SA als Endkontrakt aushalten zu können.

Süd	West	Nord	Ost
		2SA	
3♥		3♠	
?			

a) Süd:
♠ D B 10 7 3
♥ 6
♦ K B 8 6 4
♣ 8 7
3SA

b) Süd:
♠ K B 9 6 5
♥ 5
♦ A D 10 3
♣ B 8 6
4♦

a) Für einen Schlemmversuch mit 4♦ ist Süd nicht stark genug. Nord soll lediglich zwischen 3SA und 4♠ wählen.

b) Ein Karo-Schlemm ist nicht ausgeschlossen.

Wie ist die Folgereizung nach Oberfarbtransfer und danach 4 in Unterfarbe?

Süd	West	Nord	Ost
2SA		3♥	
3♠		4♦	
?			

Wohl wissend, dass 4 in Unterfarbe doppeldeutig ist, soll der Eröffner zunächst davon ausgehen, dass die zweite Farbe echt ist. Entsprechend bedeuten seine Gebote:

- 4 in Partners Oberfarbe = 3er-Fit
- 4 in neuer Farbe = Kontrollgebot, guter Fit zur Unterfarbe, Double in Partners Oberfarbe
- 4SA = kein Fit, Bremse!

Süd	West	Nord	Ost
2SA		3♦	
3♥		4♣	
?			

a) N / W O / S

♠ K B
♥ A K 5
♦ K D B 7 5
♣ K 7 6

4♥

b) N / W O / S

♠ A D B 6
♥ K 7
♦ A K 6
♣ A 10 7 4

4♦

c) N / W O / S

♠ A D 7
♥ B 2
♦ A K D B 4
♣ D 10 3

4SA

Will der Antwortende zeigen, dass er keine natürliche zweite Farbe, sondern einen Oberfarb-Einfärber besitzt, muss er in der nächsten Bietrunde seine Oberfarbe reizen, egal auf welcher Höhe. Dies bittet den Eröffner um weitere Kooperation bei der Entscheidung über einen möglichen Oberfarbschlemm.

West:
♠ K 7
♥ A K D 5
♦ D B 8
♣ A D 10 6

N / W O / S

Ost:
♠ A B 9 6 5 3
♥ 6
♦ 10 7 6
♣ K B 2

Süd	West	Nord	Ost
	2SA		3♥
	3♠		4♣
	4♥		4♠
	passe		

West reagiert mit 4♥ positiv auf Treff als zweite Farbe und verneint damit 3er-Pik.

4♠ offenbart den Pik-Einfärber, der mit nur Doubleton Pik beim Partner das Interesse am Schlemm nahezu verloren hat. Würde Ost auf 4♥ in 5♠ springen, wäre dies eine nachdrückliche Einladung.

♠ A 5 ♥ K D 7 ♦ A K 3 ♣ K B 8 7 2	N W O S	♠ K D B 7 4 3 ♥ A 9 ♦ 6 5 4 ♣ A 3

Süd	West	Nord	Ost
	2SA		3♥
	3♠		4♣
	4♦		4SA
	5♣		5♦
	5♥		5♠
	6♦		7SA

4♦ = Kontrollgebot bei Treff als angenommener Trumpffarbe

4SA = RKCB, angenommene Trumpffarbe Treff

5♣ = (0 oder) 3 Keycards, Treff König zählt als Keycard

5♦ = rollend die Frage nach Trumpf-Dame (Treff)

5♥ = keine Treff Dame

5♠ = rollend die Königsfrage

6♦ = 2 Nebenkönige

7SA = Ost weiß, dass die Partnerschaft über alle Asse und Könige verfügt. Er zählt 12 sichere Stiche (6 in Pik). Mit den gemeldeten Assen und Königen kommt West nur auf 17F. Eine Dame wäre der 13.Stich. In dem unwahrscheinlichen Fall, dass die restlichen Punkte nur aus Buben bestehen, wird der Alleinspieler durch Chancenkombination auch auf eine Erfüllungschance von weit über 50% kommen können.

Der Antwortende hat:

einen Oberfarb-Zweifärber (5-5)

Zur Erinnerung: Einen 5-4-Oberfarb-Zweifärber reizt man über Stayman.

- 4♦ = nur Vollspielinteresse, bis ca. 10-11FV (oder anschließend 4SA=RKCB)
- 3♥ (Transfer auf Pik), dann 4♥ = mildes Schlemminteresse, 11+ -12FV
- 3♥ (Transfer auf Pik), dann 5♥ = starkes Schlemminteresse, 13-14FV

Wichtig sind vor allem Figuren und Mittelwerte in den langen Farben.

N
W O
S

♠ D 8 5 3 2
♥ A 7 5 4 2
♦ 7 5
♣ D

Süd	West	Nord	Ost
		2SA	
4♦			

Nord soll nur zwischen 4♥ und 4♠ wählen. Der Schlemm ist zu unwahrscheinlich.

N
W O
S

♠ K 10 8 7 6
♥ K B 9 7 2
♦ 8 6
♣ 6

Süd	West	Nord	Ost
		2SA	
3♥		3♠	
4♥			

Hat Nord einen guten Oberfarb-Fit und eine kontrollstarke Hand und keine verlorenen kleinen Figuren in Unterfarben, ist der Schlemm attraktiv.

4. UNTERFARB-TRANSFER

Nach der 2SA-Eröffnung bietet man den Unterfarbtransfer nur mit Schlemminteresse.

3♠ = Transfer auf Treff

4♣ = Transfer auf Karo

Süd	West	Nord	Ost
		2SA	
?			

a)
N
W O
S

♠ 7
♥ K 8 6
♦ D B 7 5 4 3
♣ 8 6 4

3SA

b)
N
W O
S

♠ K 7 6
♥ D 8 6
♦ K B 7 5 4 3
♣ 9

4♣

a) Zu geringe Schlemmchancen, um über 3SA hinauszugehen.

b) 11FL und mindestens 11FV nähren Schlemmhoffnungen.

Wie reagiert der Eröffner?

Dem Eröffner stehen 3 Reaktionsmöglichkeiten zur Auswahl:

- SA-Gebot ohne Sprung = Warnung vor dem Schlemm, meist nur Double Anschluss
- Transfer ausführen = mäßiges Schlemminteresse, meist 3er-Anschluss
- neue Farbe = Kontrollgebot, starkes Schlemminteresse, guter Fit

Für die Stärke des Schlemminteresses seitens des Eröffners sollten 2 Kriterien maßgeblich sein:

- Länge und Qualität des Trumpfanschlusses
- Anzahl der (italienischen) Kontrollen

Zur Zählung und Bewertung der Kontrollen:

- Ass = 2 Kontrollen
- König = 1 Kontrolle

Eine 2SA-Eröffnung hat durchschnittlich 7 Kontrollen. Besitzt sie weniger, gilt sie als kontrollschwach, hat sie mehr, bezeichnet man sie als kontrollstark.

Süd	West	Nord	Ost
2SA		3♠	
?			

Nord:
♠ 8 5
♥ 4 3
♦ K B 10
♣ A B 7 5 4 2

a) Süd:
♠ K D 6 4
♥ A D B 2
♦ A D 5
♣ K 3
3SA

b) Süd:
♠ A K B 4
♥ A K B
♦ D 9 5
♣ K 9 8
4♣

c) Süd:
♠ A 9 2
♥ A K 8 2
♦ A 9
♣ K D 9 3
4♦

a) Den Schlemm sollte man vermeiden. Süd warnt mit 3SA. Nur Double in Treff, nur 6 Kontrollen.

b) Durchschnittliche Hand für die 2SA-Eröffnung: 3er-Anschluss, 7 Kontrollen.

Ein knapper Schlemm. Der Erfolg hängt davon ab, ob man es schafft, die Trumpffarbe ohne Verlierer zu spielen.

c) Süds Blatt passt hervorragend zu einem schlemminteressierten Treff-Einfärber: sehr guter Trumpfanschluss, 8 Kontrollen, in Karo ein potenzieller Schnappwert.

Ist der Fit durch Annahme des Transfers oder Kontrollgebot bestätigt, kann der Antwortende mit 4SA die Assfrage (RKCB) stellen – entweder unmittelbar, oder nach zwischengeschalteten Kontrollgeboten. 4SA vom 2SA-Eröffner ist jedoch keine Assfrage, sondern stellt einen nachträglichen Bremsversuch dar:

♠ D 10 4 2	N	♠ 9 5
♥ A K D	W O	♥ 5
♦ A 10 3	S	♦ K B 9 7 6 4 2
♣ A D 2		♣ K 10 7

Süd	West	Nord	Ost
	2SA		4♣
	4♦		4♥
	4SA		passe

Hat der Eröffner den Transfer auf Treff mit der 3SA-Antwort verweigert:

Rebid des Antwortenden 4♦ = 5-5 in UF, Schlemminteresse

5. Sonstige Antworten

Dem Antwortenden stehen alle natürlichen Sprünge ins Vollspiel als Abschlussgebote zur Verfügung:

Süd	West	Nord	Ost
		2SA	
?			

4♥/4♠ = Abschluss (wenig empfehlenswert, besser über Transfer).

5♣/5♦ = Abschluss (einziger Weg, um ein Unterfarbvollspiel ohne Schlemmambitionen zu reizen).

S

♠ 7
♥ 4
♦ B 10 9 8 7 4 3 2
♣ 10 7 4

Süd	West	Nord	Ost
		2SA	
5♦			

In einem SA-Spiel ist die Gefahr sehr groß, dass dieses Blatt keinen einzigen Stich erzielt.

Übungen zu Kap. C.

①

N
W O
S

♠ K B 7 5
♥ D 5
♦ 6 3
♣ A 9 7 6 5

Süd	West	Nord	Ost
		1SA	
2♣		2SA	
?			

---

②

N
W O
S

♠ D 5 3
♥ K B 2
♦ A D 9 7 6
♣ A 10

Süd	West	Nord	Ost
1SA		2♣	
2♦		3♠	
?			

---

③

N
W O
S

♠ B 10 2
♥ A 7
♦ A K B 8 4
♣ D 9 8

Süd	West	Nord	Ost
1SA		2♦	
2♥		3♣	
?			

---

④

N
W O
S

♠ D B 9 7 5
♥ K 10 6 5 4
♦ 9 3
♣ 5

Süd	West	Nord	Ost
		1SA	
?			

---

⑤

N
W O
S

♠ K 10 9 5
♥ A D 7
♦ K D 6
♣ K 7 2

Süd	West	Nord	Ost
1SA		2♣	
2♠		4SA	
?			

Lösungen:

① 3♦. Das Bieten der korrespondierenden Unterfarbe zeigt an, in welcher Oberfarbe ein Fit existiert. Die stärkere Hand soll Alleinspieler in Pik werden. 4♠ wird der Endkontrakt sein. Süd darf keinesfalls 3♠ bieten, weil dies Interesse an 6♠ vorgaukeln würde.
(Vgl. Abschnitt II.2.)

---

② 4♥. 3♠ ist Smolen-Transfer und verspricht 5er-Coeur (nebst 4er-Pik).
(Vgl. Abschnitt II.2.)

---

③ 3♦. Dies zeigt Werte in Karo und zu wenig Werte in Pik, um 3SA bieten zu können. Außerdem offenbart 3♦ den fehlenden Coeur-Fit.
(Vgl. Abschnitt II.3.)

---

④ 4♦. 10FV. In mindestens einer Oberfarbe sollte ein Fit gegeben sein. Der Partner darf lediglich zwischen 4♥ und 4♠ wählen.
(Vgl. Abschnitt II.3.)

---

⑤ 6SA. Partners 4SA lädt zu 6SA ein. Der Partner hat zunächst 2♣ geboten, weil er offenbar 4er-Coeur hat. Mit Pik-Fit und Schlemminteresse müsste der Partner anders reizen, zum Beispiel mit einem Sprung in einer neuen Farbe ein Kontrollgebot abgeben.
(Vgl. Abschnitt II.2.)

Merke: Hat der Partner des 1SA-Eröffners zwei 5er-Oberfarben oder eine 6er-Oberfarbe, dann ist zumindest ein 8-Karten-Fit in einer Oberfarbe sicher und er kann sein Blatt in FV-Punkten bewerten.

Übungen zu Kap. C.

⑥ S

♠ K D 10 2
♥ A K D 2
♦ 6 4
♣ D 5 3

Süd	West	Nord	Ost
1SA		3♣	
3♦		3SA	
?			

---

⑦ S

♠ A K B 5
♥ D 10 7
♦ A K
♣ K 9 8 4

Süd	West	Nord	Ost
2SA		3♥	
?			

---

⑧ S

♠ 5 4 3
♥ 4
♦ B 10 9
♣ K D 7 6 4 2

Süd	West	Nord	Ost
		2SA	
?			

---

⑨ S

♠ B 9 5
♥ A K D 6
♦ K 6
♣ A D B 3

Süd	West	Nord	Ost
2SA		3♣	
3♥		4♦	
?			

---

⑩ S

♠ A K D 7
♥ D 10 3
♦ A B 6 5
♣ A 7

Süd	West	Nord	Ost
2SA		3♠	
3SA		4♦	
?			

Lösungen:

⑥ 4♥. Suche nach einem 4-3-Fit in einer Oberfarbe. Der Partner hat mindestens 6er-Karo mit Single Treff gezeigt. Die Treff-Deckung reicht nicht aus, um 3SA spielen zu können. Der Karo-Anschluss ist schlecht. Ein 4-3-Fit in Coeur oder Pik könnte dagegen sehr gut spielbar sein: Beide 4er-Oberfarben sind von guter Qualität. Spielt der Gegner Treff, schnappt man mit der kurzen Trumpfhand und die Trumpfkontrolle bleibt intakt. Partners Hand könnte wie folgt aussehen: ♠ A 7 5 / ♥ 8 6 / ♦ A B 9 8 5 3 2 / ♣ 9. Auf 4♥ würde Nord 4♠ bieten, um anzuzeigen, dass er kein 3er-Coeur, aber 3er-Pik besitzt. (Vgl. Abschnitt II.4.)

⑦ 4♣. Hat der 2SA-Eröffner 4er-Länge in Partners Oberfarbe, bricht er den Transfer. Hat er in allen Nebenfarben Kontrollen, bietet er 4 in Fitfarbe. Verfügt er in einer Farbe über keine Kontrolle, reizt er seine nächste Kontrolle. Auf diese Weise kann man schon unterhalb von Vollspiel herausfinden, ob in allen Farben Kontrollen vorhanden sind. Sieht der Antwortende Schlemmchancen, kann er seinerseits die nächste Kontrolle zeigen. Besitzt er kein Schlemminteresse, schließt er mit 4 in Fitfarbe die Reizung ab. (Vgl. Abschnitt III.3.)

⑧ 3SA. Die lange Unterfarbe kann der Antwortende auf 2SA nur dann zeigen, wenn er schlemminteressiert ist. Hiefür ist das Blatt leider nicht stark genug.
(Vgl. Abschnitt III.4.)

⑨ 4SA. Auf die Bremse treten. Falls der Partner 4er-Pik und eine 5er- oder 6er- Karo-Farbe hat, soll 4SA den Partner warnen, dass kein guter Karo-Fit gegeben ist.
(Vgl. Abschnitt III.2.)

⑩ 4♠. Kontrollgebot. Der Partner hat 5-5 in Unterfarben mit Schlemminteresse gezeigt. Wenn der Partner Coeur-Kontrolle hat, sollte ein Karo-Schlemm beste Chancen haben.
(Vgl. Abschnitt III.4.)

Merke: Nach einer 2SA-Eröffnung kann der Antwortende eine Unterfarbe nur mit Schlemminteresse zeigen.

D. Starke Eröffnungen und Folgereizung

I. ERÖFFNUNG 2♣

Mit 2♣ werden einige genau definierte Semiforcing-Blatttypen eröffnet, also sehr starke Blätter, die jedoch nicht stark genug für eine partieforcierende Eröffnung sind. Der Eröffner zeigt im Wiedergebot, welchen von 10 verschiedenen Blatttypen er hat. Ist dann der genaue Blatttyp bekannt, sollte es dem Antwortenden leichter fallen, den richtigen Endkontrakt anzusteuern.

Damit der Eröffner auch die Möglichkeit hat, seinen Blatttyp differenziert anzugeben, beginnt die Reizung fast immer:

Süd	West	Nord	Ost
2♣		2♦	

2♦ ist ein sogenanntes Relaisgebot. Es sagt nichts aus über die Karo-Farbe und die Stärke des Antwortenden; das Gebot ist quasi erzwungen.

Nur mit positiven 5-5-Verteilungen wählt der Antwortende ein anderes Gebot als 2♦:

- 2♥ = 5er-Coeur und zweite 5er-Farbe, ab 8F
- 2♠ = 5er-Pik und 5er-Unterfarbe, ab 8F
- 2SA = 5-5 in Unterfarben, ab 8F

Das Wiedergebot des Eröffners auf 2♦ verrät den Blatttyp:

- 2♥ = 6er-Coeur mit 8 bis 8,5 Spielstichen oder gutes 5er-Coeur mit 22-23FL; eine 4er-Unterfarbe als zweite Farbe ist erlaubt, nicht aber eine 4er-Oberfarbe oder eine 5er-Unterfarbe
- 2♠ = analog zu 2♥
- 2SA = 22-23FL, ausgeglichene Verteilung, keine gute 5er-Oberfarbe, 6er-Unterfarbe ohne Single möglich
- 3♣ = 7er-Treff, 8,5-9,5 Spielstiche, keine 4er-Oberfarbe
- 3♦ = analog zu 3♣
- 3♥ = sehr gutes 7er-Coeur, 8-8,5 Spielstiche, legt die Trumpffarbe fest

3♠	=	analog zu 3♥
3SA	=	5-5 in Oberfarben, gute Farbqualität, 18-21F, 3-4 Verlierer
4♥	=	stehendes 7er-Coeur (mindestens AKD), ein Seiten-Ass, 13-15F
4♠	=	analog zu 4♥

Zur Blattbewertung nach Spielstichen und Verlierern vergleiche Kap. A.II.-III., Seite 17.

Hat der Eröffner ein vergleichbar starkes Blatt, das aber nicht zu einem der angegebenen Blatttypen passt, z.B. einen Zweifärber mit 4er-Oberfarbe, dann eröffnet man auf der 1er-Stufe.

Blattbeschreibung des Eröffners:

a)
♠ A B 9 7 6 5 2
♥ 7
♦ A K 5
♣ K D

b)
♠ A D B 10 5 4 2
♥ A D 5
♦ K 5
♣ 4

c)
♠ A K D B 6 5 3
♥ 8 6
♦ A 3 2
♣ 8

a) 2♣, dann 2♠
b) 2♣, dann 3♠
c) 2♣, dann 4♠

d)
♠ A K B 9 7 5
♥ K B 10 5
♦ A K
♣ 7

e)
♠ 8
♥ K 7 2
♦ A K D B 7 6
♣ A K 6

f)
♠ K 6
♥ A K 7
♦ K 4
♣ A K B 6 4 2

d) 1♠, dann 3♥ auf 1SA vom Partner
e) 1♦; auf 1♠ Sprung in 3SA; auf 1♥ Sprung in 3♣
f) 2♣ , dann 2SA

Die Folgereizung:

Nach 2♥/2♠:

Die Regeln für die Folgereizung sind wie nach der 2♥/2♠-Eröffnung im Basissystem FORUM D.

Süd	West	Nord	Ost
		2♣	
2♦		2♥	
?			

passe	=	0-4FV oder 0-3FL
3♥	=	Coeur-Fit mit Schlemminteresse, ab 10-11FV
4♥	=	Abschluss, Coeur-Fit mit 5-10FV
2♠	=	5er-Pik, ab 4FL, rundenforcing
3♣/♦	=	passable 5er-Farbe, ab 9FL, partieforcing
3SA	=	9-10FL, ausgeglichene Verteilung mit verteilten Werten, 2 Karten in Partnerfarbe
2SA	=	alle anderen Hände ab 4FL, rundenforcing

Süd	West	Nord	Ost
		2♣	
2♦		2♠	
?			

a)	b)	c)
N / W O / S	N / W O / S	N / W O / S
♠ B 7 5 4	♠ 8	♠ D 6
♥ K 7	♥ A 7	♥ D 10 6
♦ A 10 6 5	♦ 10 8 7 5 4 2	♦ 7 5 2
♣ 8 7 6	♣ A 6 4 2	♣ K D 9 7 6
3♠	2SA	3♣

a) Das Blatt zählt mindestens 11FV. Ein Schlemm ist möglich.

b) Keine andere Antwort ist passend; 2SA ist also ein Notgebot.

c) Die geforderten Kriterien für eine neue Farbe auf der 3er-Stufe sind gegeben.

<u>Nach 2SA:</u>

Es gelten die Bietregeln wie nach einer 2SA-Eröffnung.

Süd	West	Nord	Ost
		2♣	
2♦		2SA	
?			

3♣ = Stayman

3♦/♥ = Oberfarbtransfer

3♠/4♣ = Unterfarbtransfer

4♦ = beide Oberfarben zu fünft

West		Ost
♠ K 7 2	N	♠ D B 8 6
♥ A K 3	W O	♥ D 8 7 5 4
♦ A 7	S	♦ 8 6 2
♣ A D B 7 5		♣ 3

Süd	West	Nord	Ost
	2♣		2♦
	2SA		3♣
	3♦		3♠
	4♥		passe

3♣ ist Stayman. 3♠ verspricht dann 5er-Cœur (mit 4er-Pik).

<u>Nach 3♣/3♦:</u>

Süd	West	Nord	Ost
		2♣	
2♦		3♦	
?			

passe = 0-2 FL

3♥/♠ = zeigt Werte, ab 3FL

3SA = zum Spielen

4♦ = Fit ab 10FV, Schlemminteresse

Der knappe Bietraum unterhalb von 3SA dient nur der Suche nach Stoppern in den Restfarben. Ein 5-3-Oberfarb-Fit kann also nicht entdeckt werden. Darum sollte man die Regel sehr respektieren, den starken Unterfarb-Einfärber nur ab 7er-Länge über 2♣ zu eröffnen. Eine Abweichung hiervon ist nur dann akzeptabel, wenn man keine 3er-Oberfarbe hat.

West		Ost
♠ D 7	N	♠ B 10 3
♥ A K	W O	♥ 8 7 5
♦ 8 2	S	♦ D B 9 6 3
♣ A K D 10 9 7 5		♣ 3 2

Süd	West	Nord	Ost
	2♣		2♦
	3♣		3♦
	3♥		3♠
	3SA		passe

3♦ zeigt Karo-Stopper.

3♥ verspricht Coeur-Stopper, verneint gleichzeitig Pik-Stopper.

3♠ fragt, ob wenigstens ein Halbstopper in Pik vorhanden ist.

Nach 3♥/3♠:

Süd	West	Nord	Ost
		2♣	
2♦		3♠	
?			

Da der Sprung in der Oberfarbe diese Farbe als Trumpffarbe festlegt, zeigt jedes Gebot einer neuen Farbe eine Kontrolle in der gereizten Farbe und Schlemminteresse.

3SA	=	kein Fit, Vorschlag 3SA zu spielen
4♠	=	Abschluss
neue Farbe	=	Kontrollgebot, Schlemminteresse
4SA	=	RKCB

West		Ost
♠ A D	N	♠ K B
♥ K D B 10 8 7 4	W O	♥ 9 6 2
♦ 6 4	S	♦ B 10
♣ K D		♣ A B 10 7 6 4

Süd	West	Nord	Ost
	2♣		2♦
	3♥		3♠
	4♣		4♥

Trotz der vielen FV-Punkte und des riesigen Stichpotenzials kann der Gegner 3 Schnellstiche erzielen. Die fehlende Karo-Kontrolle wird rechtzeitig entdeckt.

Nach 3SA:

Süd	West	Nord	Ost
		2♣	
2♦		3SA	
?			

4♣/4♦ = Kontrollgebot, Schlemminteresse in einer Oberfarbe anschließend 4SA = Assfrage (4 Asse, da Fitfarbe unklar) [alternativ kann man auch vereinbaren, nach 6 Keycards zu fragen; dann zählen beide Oberfarb-Könige mit]

4SA = Einladung zu 6SA

4♥/4♠ = zum Spielen

Durch den Sprung in 3SA bringt der Eröffner den nachdrücklichen Wunsch zum Ausdruck, in einer seiner guten Oberfarben zu spielen.

♠ K D B 10 7
♥ A K B 9 6
♦ A K
♣ 5

♠ A 9
♥ D 10 4 3
♦ 6
♣ D 10 9 6 4 2

Süd	West	Nord	Ost
	2♣		2♦
	3SA		4♦
	6♥		passe

4♦ zeigt die Kontrolle in Karo mit Schlemminteresse; zeigt aber auch die fehlende Kontrolle in Treff.

6♥: Verspricht Treff Zweitrunden-Kontrolle und Maximum. Mit Treff-Erstrundenkontrolle sollte West zunächst 5♣ bieten. Mit Treff-Zweitrundenkontrolle und Minimum wäre 5♥ das adäquate Gebot. Ohne Treff-Kontrolle müsste West in jedem Fall 4♥ bieten.

Hätte Ost nicht Coeur-Fit, sondern Pik-Fit, würde er auf 6♥ in 6♠ ausbessern.

Nach 4♥/4♠:

Der Sprung ins Vollspiel hat zwar viel Bietraum gekostet, dafür hat der Partner aber auch eine ganz exakte Beschreibung des Blattes erhalten.

Süd	West	Nord	Ost
		2♣	
2♦		4♥	
?			

neue Farbe = Kontrollgebot
4SA = zum Spielen! (die Anzahl der Keycards ist bekannt)

West		Ost
♠ A K D 10 9 7 5		♠ 8 4 2
♥ 7		♥ A K D B 10 6 4
♦ A 6 3		♦ 2
♣ B 8		♣ D 6

Süd	West	Nord	Ost
	2♣		2♦
	4♠		5♦
	5♠		passe

Hätte West Treff Ass, dürfte er auf 5♦ nicht mit 5♠ abwinken. Es ist klar, dass Ost mit Treff Ass bei West Schlemm spielen will.

Welche Änderungen sich für den Eröffner und seinen Partner nach Zwischenreizungen auf die 2♣-Eröffnung ergeben, beschreibt der Band FORUM D PLUS – Die Wettbewerbsreizung, Kap.B.II.

II. ERÖFFNUNG 2♦

2♦ ist die stärkste Eröffnung. Sie forciert zum Vollspiel. Die Mindeststärke für eine partieforcierende Eröffnung wird je nach Blatttyp unterschiedlich bemessen:

ausgeglichene Verteilungen, auch 5-4-Zweifärber, Dreifärber:	ab 24FL
Einfärber in Oberfarbe:	ab 9 Spielstichen (oder ab 24FL)
Einfärber in Unterfarbe:	ab 10 Spielstichen (oder ab 24FL)
Zweifärber (ab 5-5):	weniger als 3 Verlierer (oder ab 24FL)

Die Eröffnungsentscheidung:

a) N / W O / S
♠ A D 10 8 7 6
♥ K D 5
♦ A K D 2
♣

b) N / W O / S
♠ 8
♥ K D B 10 7 2
♦ A K D B 7 6
♣

c) N / W O / S
♠ A K 4
♥ 6
♦ A K 10
♣ A K B 7 6 4

a) Nur 22FL, aber 9,5 Spielstiche und Oberfarb-Einfärber, darum: 2♦ (6er-Oberfarbe mit 4er-Unterfarbe wird pragmatisch als Oberfarb-Einfärber eingestuft)

b) Nur 20FL, aber Zweifärber mit nur 2 Verlierern, darum: 2♦

c) Unterfarb-Einfärber mit nur 9 Spielstichen, aber 24FL, darum: 2♦

Antworten auf 2♦:

2♥	=	0-7 F
2♠	=	ab 8F (oder 1 Ass + 1 König), unausgeglichen oder mit 5er-Oberfarbe
2SA	=	ab 8F (oder 1 Ass + 1 König), ausgeglichen
3♣	=	6er-Treff mit 2 Topfiguren (nicht AK), weniger als 8F
3♦	=	analog 3♣
3♥	=	analog 3♣
3♠	=	analog 3♣

Süd	West	Nord	Ost
		2♦	
?			

a)

N / W O / S

♠ 5
♥ K B 10 7 6 4
♦ K B 7
♣ 8 6 4

2♠

b)

N / W O / S

♠ K D 10 7 6 5
♥ 5
♦ B 9 8
♣ 6 4 2

3♠

c)

N / W O / S

♠ 4 3
♥ K 10 7 6 2
♦ A 6 5
♣ 5 3 2

2♠

d)

N / W O / S

♠ B 3
♥ 10 8 6
♦ K D 9 8 6
♣ D 5 4

2SA

a) 8F sind gerade ausreichend für eine positive Antwort. 2♠ ist konventionell und verspricht den unausgeglichenen Blatttyp (oder ausgeglichen mit 5er-Oberfarbe)

b) Nicht stark genug für das konventionelle 2♠. Aber 2 Topfiguren zu sechst in Pik mit weniger als 8F.

c) Ass und König sind gerade genug für eine positive Antwort. Wegen der 5er-Oberfarbe lautet die Antwort 2♠.

d) 8F und ausgeglichen verteilt.

Folgereizung:

Da der Eröffner alle Blatttypen haben kann, beschreibt er im Prinzip so natürlich wie möglich sein Blatt.

Nach Antwort 2♥:

- 2SA = ausgeglichen, ohne 5er-Oberfarbe, ab 24FL, auch semi-ausgeglichen mit 5er-Unterfarbe und 4er-Oberfarbe, danach: Weiterreizung wie nach 2SA-Eröffnung (mit Stayman und Transfer)
- 2♠, 3♣, 3♦, 3♥ = mindestens 5er-Farbe (nach 3♣/♦ unausgeglichen verteilt)
- 3♠ = konventionell! 4er-Pik und 5er-Coeur (ansonsten könnte ein 4-4-Fit in Pik verloren gehen)

➠ Sprünge ins Farb-Vollspiel = sehr gute 7er-Farbe, Minimum

Süd	West	Nord	Ost
2♦		2♥	
?			

a)
N
W O
S

♠ A K D 2
♥ A D B 10 8
♦ K 7
♣ A 2

3♠

b)
N
W O
S

♠ K D B 10 7
♥ 7
♦ A
♣ A K D B 3 2

3♣

c)
N
W O
S

♠ A 5
♥ A D 9 7
♦ A K
♣ A D 10 8 7

2SA

a) Konventionell! Zeigt 4er-Pik und 5er-Coeur.

b) Wenn möglich bietet Süd danach noch zweimal Pik, um die 6-5-Verteilung zu zeigen.

c) Würde man 3♣ reizen, könnte ein 4-4-Fit in Coeur verloren gehen. Immerhin ist das Blatt semi-ausgeglichen mit Stoppern in den Kürzen.

Auf ein Farbgebot des Eröffners zeigt eine Farbreizung des Antwortenden im Prinzip ebenfalls 5er-Länge:

Süd	West	Nord	Ost
		2♦	
2♥		3♣	
?			

a)
N
W O
S

♠ 7 6
♥ 9 7 5
♦ D 10 9 6 5
♣ 7 5 3

3♦

b)
N
W O
S

♠ 6 5 4 2
♥ 10 9 5 4
♦ B 5 4 2
♣ 5

3♦ !

a) Süd reizt ökonomisch und natürlich weiter. Ohne Not will die schwache Hand nicht 3SA belegen. Wegen des mageren 3er-Treff-Anschlusses sollte Süd auch nicht gleich 5♣ bieten (4♣ wäre stärker).

b) Lügen in Unterfarbe! Bietet die Chance, ökonomisch noch einen 4-4-Fit in Oberfarbe zu entdecken. Und kann der Partner auf 3♦ 3SA sagen, dann spielt die richtige Hand.

Nach Antwort 2♠:

- Alle Farbgebote sind natürlich und zeigen 5er-Länge, auch 3♠.
- 2SA zeigt die ausgeglichene Verteilung – Weiterreizung wie nach 2SA-Eröffnung.
- Die Reizung ist forcierend bis mindestens 4SA (Ausnahme: Der Eröffner springt direkt in 4♥ oder 4♠).
- Nach Oberfarbgeboten auf der 3er-Stufe ist der Sprung in 4SA = RKCB für die zuletzt gereizte Farbe.
- Nach Farbgeboten auf der 4er-Stufe ohne erkennbaren Fit ist 4SA natürlich und passbar.

West		Ost
♠ AKDB65	N	♠ 7
♥ A6	W O	♥ KB985
♦ A5	S	♦ K64
♣ AK5		♣ B1032

Süd	West	Nord	Ost
	2♦		2♠
	3♠		4♥
	4♠		4SA
	6SA		passe

4♠: West kann mit 4♠ seine gute 6er-Farbe zeigen, ohne befürchten zu müssen, dass Ost passt.

4SA: Zeigt Minimum. West darf passen.

Nach Antwort 2SA:

- Alle Farbgebote (auch 3♣ !) sind natürlich, mindestens 5er.
- Mit einer ausgeglichenen Hand ohne 5er-Oberfarbe bietet der Eröffner:

  3SA falls Zusatzstärke, oder Interesse an einem 4-4-Oberfarb-Fit

  4SA Minimum (24FL), kein Interesse an einem 4-4-Oberfarb-Fit
- Nach 3SA kann der Antwortende mit 4♣ Stayman reizen. Reizt der Eröffner darauf 4 ♥/♠, dann ist 4SA vom Antwortenden nicht die Assfrage, sondern besagt: Kein Fit, Minimum, passbar.
- Die Reizung ist generell forcierend bis mindestens 4SA. Der Sprung in 4SA auf ein Oberfarbgebot ist jedoch RKCB für die zuletzt gereizte Farbe.
- Der Antwortende, der mit 2SA bereits eine 5er-Oberfarbe verneint hat, kann auf der 3er-Stufe eine 4er-Farbe reizen (nach 3♣ ist dies fast wie Stayman).
- Reizt der Antwortende dagegen auf der 4er-Stufe eine neue Farbe, dann ist das ein Kontrollgebot mit Fit zu Partners Farbe.

Süd	West	Nord	Ost
		2♦	
2SA		3♣	
?			

a)
N / W O / S
♠ D 9 8 7
♥ K B 10 6
♦ D 4 3
♣ 9 8

3♥

b)
N / W O / S
♠ 8 7
♥ A D 5
♦ 9 7 4 3 2
♣ K 6 5

4♣

a) Natürlich, 4er-Länge. Hat Nord 4er-Coeur, kann er 4♥ bieten (nicht passbar!), hat er ein 4er-Pik, kann er 3♠ bieten.

b) Zeigt den Fit. Jedes weitere Farbgebot ist jetzt Kontrollgebot. 4SA vom Eröffner RKCB.

Süd	West	Nord	Ost
		2♦	
2SA		3♥	
?			

a)
N / W O / S
♠ D B 9 6
♥ 8 3
♦ K D 10 7
♣ 10 7 4

3♠

b)
N / W O / S
♠ D 8 6
♥ 8 3
♦ A 8 6
♣ D 10 8 5 4

3SA

c)
N / W O / S
♠ 8 6
♥ K 6 3
♦ A B 10
♣ D 5 4 3 2

4♦

a) Wenn Süd jetzt nicht sein 4er-Pik reizen würde, könnte ein 4-4-Fit in Pik verloren gehen.

b) Verneint Coeur-Fit, verneint auch 4er-Pik.

c) Kontrollgebot mit Coeur-Fit.

Süd	West	Nord	Ost
		2♦	
2SA		3SA	
?			

a)	b)	c)
N / W O / S	N / W O / S	N / W O / S
♠ D B 7	♠ K 10 6	♠ D B 10 6
♥ 9 7 5	♥ K 6 5	♥ 7 3
♦ K B 7 6	♦ B 10 7 5 4	♦ A 7 6 2
♣ B 10 7	♣ D 8	♣ B 9 8
4SA	6SA	4♣

a) Verneint Interesse an einem 4-4-Oberfarb-Fit. Zeigt Minimum. Der Eröffner kann mit 24FL passen.
b) Zeigt 9-10FL, genug für 6SA.
c) Stayman. Der Eröffner gibt Antwort analog zu sonstigen Stayman-Situationen: 4♦ = keine 4er-Oberfarbe, 4♥ = 4er-Coeur, 4♠ = 4er-Pik, 4SA = beide Oberfarben zu viert. Auch nach Antwort 4♥ und 4♠ ist zu beachten, dass man darauf nicht passen darf (weil unter 4SA).

Nach Antwort 3♣, 3♦, 3♥, 3♠:

- alle Farbreizungen natürlich, 5er-Länge
- alle Sequenzen nur forcierend bis zum Vollspiel (3SA passbar)

Süd	West	Nord	Ost
2♦		3♥	
?			

a)	b)	c)
N / W O / S	N / W O / S	N / W O / S
♠ A K 10 7 5	♠ A D 7 5	♠ A D
♥ 6	♥	♥ K 5 2
♦ A K 8 2	♦ A K D B 6 4	♦ A K D B 10
♣ A K D	♣ A D 2	♣ A 10 4
3♠	3SA	7SA

a) Wenn Nord ein 3er-Pik hat, ist 4♠ wahrscheinlich besser als 3SA. Besteht Nords einzige Schönheit aus einer sehr stabilen Coeur-Farbe (z.B. KDB10xx), wird er sicher jetzt 4♥ reizen.
b) 3SA ist möglicherweise das einzig erfüllbare Vollspiel.
c) Man kann 13 Stiche zählen.

Welche Änderungen sich für den Eröffner und seinen Partner nach Zwischenreizungen auf die 2♦-Eröffnung ergeben, beschreibt der Band FORUM D PLUS – Die Wettbewerbsreizung, Kap.B.II.

Übungen zu Kap. D.

①

	N	
W		O
	S	

♠ A K B 5
♥ D B 10 7
♦ A K
♣ K D 7

Süd	West	Nord	Ost
2♣		2♦	
2SA		3♣	
?			

②

	N	
W		O
	S	

♠ 6 3 2
♥ K D
♦ K D B 7 6 5 2
♣ 6

Süd	West	Nord	Ost
		2♣	
2♦		4♠	
?			

③

	N	
W		O
	S	

♠ K 8 6 5
♥ 6
♦ D B 7 6 5
♣ A K 3

Süd	West	Nord	Ost
		2♣	
2♦		3SA	
?			

④

	N	
W		O
	S	

♠ 7
♥ A 10 9 7 6 5
♦ 6 3
♣ K 6 5 3

Süd	West	Nord	Ost
		2♦	
2♠		3♦	
3♥		4♣	
?			

⑤

	N	
W		O
	S	

♠ K 7 6 5
♥ 6 5
♦ K D 7 4
♣ 10 5 3

Süd	West	Nord	Ost
		2♦	
2SA		3SA	
4♣		4♠	
?			

Lösungen:

① 3SA. Nach dem Rebid 2SA geht die Reizung weiter wie nach einer 2SA-Eröffnung.
3♣ ist Stayman. Die Antwort 3SA zeigt beide Oberfarben zu viert.
(Vgl. Abschnitt I.)

---

② Passe. Partners Sprung in 4♠ beschreibt exakt die Hand: 7er-Pik mit mindestens AKD an der Spitze, genau ein Seiten-Ass, 13-15F. Es fehlen also 2 Asse.
(Vgl. Abschnitt I.)

---

③ 4♣. Kontrollgebot. Der Partner zeigt eine starke Hand mit 5-5 in Oberfarben. Wenn der Partner eine Karo-Kontrolle besitzt, wird er nun 4♦ bieten. Auf 4♦ kann man mit 4SA nach den Assen fragen.
(Vgl. Abschnitt I.)

---

④ 4♠. Das muss ein Kontrollgebot sein! Es bestätigt also die Treff-Farbe als Trumpffarbe. Denn nach drei natürlich gereizten Farben zeigt das Bieten der 4.Farbe keine natürliche Farbe mehr. Und die Konvention 4.Farbe Forcing gilt nur bis zur 3er-Stufe. 4SA wäre an dieser Stelle ein natürliches Gebot, auf das der Partner passen kann. Bietet der Partner nun auf 4♠ (Fitbestätigung) 4SA, dann ist das RKCB für Treff.
(Vgl. Abschnitt II.)

---

⑤ 6♠. Nach Gewicht! 4SA wäre natürlich und würde den Pik-Fit verneinen. Der Partner besitzt mindestens 23-24F. Das Stichpotenzial für Kleinschlemm ist vorhanden. Die Gefahr, dass 2 Asse fehlen, ist denkbar gering.
(Vgl. Abschnitt II.)

Merke: Nach der 2♦-Eröffnung und einer positiven Antwort (2♠, 2SA) ist die Reizung forcierend bis mindestens 4SA. Nach Farbgeboten auf der 4er-Stufe ohne erkennbaren Fit ist 4SA natürlich und passbar.

E. Schwache Eröffnungen und Folgereizung

I. SCHWACHE 2ER-ERÖFFNUNGEN

2♥ und 2♠ sind die schwachen 2er-Eröffnungen (Weak Two-Eröffnungen). Sie zeigen:

- 6er-Länge (oder schwache 7er-Länge),
- 6-10F,
- Farbe von ausreichender Qualität je nach Gefahrenlage (normalerweise mindestens 3F-Punkte und 2 Figuren; Ausnahme: Nichtgefahr gegen Gefahr),
- keine 2 Verteidigungsstiche in den anderen Farben,
- als Nebenfarbe 4er-Unterfarbe möglich, jedoch i.d.R. keine 4er-Oberfarbe und keine 5er-Unterfarbe.

Es ist eine Frage der Partnerschaftsvereinbarung (unter Berücksichtigung der nationalen Turnierordnung), die schwachen 2er-Eröffnungen rein destruktiv so oft wie möglich zu wählen, egal wie die Farbqualität ist und die Nebenfarben ausssehen. Auch mit einer 5er-Farbe kann man auf der 2er-Stufe schwach eröffnen. Dies ist allerdings nicht die Empfehlung von FORUM D PLUS.

Hat man eine schwache 4er-Oberfarbe neben einer guten 6er-Oberfarbe, ist es durchaus vernünftig, die schwache 2er-Eröffnung zu wählen.

Eröffnung in 3.Hand:

Unter Berücksichtigung der Gefahrenlage besitzt der Eröffner Ermessens- und Gestaltungsfreiraum. Der Partner kann nicht stark sein, der Gegner in 4.Hand könnte dagegen eine starke Hand haben. Im Vordergrund steht die Sperre und nicht die seriöse Blattbeschreibung für den Partner.

Ost-West in Gefahr

N
W O
S

♠ D B 9 7 5 4
♥ 9 7 6
♦ 7 6 2
♣ 3

Süd	West	Nord	Ost
		passe	passe
2♠			

West muss stark sein. Bei günstiger Gefahrenlage ist es recht ungefährlich, dem Gegner zwei Bietstufen zu stehlen.

Eröffnung in 4.Hand:

Wenn man in 4.Hand eröffnet, muss die Chance gut sein, einen Plusscore zu schreiben. Ansonsten wäre es klüger, die Hand durchzupassen. Darum sollte die schwache 2er-Eröffnung in 4.Hand

folgende Punktzonen befolgen:

2♥ = 10-12F

2♠ = 9-11F

Es ist eine persönliche Ermessensentscheidung, ob man mit 10-11F und einem 6er-Coeur überhaupt eröffnen sollte. Die Gefahr ist, dass der Gegner einen Pik-Fit findet. Ohne 4er-Pik würde man selbst mit 11F gegen die Empfehlung der 15er-Regel für Eröffnungen in 4.Hand verstoßen (siehe Kap.B.V.1., Seite 198).

Mit 9F und 6er-Pik erfüllt man dagegen die 15-er-Regel.

Die Antworten auf 2♥/2♠:

2SA	=	konventionell und forcierend (s. unten)
3SA	=	Abschluss
Hebung auf 3er-Stufe	=	Verlängerung der Sperre, nicht einladend
Hebung ins Vollspiel	=	Abschluss, konstruktiv oder destruktiv
Neue Farbe (2♠,3♣,3♦)	=	natürlich, ab 16FL, rundenforcing, meist ohne Fit
4SA	=	quantitativ, Einladung zu 6SA
2SA, dann 4SA	=	RKCB

2SA wählt der Antwortende nur dann, wenn er mindestens Double Anschluss hat, und Zweifel über den besten Endkontrakt hat: 3 in Fitfarbe, Vollspiel in Fitfarbe, 3SA oder vielleicht auch Schlemm. Mit Fit kann der Antwortende von 8-12FV beim Eröffner ausgehen. Entsprechend gilt für den Antwortenden:

- bis 14-15FV und mit 2 Trümpfen: passen
- bis 14-15FV und mit 3 Trümpfen: Hebung auf 3er-Stufe (Gefahrenlage beachten)
- bis 14-15FV und mit mind. 4 Trümpfen: Hebung ins Vollspiel (destruktiv, Gefahrenlage beachten!)
- mit 15+ -17-FV: 2SA (weitere Informationen einholen)
- mit 17+ -19FV: Hebung ins Vollspiel (konstruktiv)
- ab ca. 20FV: 2SA (weitere Informationen einholen)

Manchmal lohnt es sich, mit kontrollstarken 18-19FV auch schon eine Schlemmuntersuchung zu starten. Insbesondere dann, wenn der Eröffner ein Single in der Farbe hat, in der die andere Hand schwach ist, können sich gute Schlemms mit ca. 30FV ergeben.

Alle in Gefahr

Süd	West	Nord	Ost
		2♠	
?			

a) N / W O / S
♠ K 7 6
♥ A 4
♦ A D 7 5
♣ 10 8 6 4
2SA

b) N / W O / S
♠ D 7 6 5
♥ 7
♦ B 10 8 6 5 4
♣ 7 3
4♠

c) N / W O / S
♠ B 10 7
♥ 8 7
♦ A 9 7 5 2
♣ K 6 5
3♠

d) N / W O / S
♠ A 7
♥ K B 8 6 2
♦ D B 5
♣ B 7 6
passe

e) N / W O / S
♠ K B 6 4
♥ 8 3 2
♦ A K D 5 4
♣ A
2SA

a) 16FV. Hat der Partner Maximum, ist das Vollspiel erstrebenswert.

b) 10 Trümpfe und eine interessante Verteilung verlangen den Sprung auf die Fitstufe.

c) Mit 9 Trümpfen ist die 3er-Stufe die Fitstufe. Die 5-3-3-2-Verteilung spricht nicht dagegen (dagegen spricht die 4-3-3-3-Verteilung).

d) 13FV. Ein Vollspiel ist nicht in Sicht.

e) 17F + 1L + 2V für die Kürze in Treff + 3V für die 9. und 10.Trumpfkarte =23FV. Evtl. 1V abziehen für Single Figur. Genug, um den Schlemm zu untersuchen.

Rebid des Eröffners auf 2SA:

Süd	West	Nord	Ost
2♥		2SA	
?			

- 3 in Eröffnungsfarbe = Minimum (8-10-FV)
- neue Farbe auf 3er-Stufe = kein Minimum, Ass oder König in gereizter Farbe
- 3SA = kein Minimum, kein Single, kein Ass oder König in Nebenfarbe
- neue Farbe auf 4er-Stufe = kein Minimum, Single in gereizter Farbe, kein Ass oder König in Nebenfarbe
- 4 in Eröffnungsfarbe Pik = kein Minimum, gute Trumpfqualität, kein Single, kein Ass oder König in Nebenfarbe
- 4 in Eröffnungsfarbe Coeur = kein Minimum, Single Pik!, kein Ass oder König in Nebenfarbe

Alle Rebids, die mehr als Minimum zeigen, forcieren zum Vollspiel.

Süd	West	Nord	Ost
2♥		2SA	
?			

a) N / W O / S
♠ 7 6
♥ K D 10 6 4 3
♦ D 7 5
♣ 9 8
3♥

b) N / W O / S
♠ 8 6 5
♥ A B 9 6 5 4
♦ A 9 8
♣ 4
3♦

c) N / W O / S
♠ 5 3
♥ A D 10 9 6 5
♦ 9
♣ D B 6 2
4♦

d) N / W O / S
♠ D 7 6
♥ K B 10 6 4 2
♦ D B
♣ B 9 4
3SA

e) N / W O / S
♠ 9
♥ A K 9 7 4 3
♦ 10 6 5 3
♣ D 6
4♥

a)3♥ zeigt Minimum.

b) Mehr als Minimum, Ass oder König in Karo.

c) Mehr als Minimum, Single in Karo, kein Ass oder König in Nebenfarbe

d) Mehr als Minimum, kein Single, kein Ass oder König in Nebenfarbe

e) Mehr als Minimum, Single in Pik, kein Ass oder König in Nebenfarbe

Das Wiedergebot des Antwortenden nach 1.Antwort 2SA:

- 3 in Fitfarbe = Fragt nach weiterer Blattbeschreibung, insbesondere nach Single
- neue Farbe = Kontrollgebot
- 3SA = Vorschlag zum Spielen; der Eröffner darf auf 4 in Oberfarbe korrigieren
- 4 in Fitfarbe = Abschluss
- 4SA = RKCB

West		Ost
♠ K 8 7 2	N	♠ A B 10 9 5 3
♥ D 7 6 5	W O	♥ 2
♦ A D 10 6	S	♦ K 5 4
♣ A		♣ B 5 3

Süd	West	Nord	Ost
			2♠
	2SA		3♦
	3♠		4♥
	4SA		5♦
	6♠		passe

3♦: zeigt mehr als Minimum, Ass oder König in Karo

3♠: forcing; Frage nach weiterer Blattbeschreibung

4♥: Coeur Kontrolle, normalerweise Single

4SA: RKCB

5♦: 1 Keycard

6♠: Die Partnerschaft verfügt über 10 Trümpfe. West verzichtet auf die Frage nach Trumpfdame. Der Schlemm muss gute Chancen haben.

II. SPERRERÖFFNUNGEN AB DER 3ER-STUFE

1. GENERELLE REGELN

Sperreröffnungen kann man mit dem Partner in unterschiedlichen Stilarten vereinbaren. Während in der Frühzeit des Bridge die klassische „Regel von 2 und 3" (Faller) galt, die besagte, dass eine Sperreröffnung nie mehr als –500 kosten dürfe, favorisieren heute viele Spieler eine Art Kamikazestil: Sie tätigen eine Sperreröffnung fast unabhängig von der Gefahrenlage, den Spielstichen, der Farbqualität und den Defensivstichen mit jeder möglichen und unmöglichen Hand. Ihr oberstes Ziel ist es, den Gegner zu stören. Dabei nimmt man billigend in Kauf, dass ein möglicherweise starker Partner eine sehr schwierige Kontraktentscheidung zu treffen haben könnte, und man nimmt in Kauf, dass der Gegner die riskante Eröffnung gelegentlich mit einem sehr teuren Strafkontra ahndet.

Der FORUM D PLUS-Stil liegt zwischen den beiden Extremen. Sperreröffnungen in 1. und 2.Hand sind zwar viel aggressiver als es der klassischen Regel entspricht, jedoch in der Spielstichstärke klar definiert. Somit ermöglichen sie es dem Partner, eine intelligente Kontraktentscheidung zu treffen. Außerdem soll der mögliche Verlust bei einem Strafkontra innerhalb vernünftiger Grenzen bleiben.

Die generelle Eröffnungsregel lautet: **„Regel 500/800 mit einem halben Stich Toleranz".**

<u>Regel 500/800 bedeutet:</u>

Ist der Gegner in Nichtgefahr, sollte der mögliche Verlust 500 nicht übersteigen; ist der Gegner in Gefahr, sollte der mögliche Verlust 800 nicht übersteigen. Der mögliche Verlust berechnet sich wie folgt: Die Spielstiche im Eröffnungsblatt sind von den Stichen zu subtrahieren, die für die Erfüllung des in der Sperreröffnung angesagten Kontraktes erforderlich sind. Die Differenz ist in kontrierten Fallern unter Berücksichtigung der eigenen Gefahrenlage zu bewerten.

Keiner in Gefahr
♠ 4 2
♥ K D B 10 9 5 4
♦ 7
♣ 6 4 2

N
W O
S

Da der Gegner in Nichtgefahr ist, gilt die Regel 500. Nord zählt in seinem Blatt 6 Spielstiche.
Spielstiche im Eröffnungsblatt: 6
Stiche, die zur Erfüllung einer 3♥-Eröffnung erforderlich sind: 9
9 minus 6 = 3
Bringt Partner keinen Stich mit, ist mit 3 kontrierten Fallern zu kalkulieren.
Da die eigene Partei in Nichtgefahr ist, kosten drei kontrierte Faller 500.
Damit ist der mögliche Verlust nicht höher als 500, die Regel 500 wird bei einer 3♥-Eröffnung erfüllt.

<u>Ein halber Stich Toleranz bedeutet:</u>

Der Eröffner darf einen halben Spielstich weniger besitzen, als zur Erfüllung der Regel 500/800 erforderlich wäre. Bei gleicher Gefahrenlage genügen für eine 3er-Eröffnung also 5,5 Spielstiche,

bei günstiger Gefahrenlage demnach 4,5 Spielstiche, während bei ungünstiger Gefahrenlage 6,5 Spielstiche vorhanden sein sollten.

Ost/West in Gefahr
♠ K 10 8 7 6 5 3
♥ 8 6 5
♦ 6
♣ 4 3

Die Pikfarbe zählt 0,5 Figurenstich + 4 Längenstiche = 4,5 Spielstiche.

Damit ist die Mindestanforderung für eine 3er-Eröffnung bei günstiger Gefahrenlage erfüllt.

Das zusätzliche Risiko im Vergleich zur Regel 500/800 ohne Toleranz rechtfertigt sich aus folgenden Gründen: Meist bringt der Partner mindestens einen Stich mit. Außerdem ist das kontrollierte Risiko, zum „Höchstpreis" erwischt zu werden, geringer als die Chance, den Gegner aus seinem besten Kontrakt herauszuhalten.

Die Regel „500/800 mit einem halben Stich Toleranz" gilt für alle Sperreröffnungen, seien sie auf der 3er-, 4er- oder 5er-Stufe.

Zur Spielstichzählung vergleiche Kap. A.II., Seite 17.

Während man in 1.Hand zwei Gegner und nur einen Partner hat, die man sperrt, ist in 2.Hand das Verhältnis ungünstiger: Ein Gegner oder der Partner könnte stark sein. Darum sollten gerade in 2.Hand Sperreröffnungen sehr diszipliniert gewählt werden.

Sperreröffnung mit gepasstem Partner:

Bei einer Eröffnung in 3.Hand ist der Ermessensspielraum nach unten wie nach oben größer, natürlich unter Beachtung der Gefahrenlage. Immerhin besteht nicht die Gefahr, einen starken Partner zu sperren, denn er hat bereits gepasst.

In 4.Hand wäre es sehr unklug, schwach zu eröffnen, denn man braucht bloß noch zu passen, um zu verhindern, dass der Gegner eine Plusanschrift schreiben kann. Für eine 3♠-Eröffnung mögen 9F ausreichend sein, für alle anderen Sperreröffnungen in 4.Hand sind 10F das absolute Minimum, besser 11-12F, die Farbe sollte sehr gut sein.

Antworten auf Sperreröffnungen:

In Abhängigkeit von seiner Hand verfolgt der Antwortende zwei mögliche Strategien:

- die <u>konstruktive</u> Strategie:
  Welchen Kontrakt kann man mit guten Aussichten auf Erfolg ansagen?
- die <u>destruktive</u> Strategie:
  Welchen Kontrakt werden die Gegner voraussichtlich erfüllen können?
  Welches Opfer kann ich mir erlauben?
  Das Opfergebot immer bei erster Gelegenheit abgeben, bevor der Gegner sich verständigen kann.

Bei der destruktiven Strategie sollte man sich unbedingt an die Entscheidungsregeln des „Law of Total Tricks" halten. Die wichtigste Faustregel in diesem Zusammenhang lautet: Im Regelfall sofort die Fitstufe belegen! Mit 10 gemeinsamen Trümpfen ist die 4er-Stufe die Fitstufe.

Regel für den Sperreröffner in der Folgereizung:

Unter keinen Umständen ein weiteres Gebot abgeben, wenn der Partner nicht dazu eingeladen oder gar forciert hat.

2. ERÖFFNUNGEN MIT 3 IN UNTERFARBE

Sperreröffnungen mit 3♣ und 3♦ versprechen in 1. und 2.Hand:

- 7er-Länge mit 2 Topfiguren
- maximal 9 - 10- F
- Mindeststärke Gefahr gegen Nicht-Gefahr: 6,5 Spielstiche
- keine 4er-Oberfarbe
- keine 2 Asse

Damit ist die Sperreröffnung für den möglicherweise starken Partner kalkulierbar. Andererseits wird mit einem schwachen Partner und Missfit das Verlustpotenzial begrenzt.

Alle in Gefahr

Süd	West	Nord	Ost
?			

a)	b)	c)
N / W O / S	N / W O / S	N / W O / S
♠ 7	♠ K B 6	♠ B 9 5 4
♥ D 8	♥ 3	♥ 7
♦ 10 8 5	♦ 7 5	♦ 6
♣ K D 10 6 5 4 3	♣ A D 10 8 6 4 2	♣ A K 9 7 6 4 2
3♣	1♣	passe

a) Alle Anforderungen sind erfüllt.

b) Zu stark für eine 3er-Eröffnung. Das Blatt hat 13FL ohne Abwertungsfaktor.

c) Wegen der 4er-Oberfarbe verzichtet man auf die 3er-Eröffnung. Die Gefahr ist zu groß, einen Oberfarb-Fit zu verpassen.

Antworten auf 3♣/3♦:

- Konstruktiv: 3 SA

  Voraussetzung:
  - Anschluss in Partners Farbe: Doubleton Topfigur; ersatzweise 3 kleine; (2 kleine ist kritisch; Singleton sollte 3SA ausschließen, wenn man nicht mindestens 8 Stiche in den anderen Farben hat.)
  - mindestens 1 Schnellstich in den Restfarben; Stopper in allen Farben.

Süd	West	Nord	Ost
		3♦	
?			

a) N / W O / S

♠ A K 7 5
♥ B 10 7 6
♦ A D 5 3
♣ 10

passe

b) N / W O / S

♠ A K 6
♥ B 10 7 6
♦ K 7 3
♣ D 3 2

3SA

a) Die Gefahr ist zu groß, dass Partners Treff-Stiche mangels Kommunikation einschlafen.

b) Das Blatt ist zwar einen F-Punkt schwächer als a), doch hier ist die Verbindung zu Partners 7er-Länge mit 2 Topfiguren gewährleistet.

➠ <u>Konstruktiv: 3 in Oberfarbe (forcing)</u>

Voraussetzung:
- ➠ 6er- oder sehr gute 5er-Oberfarbe
- ➠ realistische Chancen auf 10 Stiche im Oberfarbkontrakt

Rebid des Eröffners:
- ➠ Hebung ins Vollspiel: mit Doubleton Bild oder 3 kleinen.
- ➠ neue Farbe auf 4er-Stufe: Kontrollgebot (meist Single) mit Fit
- ➠ 3♠ auf 3♥: entweder Bild in Pik ohne Fit (Eröffner passt auf 3SA), oder Kontrollgebot (meist Single) mit Fit (Eröffner bietet 4♥ auf 3SA)
- ➠ 3 SA: kein Fit

West		Ost
♠ A D 10 6 5 4	N	♠ K 9 2
♥ A K 6	W O	♥ 7 3
♦ A 6 4	S	♦ 9
♣ 6		♣ A D 9 7 5 4 2

Süd	West	Nord	Ost
			3♣
	3♠		4♦
	4SA		5♥
	6♠		passe

3♠ : natürlich, forcierend

4♦ : Kontrollgebot mit Fit

Ein Überstich liegt durchaus im Bereich des Möglichen.

➠ <u>Sonstige konstruktive Gebote:</u>
- ➠ 4 in Oberfarbe = zum Spielen
- ➠ 4 in anderer Unterfarbe = Kontrollgebot, Fit, Schlemminteresse
- ➠ 4SA = quantitativ

- <u>Destruktiv: Verlängerung der Sperre</u>

Nach dem Gesetz der totalen Stiche.

Die Sperre auf 4 in Unterfarbe ist meist nicht sehr störend. Die Sperre auf 5 in Unterfarbe ist dagegen sehr störend, aber man muss beachten, wie teuer der Kontrakt im Kontra werden könnte.

3. ERÖFFNUNG MIT 3 IN OBERFARBE

Sperreröffnungen mit 3♥ und 3♠ versprechen in 1. und 2.Hand:

- 7er-Länge mit 1 oder 2 Topfiguren
- maximal 9 - 10- F
- Mindeststärke:
  - Gefahr gegen Nicht-Gefahr: 6,5 Spielstiche
  - Gleiche Gefahrenlage: 5,5 Spielstiche
  - Nicht-Gefahr gegen Gefahr: 4,5 Spielstiche
- keine 4er-Oberfarbe (im Prinzip)
- keine 2 Asse
- maximal 1 Ass oder König in den Nebenfarben

Wird insbesondere bei Gefahr gegen Nichtgefahr die Mindeststärke nicht erreicht, kommt ersatzweise die schwache 2er-Eröffnung in Betracht.

Nord/Süd in Gefahr

Süd	West	Nord	Ost
?			

a) N / W O / S
♠ 7 5
♥ K B 8 7 5 4 2
♦ K 7 5
♣ 2

2♥

b) N / W O / S
♠ 7 5
♥ A D B 10 7 5 4
♦ 8 6 4
♣ 2

3♥

c) N / W O / S
♠ 7 5
♥ A 10 8 6 5 4 2
♦ A D 6
♣ 3

1♥

a) 5,5 Spielstiche. Dies würde bei gleicher Gefahrenlage für eine 3♥-Eröffnung ausreichend sein. In dieser ungünstigen Gefahrenlage empfiehlt sich die vorsichtigere 2♥-Eröffnung.

b) 6,5 Spielstiche. Gerade ausreichend für 3♥.

c) Schöne 1♥-Eröffnung mit guten 13FL.

Von der Regel „keine 4er-Oberfarbe als Nebenfarbe" sind bei einer Oberfarb-Sperreröffnung Ausnahmen sinnvoll. Vor allem dann, wenn die 7er-Oberfarbe von guter Qualität ist und die 4er schwach ist:

Alle in Gefahr

Süd	West	Nord	Ost
3♠			

♠ K D 10 9 7 6 3
♥ 10 9 3 2
♦ 6
♣ 4

Antworten auf 3♥/3♠:

- Konstruktiv: Hebung auf 4 in Oberfarbe

  Man stellt sich eine durchschnittliche Hand für Partners Sperreröffnung vor, und bewertet die Chance, 10 Stiche zu erzielen. Dabei sind 2 Aspekte besonders zu beachten:

  - die Anzahl Trümpfe: mit 3 Trümpfen sehr optimistisch sein, mit 2 Trümpfen realistisch sein, mit weniger als 2 Trümpfen pessimistisch sein.
  - Schnellstiche aufwerten (Ass oder die Kombinationen AK oder AKD), sonstige Figuren, insbesondere isolierte Damen und Buben abwerten.

Keiner in Gefahr

Süd	West	Nord	Ost
		3♠	
?			

a)	b)	c)
♠ A 7	♠ D B	♠ D 9 7
♥ D B 7 3	♥ A K 6 5	♥ 7 5
♦ K B 10 3	♦ A 8 7 6 5	♦ A B 8 6 5
♣ K 7 5	♣ 8 5	♣ A 6 2
passe	4♠	4♠

a) Die kleinen Figuren und auch der König ohne die Dame sind von geringem Wert, wenn der Partner in diesen Farben wahrscheinlich kurz ist. 4♠ hat schlechte Chancen.

b) Ass sowie Ass, König bringen Schnellstiche. Die kleinen Figuren in Trumpf sind wertvoll. 4♠ wird in der Mehrzahl der Fälle erfüllbar sein.

c) 4♠ ist ein knappes Vollspiel, doch der gute 3er-Trumpf-Anschluss verpflichtet zum Optimismus. Häufig wird die Erfüllung des Vollspiels davon abhängig sein, ob es gelingt, das fünfte Karo für den 10.Stich hochzuspielen. Genügend Entrées zum Tisch wird man in der Regel haben.

- Konstruktiv: 3 SA (selten!)
  - Fall 1: guter Fit mit ausgeglichener Verteilung, Deckung in allen Farben, aber mit 1 oder 2 zu schützenden Königen

Keiner in Gefahr

N
W O
S

♠ A D 6
♥ A B 7
♦ K 5 2
♣ K 7 5 3

Süd	West	Nord	Ost
		3♥	
3SA			

  - Fall 2: eine Hand, die ohne Partners lange Farbe 3SA erfüllen kann.

Ost/West in Gefahr

N
W O
S

♠
♥ A D
♦ A K D B 7 6 3
♣ K B 10 2

Süd	West	Nord	Ost
		3♠	
3SA			

- Sonstige konstruktive Gebote:
  - neue Farbe unter Vollspiel: Kontrollgebot, Fit, Schlemminteresse
  - Vollspiel in neuer Farbe: natürlich, zum Spielen
  - 4SA: RKCB

- <u>Destruktiv: Verlängerung der Sperre:</u>

  Mit 3 Trümpfen meist richtig (seltener auch mit 2).

  Hat der Gegner in 2.Hand gepasst, weiß der Gegner in 4.Hand oft nicht, ob die Hebung konstruktiv oder destruktiv war. Dies erhöht die Attraktivität der destruktiven Hebung durch den Antwortenden. Denn für den Gegner in 4.Hand kann nun die Entscheidung, ob er in die Reizung eintreten soll, sehr schwierig werden.

Alle in Gefahr

N
W O
S

♠ B 7 6
♥ 7 4
♦ B 8 7 6 5 3
♣ A 3

Süd	West	Nord	Ost
		3♠	
4♠			

Auch die Sprunghebung auf die 5er-Stufe ist ein Sperrgebot.

4. Eröffnung 3SA

Die „Gambling"-3SA-Eröffnung verspricht:

- stehende 7er-Unterfarbe (oder 8er-Farbe),
- maximal eine Dame in den Nebenfarben (kein Ass oder König)

Ob man die 7er-Farbe schon als stehend bezeichnet, wenn sie mit AKD ohne den Buben ausgestattet ist, oder ob man zusätzlich den Buben verlangt, mag der persönlichen Risikobereitschaft überlassen bleiben.

Süd	West	Nord	Ost
?			

a)

N
W O
S

♠ 7 5
♥ B 7 5
♦ 6
♣ A K D B 4 3 2

3SA

b)

N
W O
S

♠ 7 5
♥ K 6
♦ 6 5
♣ A K D 10 9 6 3

1♣

Antworten auf 3SA:

- passe = konstruktiv (zum Erfüllen) oder destruktiv
- 4♣ = zum Spielen in Partnerfarbe (in 4♣ oder 4♦)
- 4♦ = konventionell!! Frage nach Kürze
- 4♥/4♠ = zum Spielen
- 4SA = quantitativ, Einladung zum Schlemm (falls Partner 8er-Farbe hat)
- 5♣ = zum Spielen in Partnerfarbe (in 5♣ oder 5♦)

Keiner in Gefahr

Süd	West	Nord	Ost
		3SA	
?			

a)	b)	c)
♠ D B 10 7	♠ B 7 6 5 3	♠ A K D B
♥ D 10 4	♥ 8	♥ 8 6 5 4
♦ A D 6 4	♦ A 10 5 4	♦ A 5 3 2
♣ 6 2	♣ 6 4 3	♣ 7
passe	5♣	4♦

a) 3SA haben gute Gefechtschancen.

b) Der Gegner kann 4 bis 6♥ erfüllen (je nach Blattverteilung). 5♣ sollte lediglich ein- oder zweimal fallen und gibt den Gegnern eine Nuss zu knacken.

c) Sollte Partner Coeur Single haben, ist 6♣ ein hervorragender Kontrakt. 4♦ fragt.

Antworten des Eröffners auf 4♦:

- 4♥ = Single in Coeur
- 4♠ = Single in Pik
- 4SA = kein Single
- 5♣ = Single in Karo !!
- 5♦ = Single in Treff !!

In den Unterfarben zeigt man das Singleton vertauscht; ansonsten würde mit Single in Karo die Gefahr drohen, mit dem falschen Single oberhalb von 5♣ spielen zu müssen.

5. ERÖFFNUNG MIT 4 IN UNTERFARBE

Da man freiwillig jenseits von 3SA in Unterfarbe eröffnet, kann diese Eröffnung nur eine destruktive Zielsetzung haben:

- gebrochene 8er-Länge oder 7-4 in Unterfarben (keine 2 Topfiguren)
- ca. 4-8F
- Mindeststärke:
  - in Nichtgefahr gegen Gefahr: 5,5 Spielstiche
  - bei gleicher Gefahrenlage: 6,5 Spielstiche
  - in Gefahr gegen Nichtgefahr: 7,5 Spielstiche

Alle in Gefahr

Süd	West	Nord	Ost
?			

a) N / W O / S	b) N / W O / S	c) N / W O / S
♠ 7	♠ 7	♠ D 6 5
♥ B 6	♥ 4	♥ 7
♦ K 4	♦ K 8 7 6	♦ 9
♣ D B 10 9 6 5 3 2	♣ K D 10 9 7 6 4	♣ A 10 9 7 6 4 3 2
4♣	3♣	passe

a) 6,5 Spielstiche mit den soliden Mittelwerten in Treff sind perfekt für die 4♣-Eröffnung.

b) 2 Topfiguren in Treff sind schlecht mit der destruktiven Zielsetzung der 4♣-Eröffnung vereinbar. Solide 3♣-Eröffnung.

c) Nur 6 Spielstiche. Die Qualität der Treff-Farbe ist weder für 3♣ noch für 4♣ geeignet.

Antworten auf 4♣/4♦:

- Hebung = konstruktiv oder destruktiv
- neue Farbe im Vollspiel = natürlich, zum Spielen
- 4SA = zum Spielen
- 4♦ auf 4♣ = Kontrollgebot, Fit, Schlemminteresse

6. ERÖFFNUNG MIT 4 IN OBERFARBE

Die Eröffnung 4♥/4♠ verspricht:

- 8er-Länge, oder 7er mit AKD, oder 7er mit 4er-Nebenfarbe,
- die Anforderungen an eine 2♣-Eröffnung sind nicht erfüllt,
- Mindeststärke:
  - Nichtgefahr gegen Gefahr: 5,5 Spielstiche
  - Gleiche Gefahrenlage: 6,5 Spielstiche
  - Gefahr gegen Nichtgefahr: 7,5 Spielstiche
- höchstens 1 Ass oder König in Nebenfarben
- keine 2 Asse, keine 2 Erstrundenkontrollen (Ass + Chicane)

Die übliche Begrenzung einer Sperreröffnung auf maximal 10F gilt zwar im Prinzip auch hier, aber man muss sich nicht strikt daran halten, denn man reizt ja immerhin Vollspiel. Und kleine Figuren in den kurzen Nebenfarben sind für eine Schlemmentscheidung des Partners meist von untergeordneter Bedeutung.

Nord/Süd in Gefahr

Süd	West	Nord	Ost
?			

a) N / W O / S

♠ 8 6 5
♥ A K D 10 7 6 4
♦ 7
♣ 6 5

3♥

b) N / W O / S

♠ K D B 9 7 6 4 2
♥ 7
♦ K 9
♣ D 5

4♠

a) Bei ungünstiger Gefahrenlage fehlt ein halber Spielstich für die 4♥-Eröffnung.
b) 7,5 Spielstiche. Alle Anforderungen an die 4♠-Eröffnung sind erfüllt.

Alle in Gefahr

Süd	West	Nord	Ost
?			

a) N / W O / S

♠ 8 6
♥ A K 9 7 6 5 4 3
♦ 9 2
♣ 7

4♥

b) N / W O / S

♠ K D B 9 7 6 4
♥ 9 2
♦
♣ B 10 7 5

4♠

a) gute 7 Spielstiche. Feine 4♥-Eröffnung.
b) 6 Spielstiche in Pik; 0,5 in Treff.

Ost/West in Gefahr

Süd	West	Nord	Ost
?			

a)

N
W O
S

♠ A K B 10 8 6 5
♥ K 6
♦ 7 6
♣ 4 3

1♠

b)

N
W O
S

♠ D B 9 8 7 6 4 2
♥ 6
♦ 10 9
♣ 8 2

4♠

a) 7 Spielstiche mit Defensivwerten, 11F. Es ist zwar nicht verboten, 4♠ zu eröffnen, wenn jedoch der Partner stark ist, wird er sich kaum trauen, den Schlemm zu untersuchen; denn in dieser günstigen Gefahrenlage kann die 4♠-Eröffnung auch ohne jegliche Kontrolle erfolgen (siehe b).

b) Annähernd 6 Spielstiche ohne störenden Defensivwert reichen in dieser Gefahrenlage völlig aus.

Antworten auf 4♥/4♠:

- 4SA = RKCB
- neue Farbe = Kontrollgebot

Keiner in Gefahr

N
W O
S

♠ A 7
♥ A K D 3 2
♦ 8 6 4
♣ A K 2

Süd	West	Nord	Ost
		4♠	
5♣			

Süd will hören, ob der Partner Kontrolle in Karo hat.

7. ERÖFFNUNG 4SA

4SA verspricht:

- 6-5 in Unterfarben
- maximal 1 Ass
- kein Defensivstich in den Oberfarben
- maximal ca.12F
- Stärke:
  - Nichtgefahr gegen Gefahr: 5 - 6,5 Verlierer
  - Gleiche Gefahrenlage: 4 - 5,5 Verlierer
  - Gefahr gegen Nichtgefahr: 4 - 4,5 Verlierer

Zur Verliererzählung vergleiche Kap.A.III., Seite 18.

Insbesondere bei einer 5er-Farbe sollten Mittelwerte wie Zehner und Neuner vorhanden sein. Die Höchstzahl der Verlierer orientiert sich wie bei allen Sperreröffnungen an der generellen Regel „500/800 mit einem halben Stich Toleranz".

Keiner in Gefahr

Süd	West	Nord	Ost
?			

a)	b)	c)
N / W O / S	N / W O / S	N / W O / S
♠ 9	♠	♠ 6
♥ 3	♥ 9 8	♥ 4
♦ K D 10 9 5	♦ A K D 9 7 5	♦ K 10 8 7 6 4
♣ D B 10 9 7 2	♣ K D 10 5 3	♣ D B 10 8 5
4SA	1♦	passe

a) 5,5 Verlierer. Minimumstärke bei gleicher Gefahrenlage für die 4SA-Eröffnung.

b) Zu stark für eine 4SA-Eröffnung.

c) 6,5 Verlierer. Zu schwach für eine 4SA-Eröffnung. Bei günstiger Gefahrenlage wäre das Blatt gerade noch im Toleranzbereich.

Antworten auf 4SA:

- 5♣/5♦ = Wahl der Trumpffarbe
- 5♥/5♠ = natürlich, zum Spielen
- 5SA = Großschlemminteresse (an 7♣ oder 7♦)

Wenn der Gegner 4SA kontriert:

- mit gleicher Länge in Unterfarben passen
- ansonsten Präferenz zeigen

8. Eröffnung mit 5 in Unterfarbe

Die Eröffnung mit 5♣/5♦ verspricht:

- mindestens 8er-Länge, oder 7er mit 4er-Unterfarbe
- maximal 1 Verlierer in der langen Farbe (Toleranz bei günstiger Gefahrenlage)
- maximal 1 Ass
- maximal 1 Defensivstich in den Nebenfarben (eher keinen)
- maximal ca.11F
- Mindeststärke:
  - Nichtgefahr gegen Gefahr: 6,5 Spielstiche
  - Gleiche Gefahrenlage: 7,5 Spielstiche
  - Gefahr gegen Nichtgefahr: 8,5 Spielstiche (meist 9er-Länge)

N
W O
S

♠ 7 5
♥ B 6
♦ 3
♣ K D 10 9 6 5 4 3

Ost/West in Gefahr

Süd	West	Nord	Ost
5♣			

N
W O
S

♠ 5 2
♥
♦ D B 10 5
♣ K D B 10 8 6 4

Alle in Gefahr

Süd	West	Nord	Ost
5♣			

N	Nord/Süd in Gefahr	Süd	West	Nord	Ost
W O		5♣			
S					

♠ 10
♥ 7 6 5
♦
♣ A K B 10 9 8 6 5 3

Antworten auf 5♣/5♦:

- 5♥/♠ = natürlich, Abschluss
- and. Unterfarbe = Erstrundenkontrolle, Großschleminteresse
- 5SA = Großschleminteresse, Frage nach Verlierern in der Trumpffarbe
  - 6♣ = 1 Verlierer
  - 6♦ = 0 Verlierer

Übungen zu Kap. E.

①

N
W O
S

♠ A D B 8 6 5
♥ D 6 5
♦ 3
♣ 10 9 5

Süd	West	Nord	Ost
2♠		2SA	
?			

②

N
W O
S

♠ A 3
♥ 7 6 3
♦ 5
♣ A D 10 7 6 4 2

Süd	West	Nord	Ost
?			

③

N
W O
S

♠ 5 3
♥ B 5 2
♦ A K 10 9 6 4 3
♣ 3

Süd	West	Nord	Ost
3♦		3♥	
?			

④

N
W O
S

♠ 6 5
♥ D 7
♦ A K D B 5 3 2
♣ 9 8

Süd	West	Nord	Ost
3SA		4♦	
?			

⑤

N
W O
S

♠ A K 7
♥ 5
♦ A K 6 5 4
♣ K D 5 4

Süd	West	Nord	Ost
		3♥	
?			

Lösungen:

① 4♦. Zeigt Single in Karo und eine Maximum-Hand für eine schwache Zweiereröffnung.
Auf das konventionelle forcierende 2SA antwortet der Weak-Two-Eröffner nach festgelegten Regeln.
(Vgl. Abschnitt I.)

---

② 1♣. 13FL bedeuten vollkommen ausreichende Stärke für eine 1er-Eröffnung.
Zusätzlich stehen die 2 Asse eine 3er-Eröffnung im Wege.
(Vgl. Abschnitt II.2.)

---

③ 4♣. Verspricht Fit zu Partners Coeur-Farbe und Kontrolle in Treff (meist Singleton).
(Vgl. Abschnitt II.2.)

---

④ 4SA. 4♦ ist konventionell und fragt nach einem Singleton. 4SA verneint den Besitz eines Singletons.
(Vgl. Abschnitt II.4.)

---

⑤ 4♥. Obwohl man mit Single in Partners langer Sperr-Farbe pessimistisch sein sollte, dürften die Hochfiguren in den Nebenfarben reichen, um das Oberfarb-Vollspiel zu erfüllen. 3SA wäre dagegen ein schlechtes Gebot. Denn die Gefahr ist groß, dass man mangels Kommunikation zu Partners langer Farbe keine Längenstiche in Coeur realisieren kann.
(Vgl. Abschnitt II.3)

Merke: Wenn man nach einer Sperreröffnung des Partners 3SA spielen möchte und dabei Längenstiche in Partners langer Farbe erwartet, benötigt man unbedingt einen guten Anschluss zu dieser Farbe, weil ansonsten die Kommunikation nicht gewährleistet ist.

F. Die Schlemmreizung

I. DIE KONVENTIONEN

Alle nachfolgend vorgestellten Konventionen setzen voraus, dass ein Farb-Fit bereits gefunden ist; entweder explizit in der Reizung bestätigt, oder implizit durch den Einsatz der Schlemmkonvention erkennbar.

In FORUM D PLUS stellt hinsichtlich der Fitgebundenheit einer Schlemmkonvention nur die Gerber-Konvention eine Ausnahme dar, die ausschließlich direkt nach der 1SA-Eröffnung benutzt werden kann (vgl. Kap. C.II.5., Seite 243).

1. SPLINTER

Das Splinter-Gebot zeigt Single oder Chicane in der gereizten Farbe.

Besitzt die Partnerschaft einen guten Fit, und ein Single trifft auf eine schwache Farbe des Partners, dann genügen oft 30-31FV für einen guten Kleinschlemm.

Ein Splinter-Gebot ist daran erkennbar, dass ein ungewöhnlicher Sprung oder Doppelsprung in einer neuen Farbe erfolgt. Für diesen Farbsprung darf das Bietsystem keine sonstige Bedeutung definiert haben. Splinter setzt man normalerweise mit Blättern ein, die Dreifärber-Charakter haben (4-4-4-1 oder 5-4-4-0, aber auch 5-4-3-1). Es ist jedoch nicht verboten, Splinter auch mit anderen Blatttypen zu verwenden. Allerdings bieten andere Blatttypen häufig noch bessere Wege, den speziellen Charakter der Hand zu beschreiben.

Nachfolgend seien einige typische Bietsituationen für Splinter an Beispielen vorgestellt:

➠ <u>Nach Oberfarb-Eröffnung:</u>

N
W O
S

♠ K 10 9 3
♥ 6
♦ A K 7
♣ D 10 9 7 5

Süd	West	Nord	Ost
		1♠	
4♥			

Nach einer Oberfarb-Eröffnung ist der Doppelsprung in neuer Farbe (auch 1♥ - 3♠) ein Splinter-Gebot.

Das Splinter-Bid verspricht dem Eröffner neben der Kürze in der gereizten Farbe mindestens 4 Trümpfe und mindestens 15FV.

Achtung: Nach Unterfarb-Eröffnung ist der Doppelsprung in einer neuen Farbe auf der 3er-Stufe in der ersten Antwort ganz anders definiert. Er zeigt eine schwache 7er-Länge.

➠ Nach Antwort in neuer Farbe:

N
W O
S

♠
♥ K D 7 5
♦ A 7 6 5
♣ A K B 10 7

Süd	West	Nord	Ost
1♣		1♥	
3♠			

3♠ verspricht neben der Pik-Kürze mindestens 20FV (der Partner kann schwach sein).

N
W O
S

♠ A D 5 3
♥ 7
♦ A D 10 7 6
♣ A D 5

Süd	West	Nord	Ost
1♦		1♠	
3♥			

Da 2♥ schon eine forcierende Reversereizung wäre und 3♥ mit keiner anderen Bedeutung belegt ist, kann der Eröffner hier bietraumsparend Splinter durch den einfachen Sprung zeigen (dies wäre nicht möglich, wenn man Fragment Bids gemäß der klassischen französischen Schule vereinbart hat).

Außerdem kann der Eröffner in dieser Sequenz bereits differenzieren:

- ➠ 3♥ = Single Coeur
- ➠ 4♥ = Chicane Coeur

➠ Nach einfacher Hebung in Oberfarbe:

N
W O
S

♠ 6
♥ A B 9 7 5 3
♦ A K D B
♣ K 7

Süd	West	Nord	Ost
1♥		2♥	
3♠			

Angesichts der bekannten Schwäche des Partners muss der Eröffner schon etwa 22FV für diesen (milden) Schlemmversuch besitzen.

Eine kleine optionale Zusatzkonvention kann an dieser Stelle gute Dienste leisten:

Hat der schwache Antwortende Maximum mit Pik Ass (ohne sonstige Werte in Pik), aber ohne Unterfarbkontrolle, zeigt er dies durch ein konventionelles 3SA.

Denn 4♠ wäre ein unvorsichtiges Gebot: Vielleicht fehlt in einer Unterfarbe jegliche Kontrolle?

Hätte zu obiger Süd-Hand Nord zum Beispiel ♠ Axxx/ ♥ Kxxx / ♦ xx / ♣ xxx, wäre 6♥ ein ausgezeichneter Kontrakt.

➠ Nach einfacher Hebung in Unterfarbe:

N
W O
S

♠ 6
♥ A K 8 5
♦ A D 10
♣ A K 8 6 5

Süd	West	Nord	Ost
1♣		2♣	
3♠			

Süd ist sehr stark und möchte auf jeden Fall Vollspiel reizen (vielleicht sogar Treff-Schlemm). Hat der schwache Partner allerdings Stopper in Pik, dann ist wahrscheinlich doch 3SA das chancenreichste Vollspiel.

➠ Nach Rebid des Eröffners in neuer Farbe:

N
W O
S

♠ 7
♥ K B 10 6 4
♦ 5
♣ A D 7 6 5 4

Süd	West	Nord	Ost
		1♠	
2♣		2♥	
4♦			

Mit 3♥ könnte Süd forcierend den Fit zeigen. Doch der ungewöhnliche Sprung in 4♦ beschreibt sein Blatt besser.

Selbst ein ungewöhnlicher Doppelsprung auf die 4er-Stufe in Partners eröffneter Unterfarbe ist ein Splintergebot:

N	
W O	
S	

♠ A 9 7 6
♥ A K 9 7 6
♦ D B 5
♣ 3

Süd	West	Nord	Ost
		1♣	
1♥		1♠	
4♣			

3♣ hätte forcierend einen guten Fit gezeigt. 4♣ ist ein ansonsten freies Gebot, demnach Splinter.

Antworten auf Splinter:

Das Splinter-Gebot liefert meist eine gute Blattbeschreibung hinsichtlich Stärke und Verteilung.

Die Initiative für die Weiterreizung liegt folglich in der Regel beim Partner. Figuren in der Splinter-Farbe wertet er drastisch ab. Nur das Ass kann wertvoll sein. Doch selbst das Ass wäre in einer langen Farbe des Partners im Zweifel wertvoller als in der Splinterfarbe. Sieht er keine Chancen auf Schlemm, bietet er das Vollspiel in der Trumpffarbe (bei Unterfarb-Fit auch Sans-Atout). Sieht er jedoch Schlemmchancen, wird er üblicherweise mit einem Kontrollgebot oder mit 4SA=RKCB fortfahren.

2. KONTROLLGEBOT

Nachdem die Trumpffarbe feststeht und die Reizung unterhalb von Vollspiel nicht mehr stoppen kann, ist das Nennen einer anderen Farbe ein Kontrollgebot. Unterhalb von 4SA zeigt ein Kontrollgebot Erst- oder Zweitrundenkontrolle in der gereizten Farbe an:

- Ass
- König
- Chicane
- Singleton

Damit ist sichergestellt, dass der Gegner in dieser Farbe nicht mit Ass und König 2 Schnellstiche abziehen kann.

	N	
W		O
	S	

♠ A
♥ A D B 6 4
♦ A K B 9 7
♣ D 3

Süd	West	Nord	Ost
1♥		2SA*	
3♠			

* (3er-Coeur, 11-12FV)

Süd hat großes Schlemminteresse und möchte erfahren, ob der Partner eine Treff-Kontrolle besitzt.

3♦ wäre übrigens kein Kontrollgebot, sondern ein Versuchsgebot, denn es besteht noch die zumindest theoretische Möglichkeit, die Reizung unterhalb von Vollspiel in 3♥ zu stoppen.

<u>Hat man seine Stärke bereits einigermaßen limitiert und der Partner gibt ein Kontrollgebot ab oder fordert zum Kontrollgebot auf, dann ist man unterhalb von Vollspiel verpflichtet, ökonomisch die nächste vorhandene Kontrolle zu melden, egal ob Erst- oder Zweitrundenkontrolle.</u>

	N	
W		O
	S	

♠ A D 8 7
♥ D 5
♦ 5
♣ A D 10 8 7

Süd	West	Nord	Ost
1♣		1♠	
3♠		4♣	
4♦			

Auch wenn Süd meint, für die bisherige Reizung Minimum zu haben, darf er sich der Aufforderung, die nächste Kontrolle zu reizen, nicht verschließen; denn er hat sich auf 17-19FV limitiert.

<u>Hat man seine Stärke noch sehr wenig limitiert, kann man mit einem sehr punkt- und kontrollschwachen Blatt versuchen, den Partner durch Verweigerung eines Kontrollgebotes zu warnen:</u>

	N	
W		O
	S	

♠ A B 9 8 2
♥ K B 7
♦ D B 7 5
♣ 7

Süd	West	Nord	Ost
1♠		2♣	
2♦		3♠	
4♠			

Man gibt ein kleines Single oder Chicane in Partners erster Farbe nicht als erstes Kontrollgebot durch!

Auf das vorletzte Beispiel bezogen, bedeutet das, Nord muss Treff König haben.

Erkennt man, dass in einer Farbe keine Kontrolle vorhanden ist, weil der Partner eine Farbe ausgelassen hat, in der man selbst auch keine Kontrolle besitzt, kehrt man auf die vereinbarte Trumpffarbe zurück. In der Trumpffarbe kann man keine Kontrolle zeigen.

N
W O
S

♠ A K B 6 5 4
♥ A 6 5
♦ 5
♣ B 10 2

Süd	West	Nord	Ost
		1SA	
3♠		4♦	
4♠			

4♦ bestätigt den Pik-Fit und zeigt eine Kontrolle in Karo, verneint aber Treff-Kontrolle. Es macht daher für Süd keinen Sinn mehr, Coeur-Kontrolle zu zeigen bzw. mit 4SA die Keycards zu erfragen.

Umgekehrt: Lässt man wegen fehlender Kontrolle eine Farbe beim Kontrollgebot aus, und der Partner zeigt trotzdem eine weitere Kontrolle, dann impliziert er damit, auch eine Kontrolle in der übergangenen Nebenfarbe zu besitzen:

N
W O
S

♠ A 3
♥ A 10 7 6
♦ A D 10 7 4
♣ 7 4

Süd	West	Nord	Ost
1♦		1♥	
3♥		4♣	
4♦			

Süd weiß nach 4♣, dass die Partnerschaft alle Farben kontrolliert. Dennoch ergreift er jetzt nicht mit 4SA die Initiative, denn sein Blatt ist durch das 3♥-Gebot limitiert. Die Führung der Reizung überlässt er dem Partner. 4♦ sagt: Karo-Kontrolle und außerdem Pik-Kontrolle vorhanden. Ohne Kontrolle in Pik hätte Süd mit 4♥ abgewunken, denn Nord hat bereits eine Kontrolle in Pik verneint.

Ein Kontrollgebot auf der 5er-Stufe zeigt in der Regel Erstrundenkontrolle. Eine Ausnahme ist nur von einem Partner möglich, der bekanntermaßen der deutlich schwächere Partner einer sehr starken Hand ist.

Süd	West	Nord	Ost
2SA		3♦	
3♥		4♦	
4♥		4♠	
5♣			

N
W O
S

♠ A D 8 2
♥ K D 6
♦ K 6
♣ A K 7 5

Süd will als limitierter Eröffner nicht mit 4SA total die Initiative übernehmen und zeigt mit 5♣ die Erstrundenkontrolle.

3. ROMAN KEY-CARD BLACKWOOD (RKCB)

Roman Key-Card Blackwood, abgekürzt RKCB, wird auch 5-Asse-Blackwood genannt. Denn die Konvention bewertet Trumpf-König wie ein Ass. Zusätzlich kann sie auch über den Besitz von Trumpf-Dame informieren. RKCB sichert die Partnerschaft daher gegen fehlende Asse und mangelnde Trumpfqualität ab.

RKCB hilft nicht, einen guten Schlemm zu finden. Ob die Stärke und das Stichpotenzial für Schlemm vorhanden ist, muss man mit Hilfe des Bietsystems im Vorfeld klären. Die Konvention hilft jedoch, einen schlechten Schlemm zu vermeiden.

Die Bedeutung der Gebote:

Frage: 4 SA

Antwort: 5 ♣ = 0 oder 3 Key-Cards
5 ♦ = 1 oder 4 Key-Cards
5 ♥ = 2 Key-Cards ohne Atout Dame
5 ♠ = 2 Key-Cards mit Atout Dame

Süd	West	Nord	Ost
1♦		1♠	
4♠		4SA	
?			

a) N / W O / S	b) N / W O / S	c) N / W O / S
♠ K B 10 5	♠ D B 8 6	♠ A D 5 4
♥ A 5	♥ K 7	♥ 7 5
♦ A D 6 5 3	♦ A K D B 8	♦ A K D 5 4
♣ K D	♣ D B	♣ K 7
5♣	5♦	5♠

Um mit 4SA weiter zu reizen, muss Nord mindestens 11-12FV besitzen. Besitzt er dann 2 Key-Cards, dann wird er im Fall b) erkennen, dass der Partner trotz starker Reizung nicht 4 Key-Cards haben kann, sondern nur eine.

Bedeutung der Folgegebote nach Antwort auf RKCB:

- <u>Gebot vom Fragenden in eigener Atoutfarbe: immer Abschluss!</u>
- <u>nach Antwort 5♣ oder 5♦: rollend nach Atout Dame fragen</u>
  1. Stufe = ohne Atout Dame
  2. Stufe = mit Atout Dame

West		Ost
♠ A 10 8	N / W O / S	♠ K 7 6 5 4
♥ A K B		♥ 6
♦ K D 9 6		♦ 8 2
♣ A 9 8		♣ K D B 7 3

Süd	West	Nord	Ost
	2SA		3♥
	3♠		4♣
	4♠		4SA
	5♣		5♦
	5♥		5♠
	passe		

4♠ : Bestätigt den Fit.
4SA: RKCB
5♣: 3 oder 0 Key-Cards
5♦: Frage nach Trumpf-Dame
5♥: keine Trumpf-Dame
5♠: Abschluss

➠ <u>nach der Antwort auf Trumpf-Dame-Frage bzw. nach 1. Antwort 5 ♥ od. 5 ♠: rollend nach Königen fragen</u>

1. Stufe = 0 Könige

2. Stufe = 1 König

3. Stufe = 2 Könige

4. Stufe = 3 Könige

Die Königsfrage benötigt man tatsächlich nur selten; meist dann, wenn der Fragende Stiche zählen will, um trotz Fit eventuell 6SA oder 7SA zu reizen.

West		Ost
♠ K B 8 7 2	N	♠ A D 10
♥ K 4	W O	♥ A 10 6 2
♦ A	S	♦ D 6 4
♣ A D B 10 7		♣ K 3 2

Süd	West	Nord	Ost
			1SA
	2♥		2♠
	3♣		3♠
	4♣		4♥
	4SA		5♠
	5SA		6♦
	7SA		

3♠: legt den Fit fest

4♣: Kontrollgebot

4♥: Kontrollgebot, verneint Kontrolle in Karo

4SA: RKCB

5♠: 2 Key-Cards + Trumpf-Dame

5SA: Königsfrage

6♦: 1 König

7SA: West zählt 13 sichere Stiche. Ost muss Treff König haben; das 4♥-Kontrollgebot hatte Karo König verneint.

➠ <u>mit „Superrelais" kann man die Frage nach Atout Dame überspringen:</u>

N
W O
S

♠ A 2
♥ A K D B 10 9 8
♦ A K
♣ A K

Süd	West	Nord	Ost
2♦		2♥	
3♥		4♥	
4SA		5♣	
5♠		5SA	
6SA			

Nach 5♣ wäre 5♦ die Frage nach Coeur Dame gewesen. 5♥ wäre Abschluss. 5♠ fragt gleich nach den Königen. 5SA verneint den Besitz eines Königs. Süd schließt wegen sicheren 12 Stichen mit 6SA ab.

Wann ist 4SA = RKCB?

Ist ein Oberfarb-Fit explizit oder implizit bestätigt, ist 4SA immer RKCB.

Für Oberfarben gilt außerdem: 4SA im Sprung ist auch ohne Fitbestätigung RKCB für die zuletzt gereizte (Ober-)Farbe des Partners, wenn das Bietsystem keine forcierende Hebung dieser Farbe erlaubt.

Für Unterfarben gilt:

Ist ein Unterfarb-Fit explizit oder implizit bestätigt, ist 4SA nur dann RKCB, wenn mindestens ein Kontrollgebot (bzw. Splinter) vorangegangen ist.

Besonderheiten:

5SA = Abschluss

Bei Unterfarb-Fit und einer Antwort von weniger als 3 Key-Cards auf 4SA (RKCB), bleibt 5SA von den Folgefragen ausgenommen. Dann ist 5SA zum Spielen.

♠ 7
♥ K B 10
♦ D 5 2
♣ A 8 7 6 4 3

N
W O
S

♠ A K D 6
♥ D 6
♦ A K 5
♣ D 10 9 5

Süd	West	Nord	Ost
			2SA
	3♠		4♣
	4♥		4♠
	4SA		5♠
	5SA		passe

West stellt fest, dass 2 Key-Cards fehlen. 5SA ist nun nicht die Königsfrage, sondern dient als Rettungsanker.

5SA = RKCB

Bei Oberfarb-Fit: Fehlte der Bietraum für 4SA (RKCB), dann ist 5SA = RKCB.

♠ K 8 6 4
♥ A 7 5 3
♦ K 4 3 2
♣ 6

N
W O
S

♠ A D B 10 7 2
♥ K D 3
♦ A B
♣ A 7

West	Nord	Ost	Süd
passe	passe	2♦	3♣
X	5♣	5♠	passe
5SA	passe	6♣	passe
7♠	passe	passe	passe

4. ERGÄNZUNGSKONVENTIONEN

Die restlichen Schlemmkonventionen sind eher Exoten, denn sie kommen sehr selten vor.

4.1. 5 IN TRUMPFFARBE COEUR ODER PIK

5 in Trumpffarbe ♥/♠ als Sperre:

Nach einer schwachen Eröffnung des Partners oberhalb der 1er-Stufe ist die Hebung auf die 5er-Stufe ein massives Sperrgebot, ganz gleich, ob der Gegner in 2.Hand interveniert oder gepasst hat.

N
W O
S

♠ 7 3 2
♥ K B 9 6 5
♦
♣ B 10 7 6 4

Ost/West in Gefahr

Süd	West	Nord	Ost
		2♥	passe
5♥			

5 in Trumpffarbe ♥/♠ als Schlemmeinladung:

Nach 1 in Farbe-Eröffnungen oder starken Eröffnungen ist der Sprung auf 5 in Trumpffarbe Coeur oder Pik ohne Intervention des Gegners immer Schlemmeinladung.

Nach welchem Kriterium der Eingeladene entscheiden soll, ob er annehmen soll oder nicht, hängt von der Bietsituation ab.

Frage nach Trumpfqualität

5 in Trumpffarbe ♥/♠ wird heute als Frage nach Trumpfqualität viel weniger gebraucht als zu Zeiten, als man noch nicht Roman Key-Card Blackwood spielte. Die Frage nach der Trumpfqualität mit Hebung auf die 5er-Stufe benötigt man heute nur noch im Ausnahmefall, nämlich vor allem dann, wenn man neben den Topfiguren auch noch zusätzliche Trumpfqualität für den Schlemm benötigt, insbesondere den Buben.

Ein Partner hat eine lange Oberfarbe gezeigt, der andere besitzt nur einen kleinen Anschluss:

West		Ost
♠ A D B 9 7 5	N	♠ 6 3
♥ A B 6	W O	♥ K 10 4
♦ K 5	S	♦ A D 4 2
♣ 6 2		♣ A K 10 9

Süd	West	Nord	Ost
	1♠		2♣
	3♠		5♠
	6♠		passe*

*(oder 6SA)

Pik-Bube ist die entscheidende Karte, die den Schlemm zu einem guten Schlemm macht.

Mittelmäßiger 3er-Anschluss zu Partners 5er-Farbe:

West		Ost
♠ K 9 7 5 3	N	♠ D 6 2
♥ A B 10	W O	♥ K 5
♦ 7 5	S	♦ A K 10 9 6
♣ K D 5		♣ A 10 7

Süd	West	Nord	Ost
	1♠		2♦
	2♠		3♠*
	4♣		4♦
	4♥		5♠
	passe		*(forcing)

Die Stärke und Kontrollen für einen Pik-Schlemm sind vorhanden. Aus Sicht von Ost scheitert der Schlemm eher an unzureichender Pik-Qualität, als am Fehlen von 2 Key-Cards. Ost verzichtet daher auf 4SA (RKCB).

5♠ fragt nach der Pik-Qualität. Hätte West statt des Coeur-Buben den Pik-Buben, wäre der Schlemm gut. Ohne den Pik-Buben hat der Schlemm nur geringe Chancen.

Quantitative Hebung, weil kein Kontrollgebot möglich ist:

Dies setzt voraus, dass der Partner sehr stark sein muss. Der Partner soll die Einladung annehmen, wenn er alle Nebenfarben kontrolliert und nicht 2 Nebenfarb-Asse fehlen. Ob er zusätzlich noch viel in der Trumpffarbe mitbringen muss, hängt vor allem von der Stärke seiner Eröffnung ab.

West		Ost
♠ D 8	N	♠ A K B 10 5 4 2
♥ A K 6 5	W O	♥ 8 2
♦ K D B 3	S	♦ 10 9
♣ A D 6		♣ B 4

Süd	West	Nord	Ost
	2SA		3♥
	3♠		5♠
	6♠		passe

Ost verfügt über keinerlei Nebenfarbkontrolle. West sollte verstehen, dass dies nicht die Frage nach Trumpfqualität ist. Es wäre absolut unlogisch, zu denken, Ost verfüge über alle Nebenfarbkontrollen und frage nach Trumpfqualität.

West:
♠ A K
♥ A D B 8 7 6 3
♦ 6
♣ A K 6

Ost:
♠ B 10
♥ K 10 9
♦ D 10 7 6 5 2
♣ 8 3

Süd	West	Nord	Ost
	2♦		2♥
	3♥		5♥
	6♥		passe

Ost hat seine Stärke mit der 2♥-Antwort auf maximal 7F limitiert. Nach Partners 3♥ hat Ost Maximum, aber keine Nebenfarbkontrolle. Andererseits sieht Ost Stichpotenzial in seinem Blatt: Vielleicht lässt sich die Karo-Farbe entwickeln, oder die beiden Doubletons liefern 1 oder 2 Schnapper.

Um die Schlemmeinladung anzunehmen, muss West jede Nebenfarbe kontrollieren, höchstens 1 Ass darf fehlen und er muss mehr als das Minimum von 9 Spielstichen haben; denn er kann nicht davon ausgehen, dass der Partner ohne eine Kontrolle 3 Stiche mitbringt.

Der Gegner hat eine Farbe gegengereizt und damit Bietraum geraubt:

5 in Trumpffarbe ♥/♠ als Frage nach Kontrolle in Gegnerfarbe:

Süd:
♠ A D 10 8 4 2
♥ 3 2
♦ A 6
♣ A K 7

Süd	West	Nord	Ost
1♠	3♥	4♥	passe
5♠			

5♠ macht unmissverständlich klar, dass Nord nur das Coeur-Problem lösen muss.

Zum Schluss noch eine Kombination des zweiten und dritten Motivs für die Schlemmeinladung mit 5 in Oberfarbe (aus Le Bridgeur, 4/2003, S.26):

N
W O
S

♠ AKB10 7 5 4 2
♥ 4
♦ D B
♣ D 2

Süd	West	Nord	Ost
	passe	1♥	3♦
3♠	passe	4♦	passe
5♠			

Nord zeigt durch 4♦ deutliche Zusatzstärke und Pik-Fit, aber nicht unbedingt Karo-Kontrolle.

Hier soll Nord erkennen, dass Süd mit 5♠ anzeigt, nicht nur Karo-Kontrolle zu benötigen. Denn Süd könnte mit 5♣ Erstrundenkontrolle in Treff zeigen, wenn vorhanden.

Fazit:

Die Schlemmeinladung mit 5 in Trumpffarbe ♥/♠ nach den oben vorgestellten Regeln ist ein feinsinniges Instrument, das nur Paare mit hochentwickeltem Bridgeverstand unfallfrei benutzen können.

4.2. Exclusion Blackwood

Diese Konvention ist auch unter der Bezeichnung Chicane-Assfrage oder Roman Keycard Voidwood oder kurz Voidwood bekannt. Void ist die englische Bezeichnung für ein Chicane. Blackwood wird verfremdet in Voidwood. Der Begriff Exclusion Blackwood deutet an, das Ass in einer Farbe zählt nicht mit.

Eine Fitfarbe muss explizit oder implizit bekannt sein. Jetzt ist ein Sprunggebot in einer neuen Farbe oberhalb von Vollspiel Exclusion Blackwood. Der Frager zeigt damit in dieser Farbe ein Chicane an. Der Partner soll in Stufen seine Key-Cards durchgeben, wie bei RKCB; dabei darf der Antwortende das Ass in Partners Chicane-Farbe nicht mitzählen.

West		Ost
♠ A K B 5 2	N	♠ D 10 8 7
♥ K D B 2	W O	♥ A 5
♦		♦ 10 8 7 5 3
♣ K D 6 3	S	♣ A 9

Süd	West	Nord	Ost
	1♠		3SA
	5♦		6♣
	7♠		passe

5♦ ist Exclusion Blackwood.

Die stufenweisen Antworten von Ost:

5♥ = 0 oder 3 Key-Cards
5♠ = 1 oder 4 Key-Cards
5SA = 2 Key-Cards ohne Trumpf Dame
6♣ = 2 Key-Cards + Trumpf-Dame

Karo Ass dürfte Ost nicht mitzählen.

In diesem Beispiel besitzt Ost die beiden wertvollen Asse und Trumpf-Dame. West kann den Großschlemm ansagen.

Hätte Ost in dem Beispiel stattdessen:

N
W O
S

♠ D 10 8 7
♥ 8 5 3
♦ A K 6 4
♣ B 10

Jetzt wäre Osts Antwort auf 5♦ nur 5♥. West würde mit 5♠ die Reizung abschließen.

Zur Abgrenzung:

Süd	West	Nord	Ost
1♠		2♣	
2♦		4♠	
5♣ ?			

5♣ ist ein Kontrollgebot (Erstrundenkontrolle: Ass oder Chicane). Nur ein Sprung in 5♣ wäre Exclusion Blackwood.

4.3. JOSEPHINE

Josephine ist ähnlich wie Blackwood eine sehr alte Konvention, benannt nach der Ehefrau des berühmten Ely Culbertson.

Josephine definiert den Sprung in 5SA bei bekanntem Farb-Fit. 5SA fragt ausschließlich nach der Anzahl der Topfiguren in Trumpf. Josephine setzt Großschlemminteresse voraus, denn Kleinschlemm muss man nach der 5SA-Frage auf jeden Fall spielen. Die Antworten darauf werden unterschiedlich gespielt. Für FORUM D PLUS sollen stufenweise Antworten gelten.

<u>Frage:</u> 5SA

<u>Antwort:</u> keine Topfigur	=	6♣
1 Topfigur	=	6♦
2 Topfiguren	=	6♥
3 Topfiguren	=	6♠

Im Zeitalter von Roman Key-Card Blackwood und Exclusion Blackwood hat Josephine an Bedeutung verloren. Die Konvention kommt nur noch ganz selten zur Anwendung.

♠ A
♥ D B 8 7 6 4
♦ A K D 10 7 6
♣

Süd	West	Nord	Ost
		1♠	passe
2♥	4♣	4♥	passe
5SA			

Nach Bestätigung des Coeur-Fits möchte Süd nur noch wissen, ob der Partner Coeur Ass und König besitzt, um 7♥ anzusagen. Da das Treff Ass wegen des Chicanes uninteressant ist, hilft 4SA (RKCB) nicht weiter. Und 5♣ wäre nicht Exclusion Blackwood (kein Sprung), sondern Kontrollgebot. (Hätte Ost noch 5♣ auf 4♥ geboten, wäre 5SA RKCB (siehe F.I.3.).

4.4. DOPI ROPI

Diese ebenfalls alte Konvention kommt nur zum Einsatz, wenn der Gegner sich nach einer konventionellen Frage einmischt, auf die stufenweise geantwortet wird; also nach den Fragen mit RKCB, Exclusion Blackwood oder Josephine.

DOPI nach Gegners Farbreizung:

Süd	West	Nord	Ost
3♥	passe	4SA	5♦
?			

Der „böse" Gegner hat den Bietraum zur Beantwortung der Assfrage verknappt. DOPI verschafft wieder zusätzlichen Bietraum:

1.Stufe (0 oder 3 Key-Cards): Kontra

2.Stufe (1 oder 4 Key-Cards): Passe

3.Stufe (2 ohne Trumpf-Dame): nächstes Gebot (hier: 5♥)

4.Stufe (2 mit Trumpf-Dame): übernächstes Gebot (hier: 5♠)

Der Begriff DOPI ist im Englischen als Gedächtnisstütze hilfreich:

D für Double (Kontra)

O für 0 (Null Asse)

P für Pass

I für 1 Ass

ROPI nach Gegners Kontra:

Kontriert der Gegner die Key-Card Frage (o.ä.), dann verschafft dies nach dem gleichen Prinzip wie bei DOPI zusätzlichen Bietraum.

1.Stufe: Rekontra

2.Stufe: Passe

3.Stufe: nächstes Gebot

4.Stufe: übernächstes Gebot

Der geänderte Anfangsbuchstabe bei ROPI (zu DOPI) steht für „Redouble".

West		Ost
♠ A 7	N	♠ K D 4 2
♥ K D 7 5	W O	♥ A 10 4 3 2
♦ 10 7 5	S	♦
♣ K B 10 4		♣ A D 8 6

West	Nord	Ost	Süd
1♣	passe	1♥	3♦
3♥	passe	5♦	X
5♠	passe	5SA	X
passe	passe	7♥	passe
passe	passe		

3♥: Ohne Süds Sperrreizung hätte West nur 2♥ geboten. Davon geht auch Ost aus.

5♦: Exclusion Blackwood.

5♠: Nach Gegners Kontra gilt ROPI. 5♠ zeigt die 4.Stufe (2 Key-Cards + Trumpf-Dame, ein etwaiges Karo Ass nicht berücksichtigt).

5SA: Königsfrage (ohne Trumpf-König und ohne Karo-König).

Passe auf 5SA und Kontra: Wieder gilt ROPI. Passe ist die 2.Stufe, zeigt also 1 König.

II. EMPFEHLUNG FÜR DIE KOMBINIERTE ANWENDUNG

Eine zum Schlemm führende Bietsequenz bedient sich häufig gleich mehrerer Schlemmkonventionen. Dabei ist in der Mehrzahl der Fälle folgender genereller Reizplan möglich und sinnvoll:

1. Bestätigung des Fits und Ermittlung der ausreichenden gemeinsamen Stärke für Schlemm unterhalb von Vollspiel, möglichst schon auf der 3er-Stufe.
2. Prüfung unterhalb von 4SA mittels Kontrollgeboten, ob in einer Farbe jegliche Kontrolle fehlt.
3. Prüfung mit 4SA (RKCB), ob nicht 2 Key-Cards fehlen und ob die Trumpfqualität ausreichend ist.

Die erste Komponente ist die wichtigste. Hier fällt meist bereits die Grundsatzentscheidung für Schlemm. Darum bietet FORUM D etliche Bietsequenzen, die es erlauben, bereits auf der 3er-Stufe forcierend und Zusatzstärke versprechend den Fit zu zeigen. Ideal ist auch, wenn man mittels eines Splinter-Gebotes den Fit bestätigen und gleichzeitig Schlemminteresse ausdrücken kann. Denn Splinter hilft dem Partner ganz besonders, den Wert seiner Figuren richtig einzuschätzen.

Die zweite und dritte Komponente verfolgen hauptsächlich den Zweck, schlechte Schlemms zu vermeiden, bei denen zwar die gemeinsame Stärke für Schlemm vorhanden ist, der Gegner aber wahrscheinlich 2 Stiche erzielen kann.

Hierzu einige Beispiele:

N	
W O	
S	

♠ AK865
♥ 7
♦ A5
♣ KD1096

♠ 94
♥ AKD42
♦ 9
♣ A8732

N	
W O	
S	

Süd	West	Nord	Ost
1♣		1♥	
1♠		3♣	
4♣		4♦	
4♠		4SA	
5♣		5♦	
5♠		5SA	
6♦		7♣	
passe			

3♣:	Verzögerte Sprunghebung der eröffneten Unterfarbe ist in FORUM D forcierend. Sie bestätigt ohne Angst vor einem Passe des Partners den Unterfarb-Fit. Anschließend kann geprüft werden, ob 3SA oder ein Unterfarbkontrakt gespielt werden soll.
4♣:	Mit seiner 5-5-Verteilung plus Zusatzstärke übergeht Süd direkt 3SA. 4♣ verneint klar Interesse am SA-Vollspiel und demonstriert Schlemminteresse. Der Partner möge ein Kontrollgebot abgeben.
4♦ und 4♠:	Kontrollgebote; jetzt weiß Nord, dass auch in Pik eine Kontrolle vorhanden ist. Süd verzichtet im übrigen darauf, seine Coeur-Kontrolle als erstes zu zeigen. Denn gibt man ein erstes Kontrollgebot in Partners erster Farbe ab, verspricht dies Ass oder König.
4SA:	RKCB
5♣:	3 Key-Cards
5♦:	Frage nach Trumpf-Dame
5♠:	Bestätigt Trumpf-Dame
5SA:	Königsfrage
6♦:	1 König; (auf die Antwort 6♣ hätte Nord gepasst)

N
W O
S

♠ A D B 6 5
♥ A B 6 4
♦ K 10 5
♣ 5

♠ 8 4
♥ K D 8 5 3
♦ D 4 3
♣ K D 8

N
W O
S

Süd	West	Nord	Ost
1♠		2♥	
4♣		4♥	
passe			

4♣:	Splinter
4♥:	Nord tritt auf die Bremse; verlorene Treff-Werte! Trotz 33FV ist der Schlemm chancenlos und selbst 5♥ ein unsicherer Kontrakt.

	West		Nord		Ost
			♠ A D 8 3		
			♥ 7 5		
			♦ A K D 9 5 2		
			♣ 9		
			Süd		
			♠ K 10 9 2		
			♥ A K 8 6 4		
			♦ 10 6		
			♣ A 3		

Süd	West	Nord	Ost
1♥		2♦	
2♥		2♠	
3♠		4♣	
4♥		4SA	
5♣		5♥	
5SA		7♠	
passe			

2♠: Reverse des Antwortenden, partieforcing

3♠: nicht passbar, Fitbestätigung

4♣,4♥: Kontrollgebote

4SA: RKCB

5♣: 0 oder 3 Key-Cards (mit 0 Keycards hätte Süd kein Kontrollgebot mit 4♥ abgegeben, sondern mit 4♠ gewarnt)

5♥ : Königsfrage

5SA: 1 König

Übungen zu Kap. F.

① S

♠ K 10 6 4 2
♥ K D 3
♦ 9
♣ A D B 5

Süd	West	Nord	Ost
		1♠	
2♣		2♠	
3♠		4♣	
?			

② S

♠ D 4
♥ K B 7 5 4
♦ A D
♣ D 9 8 6

Süd	West	Nord	Ost
1♥		2♣	
3♣		4SA	
?			

③ S

♠ K 4
♥ D B 6 5 3
♦ D B 6 5
♣ A D

Süd	West	Nord	Ost
		1♠	
2♥		3♦	
4♣		4♥	
4♠		4SA	
5♦		5SA	
?			

④ S

♠ A D B 10 9 5
♥ D 6 5
♦ A K D
♣ 7

Süd	West	Nord	Ost
2♣		2♦	
2♠		3♠	
4♣		5♦	
?			

⑤ S

♠ D B 10 9 5 3 2
♥ 7
♦ K 10 9
♣ 7 6

Süd	West	Nord	Ost
3♠	passe	4SA	5♥
?			

Lösungen:

① 4SA. Süd befindet sich in einer glänzenden Position, um die Assfrage zu stellen. Einerseits verfügt er über Kontrollen in allen Farben, andererseits sieht er ein sehr großes Stichpotenzial. Partners Treff-Kontrolle muss der König sein, denn man gibt kein erstes Kontrollgebot mit einer Kürze in Partners Farbe ab. Wenn Nord 2 Key-Cards meldet, muss der Kleinschlemm in Pik eine gute Wette sein. Sollte er wider Erwarten 3 Key-Cards haben (immerhin hat er nur 2♠ geboten und schon Treff König gezeigt), kann Süd sogar Großschlemm ansagen. (Vgl. Abschnitte I.2., I.3., II.)

---

② Passe. Nords 4SA war nicht RKCB sondern quantitativ (16-17FL und ausgeglichen). Wollte Nord die Key-Card-Frage stellen, müsste er zunächst 4♣ bieten und auf ein Kontrollgebot von Süd dann in der nächsten Runde 4SA reizen.
(Vgl. Abschnitt I.3. sowie Abschnitt IV.2.2. aus Kap.B)

---

③ Passe. Partners 5SA ist zum Spielen. Offenbar fehlen 2 Key-Cards. Insbesondere im Paarturnier ist es schlecht, mit so vielen Figurenpunkten 5 in Unterfarbe zu spielen. Erfüllte 5♦ oder 5♣ können eine sehr schlechte Anschrift sein, wenn man 10 oder 11 Stiche in SA erfüllen kann.
(Vgl. Abschnitt I.3.)

---

④ 5♠. 5♦ ist Exclusion Blackwood. Nord hat offenbar Chicane in Karo und möchte wissen, wie viele Key-Cards Süd außerhalb der Karo-Farbe hat. 5♠ heißt: 1 oder 4 Key-Cards außerhalb Karo.
(Vgl. Abschnitt I.4.2.)

---

⑤ Kontra. 4SA ist RKCB. Nach Gegners 5♥ gilt DOPI. Kontra ist die 1.Stufe und zeigt 0 oder 3 Key-Cards.
(Vgl. Abschnitt I.4.4.)

Merke: Ist ein Oberfarb-Fit explizit oder implizit bestätigt, ist 4SA immer RKCB. Für Oberfarben gilt außerdem: 4SA im Sprung ist auch ohne Fitbestätigung RKCB für die zuletzt gereizte (Ober-)Farbe des Partners, wenn das Bietsystem keine forcierende Hebung dieser Farbe erlaubt.
Für Unterfarben gilt: Ist ein Unterfarb-Fit explizit oder implizit bestätigt, ist 4SA nur dann RKCB, wenn mindestens ein Kontrollgebot vorangegangen ist.

G. Optionale Zusatzkonventionen

Die nachfolgenden schlemmorientierten Konventionen gehören standardmäßig nicht zu FORUM D PLUS. Sie können jedoch für die Schlemmabklärung gute Dienste leisten. Ähnlich wie die Assfrage sind es Abfragekonventionen, bei denen ein Partner fragt und der andere jeweils stufenweise antwortet. Empfehlenswert sind sie nur für Partnerschaften mit Neigung zu komplexeren Konventionen.

I. SPIRAL SCAN

Spiral Scan schließt an die Key-Card-Frage an und ersetzt damit die Königsfrage. Während die Königsfrage Auskunft über die Anzahl der Könige liefert, fragt man mit Spiral Scan den Besitz spezieller Figuren ab. Oftmals ist es nicht entscheidend, ob der Partner irgendeinen König hat; es kann für die Kontraktentscheidung maßgeblich sein, welchen König er hat.

Dazu stellt Spiral Scan alle Figuren nach den Key-Cards in eine logische Reihenfolge:

- Trumpf-Dame
- Treff-König (wenn Treff nicht Trumpf)
- Karo-König (wenn Karo nicht Trumpf)
- Coeur-König (wenn Coeur nicht Trumpf)
- Pik-König (wenn Pik nicht Trumpf)
- Treff-Dame (wenn Treff nicht Trumpf)
- Karo-Dame (wenn Karo nicht Trumpf)
- usw.

Das Prinzip des rollenden Fragens gilt wie bei den Folgefragen im Standard-RKCB (Kap.F.I.3., Seite 309).

Süd	West	Nord	Ost
1♠		3SA (Fit!)	
4SA *		5♦	
?			

* (RKCB)

5♥ = Frage nach Trumpf-Dame

Antwort:

5♠	=	keine Trumpf-Dame
5SA	=	Trumpf-Dame, aber nicht Treff-König
6♣	=	Trumpf-Dame, Treff-König, aber nicht Karo König
6♦	=	Trumpf-Dame, Treff-König, Karo-König, aber nicht Coeur-König

usw.

5♠ = Abschluss

5SA = Frage nach Treff-König

Antwort:

6♣	=	kein Treff-König
6♦	=	Treff-König, aber nicht Karo-König
6♥	=	Treff-König, Karo-König, aber nicht Coeur-König

usw.

Der Frager lässt die Frage nach der Trumpf-Dame aus, z.B. weil er sie selbst besitzt.

6♣ = Frage nach Karo-König

Antwort:

6♦	=	Kein Karo-König
6♥	=	Karo-König, aber nicht Coeur-König

usw.

6♦ = Frage nach Coeur-König

Antwort: wie gehabt

6♥ = Frage nach Treff Dame

...

Ist die erste Spiral Scan-Frage beantwortet, kann man rollend eine Folgefrage nach der nächsten Figur anschließen.

Süd	West	Nord	Ost
1♠		3SA	
4SA		5♦	
5♥		5SA *	
6♣ **			

* (Trumpf-Dame, aber nicht Treff-König)
** (Frage nach Karo-König)

Möchte der Frager sich nicht nach der nächsten Figur erkundigen, kann er per Super-Relais diese Frage auslassen und die nächste interessante Figur erfragen:

6♦ in der letzten Bietsequenz wäre folglich die Frage nach Coeur-König.

Wie wichtig ein spezieller König sein kann, wird am besten am Beispiel deutlich:

West		Ost
♠ K D B 10 8 7 5	N	♠ A 2
♥ 7	W O	♥ A 4
♦ A D 10	S	♦ 8 7 6
♣ K 6		♣ A D B 10 9 5

Süd	West	Nord	Ost
	2♣		2♦
	3♠		4♣
	4♦		4SA
	5♠		5SA
	6♦		7SA

3♠: legt die Trumpffarbe fest
4♣,4♦: Kontrollgebote
4SA: RKCB
5♠: 2 Key-Cards + Trumpf-Dame
5SA: Frage nach Treff-König
6♦: Treff-König, aber kein Karo-König
7SA: Ost zählt 15 Stiche.

Hätte West statt Treff-König z.B. Coeur-König, wäre 7SA zu riskant, selbst 6SA nicht sicher.

Die theoretisch möglichen Folgefragen werden meist durch den knappen Bietraum begrenzt. Die Möglichkeiten von Spiral Scan könnten besser genutzt werden, wenn RKCB nicht erst mit 4SA, sondern mit einem niedrigeren Gebot gestartet werden könnte. Dies ist im Rahmen der nachfolgend beschriebenen Steenberg-Konvention möglich. Spiral Scan in sein System aufzunehmen, lohnt sich daher vor allem dann, wenn man auch die Steenberg-Konvention spielt.

II. STEENBERG

Mittels dieser Konvention bestätigt bereits die erste Antwort einen guten Oberfarb-Fit ab 16FV.

Süd	West	Nord	Ost
1♥/1♠		2SA	

2SA = guter Fit, ab 16FV

2SA zeigt jedoch nicht nur die Stärke und den Fit, sondern fordert den Eröffner gleichzeitig auf, nach vorgeschriebenen Regeln sein Blatt zu beschreiben. Außerdem stehen dem Antwortenden einige Folgefragen zur Verfügung, um viele Details der Hand des Eröffners zu eruieren.

Die Antworten des Eröffners auf 2SA:

- 3♣: ab 16FV, in einer Farbe Single/Chicane
- 3♦: Minimum (bis 15FV), in einer Farbe Single/Chicane
- 3 in Eröffnungsfarbe: ab 16FV, keine Kürze
- 3SA: Minimum (bis 15FV), keine Kürze
- 4♣, 4♦,3 in and.OF: gute 5er-Farbe mit 2 Topfiguren, ab 14F
- 4♥: Minimum, Chicane in der anderen Oberfarbe

Süd	West	Nord	Ost
1♠			2SA
?			

a)	b)	c)
N / W O / S	N / W O / S	N / W O / S
♠ D 10 7 6 4	♠ A 10 6 5 4 2	♠ K D 6 5 4
♥ K B 6	♥ 7	♥ D 9
♦ A D 10	♦ A K B 5	♦ A K B 10 6
♣ 3 2	♣ 9 6	♣ 3
3SA	3♣	4♦

a) 13FV. 3SA zeigt Minimum (bis 15FV) und keine Kürze.

b) 16FV. Gerade genug, um mit 3♣ ein Blatt mit einer Kürze und mehr als Minimum anzuzeigen.

c) 15F, 17FL, 19FV und Zusatzwerte. 4♦ offenbart eine gute 5er-Nebenfarbe, ab 14F.

Folgefragen:

- nach Antwort 3♣/3♦: rollend nach der Kürze; danach rollend RKCB, danach rollend Spiral Scan; Super-Relais RKCB (statt Frage nach Kürze)
- nach den anderen Antworten: rollend RKCB, danach rollend Spiral Scan;

Statt rollend die RKCB-Frage zu stellen, kann man eine andere Farbe als Kontrollgebot reizen – der Partner soll seinerseits die nächste Kontrolle zeigen. Anschließend ist dann 4SA = RKCB.

Da 2SA mindestens partieforcierend ist, stellt auch 3 in Trumpffarbe rollend die nächste Frage. Gebote in der Trumpffarbe ab der 4er-Stufe sind Abschlussgebote.

Süd	West	Nord	Ost
		1♥	
2SA		3♦	
?			

3♥	=	Frage nach der Kürze
3♠	=	RKCB (lässt Frage nach der Kürze aus)
4♣/4♦	=	Kontrollgebot (fordert auch zum Kontrollgebot auf)
4♥	=	zum Spielen
4♠/5♣/5♦	=	Exclusion Blackwood

Hat der Partner die Frage nach der Kürze beantwortet, hat der Frager wieder die Möglichkeit, rollend RKCB zu bieten, oder ein Kontrollgebot abzugeben, oder die Reizung mit 4 in Trumpffarbe zu beenden, oder durch einen Sprung in einer neuen Farbe oberhalb von Vollspiel Exclusion Blackwood zu reizen.

Antworten auf Fragen nach der Kürze (1.Antwort 3♣/3♦):

1.Stufe: Single in Treff

2.Stufe: Single in Karo

3.Stufe: Single in der anderen Oberfarbe

4.Stufe: Chicane in Treff

5.Stufe: Chicane in Karo

6.Stufe: Chicane in der anderen Oberfarbe

Nach 3♦ fragt 3♥ rollend nach der Kürze. Die 6.Stufe wäre Antwort 4♠. Da dies bei Trumpffarbe Coeur oberhalb von Vollspiel ist, gibt es die 6.Stufe an dieser Stelle nicht. Darum zeigt der Antwortende direkt auf 2SA mit der Antwort 4♥ die Minimumhand mit Chicane in der anderen Oberfarbe.

Süd	West	Nord	Ost
1♥		2SA	
3♣		3♦	
?			

a) N / W O / S

♠ K 9 7
♥ D B 9 8 5
♦ 5
♣ A K D 5

3♠

b) N / W O / S

♠
♥ K D B 7 6 5
♦ A D 6
♣ D 10 8 7

4♥

3♦ fragt rollend nach der Kürze:

a) 2.Antwortstufe zeigt Single in Karo.

b) 6.Antwortstufe zeigt Chicane in Oberfarbe.

Zur Illustration zwei Beispiele:

♠ K 10 7 6 2
♥ A D B 5
♦ D B
♣ 7 6

N / W O / S

♠ A B 9 3
♥ 8 7
♦ K 9 2
♣ A D 8 4

Süd	West	Nord	Ost
	1♠		2SA
	3SA		4♠
	passe		

2SA: verspricht guten Fit, ab 16FV

3SA: Minimum, keine Kürze

4♠: Ost begräbt die Schlemmhoffnung. Die Chancen erscheinen zu schlecht.

♠ K B 8 ♥ A D 9 7 5 ♦ 7 ♣ K D 10 6	N W O S	♠ A 5 ♥ K B 2 ♦ A D 8 3 ♣ A 8 4 2

Süd	West	Nord	Ost
	1♥		2SA
	3♣		3♦
	3♠		3SA
	4♦		4♠
	5♦		5♠
	6♦		7♥
	passe		

3♣: ab 16FV mit Kürze
3♦: fragt nach der Kürze
3♠: Single Karo
3SA: RKCB
4♦: 1 oder 4 Key-Cards
4♠: Frage nach Trumpf-Dame
5♦: Trumpf-Dame, Treff-König; nicht Karo-König
5♠: Frage nach Pik-König
6♦: Pik-König, Treff-Dame; nicht Karo-Dame
7♥: Ost hat genügend Informationen, um dem Großschlemmoptimismus fundiert zu begründen. Ohne Steenberg und ohne Spiral Scan würde sich der Großschlemm nicht so kontrolliert reizen lassen.

Durch Steenberg bedingte Änderungen des Bietsystems:

Nach 1♥/1♠-Eröffnung in 1. und 2.Hand:

(1) 1.Antwort 2SA nicht mehr 3er-Trumpf, 11-12FV
2SA ist jetzt durch die Steenberg-Konvention belegt.

(2) 1♥ – 2♣
2♥ – 3♥ nicht mehr ab 16FV, sondern 11-12FV mit 3 Trümpfen

11-12FV und 3er-Fit kann man wieder wie im Basissystem FORUM D zeigen; das Problem mit Fit ab 16FV wird durch Steenberg gelöst.

(3) Splinter nicht ab 15FV, sondern 13-15FV

Da man Hände ab 16FV über Steenberg reizt, erfährt das Bietsystem eine weitere Präzisierung:

- Erste Antwort 3SA = 4er-OF-Fit, 13-15FV, ohne Single/Chicane,
- Erste Antwort Splinter = 4er-OF-Fit, 13-15FV, mit Single/Chicane

Außerdem gehört zu Steenberg sinnvollerweise Spiral Scan. Denn mit Steenberg hat man oftmals den nötigen Bietraum, um Spiral Scan aktiv einsetzen zu können.

Steenberg gilt nicht bei:

- Eröffnungen in 3. und 4.Hand (Drury)
- Gegenreizungen in 2.Hand (egal ob Farbgebot oder Informationskontra)

Der Gegner in 4.Hand interveniert auf 2SA-Steenberg:

- Gegner reizt auf 3er-Stufe oder 4♣: DOPI (vgl.Kap.F.I.4.4., Seite 318).

  Die (häufig vorkommenden) 4 konventionellen Antworten werden als 4 Antwortstufen definiert:

1.Stufe (=Kontra)	ab 16FV mit Kürze
2.Stufe (=Passe)	Minimum mit Kürze
3.Stufe (nächstes Gebot)	ab 16FV ohne Kürze
4.Stufe (übernächstes Gebot)	Minimum ohne Kürze

  Soweit damit die seltenen übrigen Antworten noch frei sind, gelten diese unverändert; sind sie jetzt anderweitig belegt, entfallen sie.

- Gegner kontriert: ROPI (vgl.Kap.F.I.4.4., Seite 319).

  Gegners Kontra wird genutzt, um weiteren Bietraum zu sparen.

  Die 4 konventionellen Antworten werden als 4 Antwortstufen definiert:

1.Stufe (=Kontra)	ab 16FV mit Kürze
2.Stufe (=Passe)	Minimum mit Kürze
3.Stufe (3♣)	ab 16FV ohne Kürze
4.Stufe (3♦)	Minimum ohne Kürze

  Die (seltenen) natürlichen Gebote, die eine gute 5er-Nebenfarbe zeigen, gelten unverändert.

- Gegner sperrt mit 4♦ oder höher: Kein Steenberg mehr!

  Es gelten allgemeine Reizprinzipien:
  - Kontra tendenziell Strafkontra, warnt jedenfalls vor Schlemm
  - Passe = Forcing Pass
  - Farbgebot = Kontrolle
  - Überruf = starkes Schlemminteresse mit Kontrolle
  - 4SA = RKCB

N / W O / S

♠ 6
♥ K 10 7 6 5
♦ A 6
♣ A K B 5 4

Süd	West	Nord	Ost
1♥	passe	2SA	3♠
X	passe	3SA	passe
4♥	passe	4♠	X
XX	passe	4SA	passe
5♣	passe	6♥	passe
passe	passe		

X: DOPI, ab 16FV mit einer Kürze:
Ohne Intervention des Gegners hätte Süd 4♣ geantwortet, um die schöne 5er-Nebenfarbe, ab 14F zu zeigen. Aber jetzt nach 3♠ wäre 4♣ die 4.Stufe und würde eine Minimumeröffnung ohne Kürze versprechen.

3SA: rollend Frage nach Kürze

4♥: Single in Pik

4♠: RKCB

XX: ROPI, 0 oder 3 Key-Cards

4SA: Frage nach Trumpf-Dame

5♣: keine Trumpf-Dame

Übungen zu Kap. G. (Optionale Zusatzkonventionen)

① S

♠ A K 3
♥ A 6
♦ A K 7 5
♣ K D 5 3

Süd	West	Nord	Ost
2♣		2♦	
2SA		3♠	
4♦		4♥	
4♠		4SA	
5♦		5♥	
?			

② S

♠ A B 10 6 5
♥ 8
♦ B 7 6
♣ A D 7 5

Süd	West	Nord	Ost
1♠		2SA	
?			

③ S

♠ K D 7 5
♥ A B 10 6
♦ D 7
♣ D 10 6

Süd	West	Nord	Ost
		1♥	
2SA		3♦	
3♥		4♣	
?			

④ S

♠ A D 7 6 5
♥ K 6
♦ K 10 6 5
♣ 7 5

Süd	West	Nord	Ost
1♠		2SA	
3SA		4♦	
?			

⑤ S

♠ 4
♥ K B 7 6
♦ A 10 5 4
♣ D 9 7 6

Süd	West	Nord	Ost
		1♥	
?			

Lösungen:

① 6♣. 3♠ zeigt mindestens 5er-Treff mit Schlemminteresse. 4♦ ist ein Kontrollgebot, das einen guten Fit verspricht mit einer für Schlemm attraktiven Hand. 4♥ und 4♠ sind Kontrollgebote. 4SA = RKCB. 5♦ verspricht 4 Key-Cards. 5♥ fragt nach Trumpf-Dame mit angeschlossenem Spiral Scan. Die Antwort 6♣ bedeutet: Trumpf-Dame plus Karo-König, aber nicht Coeur-König. Wenn der Partner noch unschlüssig sein sollte, ob 6SA, 7♣ oder 7SA Endkontrakt werden soll, könnte er mit 6♦ die Anschlussfrage stellen. Süd würde darauf mit 6♠ antworten: Ja, Pik-König vorhanden, aber nicht Karo-Dame. (Vgl. Abschnitt I.)

② 3♦. Zeigt eine Minimum-Eröffnung mit einer Kürze (Single/Chicane). (Vgl. Abschnitt II.)

③ 4♥. Abschluss. Der Partner hat eine Minimum-Eröffnung mit Single in Pik. Nun sind die Schlemmhoffnungen sofort aufzugeben, denn 5♥ könnte schon ein riskanter Kontrakt sein. Schon in der vorigen Bietrunde kam in Betracht, auf genauere Informationen zu Partners Kürze zu verzichten und direkt mit 4♥ die Reizung zu beenden. Doch insbesondere mit Treff-Chicane wären durchaus Chancen für Schlemm gegeben. Und die Frage mit 3♥ birgt nicht die Gefahr in sich, über 4♥ ungewollt hinauszukommen. (Vgl. Abschnitt II.)

④ 4♥. Kontrollgebot. Partners 4♦ ist ebenfalls ein Kontrollgebot. 4♦ verneint keine Treff-Kontrolle, denn 4♣ wäre RKCB. Vielleicht möchte Nord nur sicherstellen, dass Coeur-Kontrolle vorhanden ist. Die Coeur-Kontrolle darf Süd an dieser Stelle keinesfalls verschweigen. Obwohl Süd mit 3SA eine Minimum-Eröffnung ohne Kürze offenbart hat, will Nord die Schlemmhoffnung noch nicht aufgeben.
(Vgl. Abschnitt II.)

⑤ 3♠. Splinter. Wenn man Steenberg spielt, zeigt ein Splinter-Gebot nur 13-15FV, denn ab 16FV würde man schon 2SA bieten. Die Hand hat 14FV. (Vgl. Abschnitt II.)

Merke: Wenn man die Steenberg-Konvention in sein Bietsystem übernimmt, hat dies Einfluss auf sonstige Bietsequenzen: Da 2SA jetzt den Oberfarb-Fit ab 16FV zeigt, verspricht die verzögerte Unterstützung der eröffneten Oberfarbe von der 2er- auf die 3er-Stufe nach vorheriger „2 über 1"-Antwort lediglich einladende Stärke mit 3 Trümpfen (wie im Basissystem FORUM D). Außerdem ist eine direkte Splinter-Antwort auf eine Oberfarb-Eröffnung auf 13-15FV limitiert.

Kurzbeschreibung FORUM D PLUS – Die ungestörte Reizung

Die Kurzbeschreibung folgt der Gliederung des Lehrbuches, so dass man bei Bedarf problemlos das betreffende Text-Kapitel finden kann.

A. Blattbewertung und Kontraktentscheidung (S. 12)

Standard-Bewertung ohne Fit: FL-Punkte
Standard-Bewertung mit Fit: FV-Punkte
Auf- und Abwertungsfaktoren beachten.
Bewertung starker Einfärber: Spielstiche
Bewertung starker Zweifärber: Verlierer

B. 1 in Farbe und Folgereizung (Seite 23)

B.I. Eröffnung 1 in Farbe

Minimum: 12F/13FL, 20er-Regel
Maximum: 23FL
1♥/1♠: 5er-Länge
1♣/1♦: 3er-Länge
3-3 in UF: immer 1♣
4-4 in UF: immer 1♦
von zwei 5er-Farben: die höhere, Ausnahme: ♠ + ♣ ab 14F.

B.II. Das erste Gebot des Antwortenden (Seite 28)

1. Antworten auf eine Oberfarb-Eröffnung

Unterstützungsgebote:	1♠ - 2♠	= 6-10FV, mindestens 3er
	1♠ - 3♠	= 11-12FV, mindestens 4er
	1♠ - 4♠	= Sperre, unausgeglichen, meist 5er
	1♠ - 2SA	= 11-12FV, 3er
	1♠ - 3SA	= 13-15FV, 4er
	Splinter	= ab 15FV
Farbwechsel:	1 über 1	= ab 6FL, mind. 4er, forc.
	2 über 1	= ab 11FL, mind. 4er, selbstforc.
	1♠ -2♥	= 5er
	im Sprung	= ab 18FL, sehr gute 6er, Einfärber, kein Fit
SA:	1SA	= 6-10FL, passbar

2. Antworten auf eine Unterfarb-Eröffnung (Seite 37)

Unterstützungsgebote:	1♣ - 2♣	=	6-10FV, 5er, keine 4er-OF, unausgegl.
	1♦ - 2♦	=	mit 4er möglich, falls längere Treff
	1♣ - 3♣	=	11-12FV, 5er, keine 4er-OF, unausgegl.
	1♣ - 4♣	=	Sperre
Farbwechsel:	1 über 1	=	ab 6FL, mind. 4er (nach 1♣ bis 10FL OF Priorität)
	2♣ über 1♦	=	ab 12FL, mind. 4er, selbstforc. (bis 12FL 4er-OF Priorität vor 5er-♣)
	im Sprung	=	ab 18FL, sehr gute 6er, Einfärber
	im Doppelsprung auf 3er-Stufe	=	ca. 5-8F, 7er-Farbe mit Mittelwerten
SA:	alle passbar		
	1♣ - 1SA	=	8-10FL, ausgegl., keine 4er-OF
	1♦ - 1SA	=	6-10FL, keine 4er-OF
	1♣/♦ - 2SA	=	11-12FL, ausgegl., keine 4er-OF
	1♣/♦ - 3SA	=	12+ -14FL, ausgegl., keine 4er-OF

B.III. Das Wiedergebot des Eröffners (Seite 46)

1. Nach direkter Hebung in OF:

	2SA	=	allg. Versuchsgebot
	Neue Farbe	=	Versuchsgebot in unterstützgs.-bedürft.Farbe
	1♥ - 2♥		
	3♥	=	Sperre
Nach direkter Hebung in UF:	Neue Farbe	=	Stopper

2. Nach Farbwechsel auf 1er-Stufe: (Seite 52)

Hebung auf 2er-Stufe	=	13-16FV
Hebung auf 3er-Stufe	=	17-19FV
Hebung auf 4er-Stufe	=	ab 20FV, kein Single
Splinter	=	ab 20FV
Neue Farbe 1er-Stufe	=	bis 19FL, passbar
Billiger 2-Färber	=	13-19FL, passbar
2-Färber im Sprung	=	ab 20FL, partieforcing
Reverse-Reizung	=	ab 17FL, selbstforcing
1SA	=	12-15FL, ausgegl., nonforc.
2SA	=	18-19FL, ausgegl., nonforc.
3SA nach 1♥ -1♠	=	20-21FL, ausgegl.
3SA nach UF-Eröff.	=	ab 20FL, starker Einfärber, Stopper in Restfarben
Wiederholung Eröffnungsf.		
Ohne Sprung	=	13-16FL, unausgegl., entweder 6er oder 5er mit nicht zu reizender 2.Farbe
Im Sprung	=	17-19FL, gute 6er

3. Nach Farbwechsel auf 2er-Stufe: (Seite 60)

Hebung UF auf 3er-Stufe	=	ab 14FL (bzw. ab 16FV), 4er
Hebung UF auf 4er-Stufe	=	ab 20FV, 5er
Hebung ♥ auf 3er-Stufe	=	3er, 15-19FV, oder 4er, 18-19FV, oder ab 22FV
Hebung ♥ auf 4er-Stufe	=	4er, max.17FV
Neue Farbe billig gereizt	=	4er bis 23FL, oder 5er bis 16FL
Neue Farbe im Sprung	=	5er ab 17FL
Neue Farbe teuer	=	4er, ab 17FL
2SA nach OF-Eröffng.	=	15+ - 17+FL, ausgegl.
2SA nach 1♦-2♣	=	12F – 15-FL, ausgegl.
3SA	=	18-19FL, ausgegl.

4SA		= 20-21FL, ausgegl. bzw.Stopper

Wiederholung Eröffngsf.

Ohne Sprung	= max.16FL
Im Sprung	= 17-19FL, gute 6er

4. Nach einer natürlichen SA-Antwort: (Seite 68)

nach 1SA auf 1♣:

2SA	= 16FL
3SA	= ab 17FL

nach 1SA auf 1♦/♥/♠:

2SA	= 18-19FL
3SA	= ab 19+FL

nach 1SA:

neue Farbe teuer	= ab 16+FL, rundenforc.

nach 2SA:

Neue Farbe 3er-Stufe	= rundenforc.
Neue Farbe 4er-Stufe	= Schlemminteresse
4 in OF	= 5er, nicht forc. (mit 6erUF, oder 5-5 ♣-♠)
Wiederholg.Eröffngsf.	= 6er, Abschluss

5. Nach starkem Sprung in neuer Farbe: (Seite 74)

Hebung ins OF-Vollspiel	= Fit, Minimum
Einfache Hebung	= 3er-Fit, evtl. Double Topfigur, Schlemminteresse
Neue Farbe	= Werte, unlimitiert
2SA	= Werte in Restfarben, Double in Partnerf., unlimitiert
3SA	= Werte in Restfarben, Minimum, Single in Partnerf. möglich
4SA	= quantitativ
Wiederholung Eröffngsf.	= gute 6er oder sehr gute 5er
Wiederholt der Antw. seine Farbe	= legt Trumpffarbe fest
Darauf neue Farbe	= Kontrollgebot

B.IV. Das zweite Gebot des Antwortenden und Folgereizung

1. Nach gefundenem Oberfarb-Fit: (Seite 80)

Nach Versuchsgebot 2SA:	1♥ - 2♥
	2SA - ?
3 in Fitfarbe	= Minimum
4 in Fitfarbe	= Maximum, kein Single, verteilte Werte
neue Farbe	= kein Minimum, zeigt Werte
neue Farbe im Sprung	= Splinter
3SA	= 9-10F, meist 4-3-3-3-Verteilung
Eröffner hat Farbe gehoben:	1♣ - 1♠
	2♠ - ?
2SA	= allg. Versuchsgebot
neue Farbe	= Versuchsgebot m. unterstützgsbedürft. Farbe
3 in Eröffngsf.	= zeigt Doppelfit, forcing

2. Nach gefundenem Unterfarb-Fit: (Seite 90)

1♣ - 2♣	oder	1♠ - 2♦
2♥ - ?		3♦ - ?

Zweite und dritte Farbe	= zeigen Stopper (Richtung 3SA)
4.Farbe	= fragt nach Stopper
4.Farbe, wenn Stopp. schon verneint	= fragt nach Halbstopper
Verlängerung Fitfarbe 3er-Stufe	= Sperre
Hebung Fitfarbe 4er-Stufe (ohne Gegenreizung)	= forc., Schlemmint.
Direkt 4SA	= quantitativ
Unterstützung eröffn.OF:	
➠ Sprung ins Vollsp.	= ca.13-14/15FV
➠ 3 in OF	= ab 15+FV (bei ♦-Fit, evtl. Notgebot)

3. Eröffner hat ein Farbgebot abgegeben, dabei weder Fit noch Zusatzstärke gezeigt: (Seite 99)

1♦	-	1♥	oder	1♥	-	1♠
1♠	-	?		2♣	-	?

1♣	-	1♥
2♣	-	?

3.1. SA-Gebote des Antwortenden: (Seite 99)

1SA	= 6-10FL, evtl. Notgebot
2SA im Sprung	= 11-12FL, Stopper in 4.Farbe
darauf:	
➠ 3 in Eröffngsf.	= Abschluss
➠ jedes and.Gebot	= forc.
2SA ohne Sprung	= 10+ -12FL, Stopper in 4.Farbe
darauf:	
➠ erneute Wiederh. Eröffngsf.	= Abschluss
➠ Wiederh.Eröffngsf.n. bill.Zweif.	= forcing
➠ Bill.Zweif.n.Wiederh. Eröffngsf.	= nonforc.
➠ Wiederhlg. 2.Farbe	= 5-5, Minimum, nonforc.
➠ 4.Farbe n.bill.Zweif.	= 5-5, Zusatzstärke, forc.
➠ Verzög.Unterstützg. in Partnerf.	= forc.
3SA	= 12+ -15FL, Stopper in 4.Farbe
darauf:	
➠ 4 in UF	= forc., Schlemmint.
➠ 4SA	= quantitativ, ca.18F

3.2. Der Antwortende wiederholt seine eigene Farbe: (Seite 109)

1♣	-	1♥	oder	1♦	-	1♠
1♠	-	2♥		2♦	-	3♠

Wiederholung auf 2er-Stufe = 6-10/11FL, 6er, nonforcing
Wiederhlg. im Sprung 3er-St.= 11-12/13FL, 6er, nonforcing

3.3. Ausbessern auf die Eröffnungsfarbe: (Seite 110)

1♠	-	1SA	oder	1♦	-	1♠
2♦	-	2♠		2♣	-	2♦

Ausbessern auf Oberfarbe	= 6-10FL, Double
Ausbessern auf Karo	= 6-10FL, Double oder 6-14FV mit Fit

3.4. Verzögerte Unterstützung für die eröffnete Oberfarbe (Seite 113)

1♥	-	1♠	oder	1♠	-	2♣
2♣	-	4♥		2♦	-	2♠

Zuerst 1♠, dann 3♥ (=Eröffngsfarbe)	= 11-12FV, 3er (mindestens 4er-♠)
Zuerst neue Farbe, dann Sprung auf 4 in eröffneter OF	= 13-15FV, 3er oder 13-15FV, 4er mit guter 5er-Nebenfarbe
Zuerst 2 in neuer Farbe, dann 3 in eröffneter OF	= ab 16FV, guter Fit
Zuerst 2 in neuer Farbe, dann neue F., erst in 3.Bietrunde Fit zeigen	= ab 16FV, schlechter Fit

3.5. Verzögerte Unterstützung für die eröffnete Unterfarbe (Seite 119)

1♣	-	1♥	oder	1♦	-	1♥
1♠	-	3♣		2♣	-	3♦

Unterstützung auf 2er-Stufe	= 6-12FV (max.10FL), Fit
Zuerst 1 in neuer Farbe, dann Hebung ohne Sprung auf 3er-Stufe	= 10-12FL, einladend
Zuerst 1 in neuer Farbe, dann Hebung im Sprung auf 3er-Stufe	= ab 13FL, guter Fit, unausgegl., forc.

Zuerst 2♣ über 1♦, dann Hebung auf 3er-Stufe	=	ab 13FL, guter Fit, unausgegl., forc.
Unterstützung auf 4er-Stufe	=	guter Fit, Schlemmint., Aufforderg.zum Kontrollgebot

3.6. Hebung der 2.Farbe des Eröffners (Seite 122)

1♥	-	1♠	oder	1♠	-	2♣
2♦	-	3♦		2♥	-	3♥

Zuerst auf 1er-Stufe, dann		
Hebung auf 2er-Stufe	=	6-10FV, 4er
Sprunghebung auf 3er-Stufe	=	11-12FV, 4er, einladend
Sprunghebung ins OF-Vollsp.	=	13-15FV, 4er
Zuerst 1SA auf 1♠, dann		
Hebung 2♥ auf 3♥	=	8+ - 11FV, einladend
Hebung 2♥ auf 4♥	=	ab 12FV
Zuerst auf 1er-Stufe, dann		
UF-Hebung auf 3er-Stufe	=	8-12FL, mind.4er, einladend
UF-Hebung auf 4er-Stufe	=	ab 18FV, mind. 5er, unausgegl., Schlemmint.
Zuerst auf 2er-Stufe, dann		
Hebung 2♥ auf 3♥	=	ab 15FV, forc.
Hebung 2♥ auf 4♥	=	bis 14FV
Hebung 2♦ auf 3♦	=	ab 11FL, mind. 4er, forc.
Hebung 2♦ auf 4♦	=	ab 17-18FV, mind.4er, sehr unausgegl., Schlemmint.

3.7. Konvention 3.Farbe Forcing nach Farbwiederholung des Eröffners mit 2♣/2♦ (Seite 129)

1♣	-	1♥	oder	1♦	-	1♠
2♣	-	2♦		2♦	-	2♥

3.Farbe Forcing mit 2♦/2♥	= ab 10FL, rundenforcing
Antworten des Eröffners auf 2♦:	
2 in Partnerfarbe	= Minimum, 3er, evtl. Double Topfigur
3 in Partnerfarbe	= Maximum, 3er
2SA	= Minimum, Werte in Restfarben
3SA	= Maximum, Werte in Restfarben
3♣	= tendenz.Minimum, gutes 6er-Treff
3♦	= Maximum, 4er
2 in and. OF	= 4.Farbe (teuer nur mit Max.)
Antworten des Eröffners auf 2♥:	
3♥	= 4er-Coeur
ansonsten alles analog	

3.8. Natürliche 3.Farbe-Reizungen des Antwortenden (Seite 141)

1♣ - 1♠ oder 1♥ - 1♠
2♣ - 2♥ 2♥ - 3♣

3.Farbe billig auf 2er-Stufe mit 2♥	= ab 10FL, mind. 4er
3.Farbe teuer auf 2er-Stufe oder ohne Sprung auf 3er-Stufe	= ab 13FL, Werte in gereizter Farbe, partieforc.
3.Farbe im Sprung auf 3er-Stufe	= ab 13FL, 5-5, partieforc.
Zuerst 1SA, dann neue Farbe	= meist mind. 6er, nicht forc. (1SA bis 10FL)

3.9. 4.Farbe Forcing (Seite 144)

1♣ - 1♥ oder 1♥ - 2♣
1♠ - 2♦ 2♦ - 2♠

4.Farbe auf 1er-Stufe	= ab 11FL, ohne 4er-Pik, aber auch ab 6FL mit 4er-Pik möglich, rundenforc.

4.Farbe billig auf 2er-Stufe	=	ab 11FL, rundenforc.
4.Farbe teuer auf 2er-Stufe	=	ab 13FL, partieforc.
4.Farbe ohne Sprg. auf 3er-Stufe	=	ab 13FL, partieforc.
4.Farbe im Sprung auf 3er-Stufe	=	ab 13FL, mind. 5-5, partieforc.

4. Nach 1SA-Rebid des Eröffners (mit Konvention Relais Transfer) (Seite 154)

1♣ - 1♠ oder 1♦ - 1♠
1SA - ? 1SA - ?

2♣	=	Relais Transfer (fordert zu 2♦ auf)
(Der Antwortende hat:		Interesse an OF, mind. einladende Stärke oder Zielsetzung UF-Teilkontrakt, schwach)
2♦	=	ca.11FL, mind.5er-Karo, unausgegl., einladend
Zuerst 1♠, dann 2♥ (neue F.)	=	bis 10FL, 4er-Coeur (5er-Pik), Endkontrakt 2♥ oder 2♠
Zuerst 1♠, dann 2♥ (Eröffnungsf.)	=	Abschluss, 3er-Fit, 6FV
Zuerst 1♠, dann 3♥ (Eröffnungsf.)	=	Schlemmint., Fit, forc.
Wiederholung OF 2er-Stufe	=	bis 10FL, mind.5er, Abschluss
Wiederholung OF 3er-Stufe	=	Schlemmint., mind.6er, forc.
Andere Farbe 3er-Stufe	=	5-5, forcing

Zur Beschreibung der Weiterreizung nach Relais Transfer siehe die Übersicht im Text Seite 163.

5. Nach einem 2SA- oder 3SA-Rebid des Eröffners (Seite 165)

1♥ - 1♠ oder 1♣ - 1♥
2SA - ? 3SA - ?

Nach Sprung in 2SA : Der Antwortende darf mit ca. 6FL passen

3 in neuer UF	=	Frage nach 3er-Anschluss in OF
Wiederholung eigene F.	=	Schlemmint., 6er,
3 in Eröffnungsf. ♥	=	Fit, Schlemmint.
alle and. Gebote unter Vollsp.	=	natürlich, forc.

Nach 2SA ohne Sprung:

2SA nach OF-Eröffnung:	Forc. zum Vollspiel, natürliche Weiterreizung
2SA nach 1♦-2♣:	Forc. zum Vollspiel, Ausnahme: Wiederholung Treff-Farbe (3♣)

Nach 3SA:

4 in UF	=	natürlich, Schlemmint.

6. Der Eröffner hat einen teuren Zweifärber geboten (Reverse) (Seite 170)

1♣	-	1♥	oder	1♥	-	2♣
2♦	-	?		2♠	-	?

Reverse nach erster Antwort auf 1er-Stufe:

Wiederholung eigene OF	=	unlimitiert, mind. 5er
Wiederholg eig.OF 3er-Stufe	=	ab 12FL, 6er, sehr gute Farbe
4.Farbe auf 2er-Stufe	=	ab 6FL, keine 5er-Länge in eigener OF
4.Farbe auf 3er-Stufe	=	ab 8F, konv.
2SA	=	konventionell; entweder schwach mit Interesse am Teilspiel in einer der Partnerf., oder Interesse an SA-Kontrakt
3SA	=	10-11F
4SA	=	14-15F
3 in Eröffnungsfarbe (♣/♦)	=	ab 9F bzw. 11FV, guter Fit, forc.
4 in Eröffnungsfarbe (♣/♦)	=	ab 14FV, sehr guter Fit, unausgegl., Schlemmint.

3 in 2.Farbe des Eröffners ♦	=	ab 9F bzw. 11FV, guter Fit, forc.
4 in 2.Farbe des Eröffners ♦	=	ab 14FV, sehr guter Fit, unausgegl., Schlemmint.
3 in 2.Farbe des Eröffners ♥	=	ab 11-12FV, guter Fit, forc.
4 in 2.Farbe des Eröffners ♥	=	8-10/11FV, Fit

Reverse nach erster Antwort auf 2er-Stufe:

Alle Reizungen partieforcierend.

Fitbestätigungen in Oberfarbe auf 3er-Stufe, in Unterfarbe auf 4er-Stufe signalisieren Schlemminteresse.

7. Der Eröffner hat einen Zweifärber im Sprung geboten (Seite 178)

1♣ - 1♥ oder 1♥ - 1♠
2♠ - ? 3♣ - ?

Eröffner ist auf die 2er-Stufe gesprungen:

Hebung Eröffnungsfarbe (UF)

auf 3er-Stufe	=	guter Fit, fast beliebige Stärke
auf 4er-Stufe	=	sehr guter Fit, starkes Schlemm-int.

Hebung 2.Farbe (OF)

Auf 3er-Stufe	=	Regelfall, beliebige Stärke mit 4er-Fit
Auf 4er-Stufe	=	möglichst vermeiden (Eröffn, hat u.U. nur 3er-Länge)
Wiederholung eigene Farbe	=	6er-Länge
2SA	=	mind. Halbstopper in 4.Farbe, Stärke variabel (nicht 10-11)
3SA	=	Stopper in 4.Farbe, 10-11F
4.Farbe	=	alle übrigen Hände, Stärke variabel

Nach 1 über 1 ist Eröffner in neuer Farbe auf die 3er-Stufe gesprungen:

Unterstützung Eröffngsf. 3er-Stufe:

4.Farbe wäre auf 3er-Stufe

bietbar	= echter Fit, Schlemmint.
nicht bietbar	= echter Fit oder Notgebot (mit Doubleton, ohne Stopper in 4.Farbe)
Zuerst 1♠, dann Sprunghebung Eröffngsf. ♥	
auf 4er-Stufe	= 11-12FV, 3er-Fit
Wiederholung eigene Farbe	= 6er oder gute 5er ohne gute Alternative
3SA	= bis 10F, mit Stopper in 4. Farbe Priorität vor Wiederholung 5er-Farbe
4SA	= 11-12F, quantitativ
Hebung 2.Farbe (UF)	
4er-Stufe	= guter Fit mit großem Schlemm-int.
5er-Stufe	= figurenpunktschwache Hand mit mind. 5 Trümpfen u. guter Verteilung

Nach 2 über 1 ist Eröffner in neuer Farbe auf die 3er-Stufe gesprungen:

Unterstützung Eröffnungsf.

OF auf 3er-Stufe	= echter Fit, Schlemmint.

8. Der Eröffner hat seine Oberfarbe im Sprung wiederholt (Seite 185)

1♠	-	1SA	oder	1♥	-	2♣
3♠	-	?		3♥	-	?

Passe	= bis 7F (evtl. 8F)
3SA	= höchstens Double in Partnerfarbe, Abschluss
4 in Partnerf.	= Abschluss
4 in neuer Farbe	= Kontrollgebot

9. <u>Der Eröffner hat seine Unterfarbe im Sprung wiederholt</u> (Seite 186)

1♣	-	1♥	oder	1♦	-	1♠
3♣	-	?		3♦	-	?

Passen	= bis 7F (evtl. 8F)
Farbwiederholung	= mind. gute 5er-Farbe, forc.
4 in Eröffnungsfarbe	= guter Fit, Schlemminteresse
neue Farbe auf 3er-Stufe	= Stopper, forc.
3SA	= Stopper in Restfarben
4SA	= 14-15F, quantitativ

B.V. Eröffnung in 3. und 4.Hand mit Folgereizung (Seite 198)

1. <u>Eröffnungen</u>

3.Hand: gute 5er-OF 1♥/♠	= wenn 18er-Regel erfüllt ist
4.Hand: Eröffnen	= nach 15er-Regel (Anzahl Piks + F)

2. <u>Antworten</u> (Seite 200)

Neue Farbe ohne Sprung (außer 2♣ nach 1♥/♠)	= natürlich, nonforc., auf 2er-Stufe mind.5er
Neue Farbe im Sprung	= Fitsprung
SA nach UF-Eröffnungen	= natürlich, wie von ungepasster Hand
SA nach OF-Eröffng	
1SA	= 6-11FL
2SA	= 10-12FL, 5-5 in UF
Sprunghebg. OF auf 3er-St.	= 8-10FV, 4er
2♣ (Drury) nach 1♥/♠	= ab 11FV,3er-Fit, oder 11-12FL mit Double Topfigur in Partnerf., oder gute 6er-Treff, ab 8-9F

Antworten auf Drury
(nach Eröffnung 1♠)

2♦	= mehrdeutig: ➠ jede Hand mit weniger als 13FL ➠ 13-14FL, ausgegl. ➠ ab 13FL, 4er-♦; 13-16FL, 5er-♦ ➠ 13-16FL, 2.Farbe Treff
2♥	= ab 13FL, 4er-♥; 13-16FL, 5er-♥
2♠	= 13-16FL, 6er-♠
2SA	= 15-17FL, ausgegl.
3♣	= ab 17FL, mind.4er-♣
3♦	= ab 17FL, 5er-♦
3♥	= ab 17FL, 5er-♥
3♠	= 17-19FL, 6er-♠
3SA	= 18-19FL, ausgegl.
4SA	= 20-21FL, ausgegl.

C. Sans-Atout-Eröffnungen und Folgereizung

(Seite 213)

C.1. Eröffnungsregeln für ausgeglichen verteilte Hände

1SA	= 15+ -17+FL
2SA	= 20-21FL, auch mit schwacher 5er-OF, auch mit 6-3-2-2 (6er-UF)

C.2. Folgereizung nach 1SA (Seite 216)

2SA	= 8+ -9FL, einladend
4SA	= 16-17FL, quantitativ, passbar
5SA	= 20-21FL, Einladung zu 7SA, forc.
2♣ Stayman	= ab 8+FL, mind. eine OF mit exakt 4er

Antworten Eröffner:

2♥	=	4er-♥, kein 4er-♠
2♠	=	4er-♠, kein 4er-♥
2SA	=	beide OF zu viert

Rebid Antwortender auf 2SA:

3♣	= 4er-♥: Eröffner soll mit Minimum 3♥, mit Maximum 4♥ bieten
3♦	= 4er-♠: wie nach 3♣
3♥	= ♥-Fit, Schlemminteresse
3♠	= ♠-Fit, Schlemmint.
2♦	= keine 4er-OF

Rebid Antwortender auf 2♦:

2♥	= 5er-♥ (4er-♠), einladend
2♠	= 5er-♠ (4er-♥), einladend
2SA	= einladend zu 3SA
3♣/3♦	= gute UF, mind. partieforc.
3♥	= 5er-♠ !! (4er-♥), forc.
3♠	= 5er-♥ !! (4er-♠), forc.
2♦/2♥ Oberfarbtransfer	= 5er-♥/♠, Stärke beliebig

Eröffner führt Transfer durch,
Ausnahme:

3♥/3♠	= Maximum, 4er-Fit

Rebid Antwortender nach durchgeführtem Transfer:

2♠	= 8+ -9FV, 5-5 in OF, einladend
2SA	= 8+ -9FL, einladend
3 in UF	= ab 9+FL(FV), natürl., partieforc.
3♥ (auf 2♥)	= 9-10FV, 6er, einladend
3♥ (auf 2♠)	= ab 16+FV, 5-5 in OF, starkes Schlemmint.
3SA	= zum Spielen in 3SA oder 4 in OF
4 in UF	= ab 16+FV, 5-5, starkes Schlemmint.
4♥ (nach 2♥)	= zum Spielen, 6er
4♥ (nach 2♠)	= 14+ -16FV, 5-5, milde Schlemmeinladung
4SA	= 16-17FL, quantitativ
2♠ Transfer auf Treff	= Stärke beliebig, meist 6er wenn stark, ohne 4er-OF

Eröffner:		
3♣	=	Standardantwort
2SA	=	Topfigur zu dritt, gut geeignet für 3SA, wenn Partner einladende Stärke
Rebid des Antwortenden:		
3♦	=	5-5 in UF, partieforc.
3♥	=	Single/Chicane in ♠
3♠	=	Single/Chicane in ♥
3SA	=	Single in anderer UF, nonforc. (nur auf 3♣)
4♣	=	starkes Schlemminteresse
4♥/4♠	=	5er-♥/♠, nebst 6er-UF, mildes Schlemmint.
4SA	=	quantitativ, passbar
3♣ Transfer auf Karo	=	stark od. schwach (nicht einladend),6er.
Eröffner bietet immer 3♦		
Rebid des Antwortenden analog zu nach Transfer auf ♣		
3♦	=	6er, einladend (i.d.R. zu 3SA)
3♥/3♠	=	starke Einfärber, Schlemmint.
4♣ Gerber	=	Assfrage
Antwort Eröffner:		
4♦	=	0 oder 4 Asse
4♥	=	1 Ass
4♠	=	2 Asse
4SA	=	3 Asse
4♦	=	5-5 in OF, Eröffner darf nur 4♥ oder 4♠ bieten
4♥/4♠	=	Abschluss, 6er

C.3. Folgereizung nach 2SA (Seite 244)

4SA	= 12FL, quantitativ, passbar
5SA	= 16FL, Einladung zu 7SA, forc.
3♣ Stayman	= 4+FL, mind. eine OF mit genau 4er
Antworten analog zu Stayman auf 1SA	
3♦/3♥ OF-Transfer	= Stärke beliebig, mind.5er
Eröffner führt Transfer durch, Ausnahme 4 Trümpfe:	
4 in Fitfarbe (♥, ♠)	= 4 Trümpfe, Kontrollen in allen Nebenfarb.
neue Farbe	= 4 Trümpfe, Kontrollgebot, in einer and. Nebenf. keine Kontrolle
Rebid des Antwortenden	
3♠	= Kontrollgebot, Interesse an ♥-Schlemm
4 in UF	= Schlemmint.; entweder 2.Farbe, oder Kontrollgebot mit Einfärber in OF
4♥ (nach 3♥)	= Abschluss, 6er
4♥ (nach 3♠)	= 5-5 in OF, mildes Schlemmint.
4SA	= quantitativ
3♠ Transfer auf ♣	= Schlemmint. mit Treff-Länge
Eröffner:	
3SA	= kein Interesse an ♣-Schlemm
Rebid des Antwortenden:	
4♦	= 5-5 in UF
4♣	= 3er-Anschluss, mäßiges Schlemmint.
4 in neuer Farbe	= Kontrollgebot, großes Schlemmint.
4♣ Transfer auf ♦	= Schlemmint. mit Karo-Länge

Eröffner:	
4SA	= kein Interesse an ♦-Schlemm
4♦	= 3er-Anschluss, mäßiges Schlemm-int.
4 in neuer Farbe	= Kontrollgebot, großes Schlemm-int.
4♦	= 5-5 in OF Eröffner muss 4♥ oder 4♠ bieten
4♥/♠	= Abschluss, 6er
5♣/♦	= Abschluss

D. Starke Eröffnungen und Folgereizung (Seite 263)

D.I. Eröffnung 2♣

Antwort

2♦	= Relais, Standardantwort
2♥	= ab 8F, 5-5 in ♥ und and.Farbe
2♠	= ab 8F, 5-5 in ♠ und UF
2SA	= ab 8F, 5-5 in UF
Eröffner auf 2♦:	
2♥/♠	= 6er mit 8 bis 8,5 Spielstichen oder gute 5er mit 22-23FL
Rebid des Antwortenden:	
Passe	= 0-4FV oder 0-3FL
2♠	= ab 4FL, 5er, rundenforc.
2SA	= ab 4FL, rundenforc.
3♣/♦	= ab 9FL, passable 5er, partieforc.
3♥ (neue F.)	= ab 9FL, passable 5er, partieforc.
Hebung auf 3er	= ab 10-11FV, guter Fit, Schlemm-int.
3SA	= 9-10FL, ausgegl.Verteilung mit verteilten Werten, 2 Karten in Partnerfarbe
Hebung auf 4er	= Abschluss
2SA	= 22-23FL, ausgegl., keine gute 5er-OF 6er-UF ohne Single möglich

Folgereizung wie nach 2SA-Eröffnung

3♣/♦	= 7er mit 8,5 bis 9,5 Spielstichen, keine 4er-OF
darauf 3♥/♠	= zeigt Werte (Richtung 3SA)
3♥/♠	= sehr gute 7er, 8 bis 8,5 Spielstiche, legt Trumpffarbe fest
3SA	= 5-5 in OF, gute Farbqualität, 18-21F, 3 bis 4 Verlierer
4♥/♠	= 7er mit AKD, ein Seiten-Ass, 13-15F

D.II. Eröffnung 2♦ (Seite 270)

Partieforc., jede Hand ab 24FL,

mit OF-Einfärber ab 9 Spielstichen, mit UF-Einfärber ab 10 Spielstichen,

Zweifärber mit weniger als 3 Verlierern

Antwort:

2♥	= 0-7F
Rebid Eröffner:	
2SA	= ab 24FL, mind. semi-ausgeglichen
Weiterreizung wie nach 2SA-Eröffnung	
2♠/3♣/3♦/3♥	= mind. 5er
Weiterreizung: natürlich	
3♠	= 4er-♠ und 5er-♥
Sprünge Vollspiel	= Minimum, sehr gute Farbe
2♠	= ab 8F (oder 1 Ass + 1 König), unausgegl. bzw. 5er-OF
Weiterreizung: natürlich, forc. bis 4SA, nach 2SA wie nach 2SA-Eröffnung	
2SA	= ab 8F (oder 1 Ass + 1 König), ausgegl., keine 5er-OF
Weitereizung: natürlich (auch 3♣), forc. bis 4SA	
Auf 3SA v.Eröffner: 4♣ = Stayman	
3♣/♦/♥/♠	= 6er mit 2 Topfiguren (nicht Ass + König), weniger als 8F

E. Schwache Eröffnungen und Folgereizung

(Seite 279)

E.I. Schwache 2er-Eröffnungen

2♥/♠	= 6-10F, 6er-Länge (oder schwache 7er-Länge), Farbe von ausreichender Qualität je nach Gefahrenlage keine 2 Verteidigungsstiche in den anderen Farben, als Nebenfarbe 4er-Unterfarbe möglich, jedoch i.d.R. keine 4er-Oberfarbe und keine 5er-Unterfarbe
Antwort:	
Hebung auf 3er-Stufe	= Verlängerung der Sperre, meist 3er-Fit
Hebung auf 4er-Stufe	= Abschluss, konstruktiv oder destruktiv
Neue Farbe	= ab 16FL, mind.5er, rundenforc.
3SA	= Abschluss
4SA	= quantitativ
2SA	= konventionell, forc.
Rebid Eröffner:	
3 in Eröffnungsfarbe	= Minimum (8-10FV), passbar
alle übrigen Rebids forc. zum Vollspiel	
neue Farbe	= kein Minimum, Ass oder König in gereizter Farbe
3SA	= kein Minimum, kein Single, kein Ass/König in Nebenfarbe
neue F. auf 4er-Stufe	= kein Minimum, Single/Chicane in gereizter Farbe
4 in Eröffnungsf.♠	= kein Minimum, gute Trumpfqualität, kein Single/Ass/König in Nebenfarben
4 in Eröffnungsf.♥	= kein Minimum, Single Pik!!, kein Ass oder König in Nebenfarben

E.II. Sperreröffnungen ab der 3er-Stufe (Seite 284)

1. Generelle Regeln

   Gültig für alle Sperreröffnungen in Abhängigkeit von der Gefahrenlage: Eröffnungsregel 500/800 mit einem halben Stich Toleranz

2. Eröffnungen mit 3 in Unterfarbe (Seite 287)

3♣/♦	= max.9-10-F, 7er mit 2 Topfiguren, keine 4er-OF, keine 2 Asse
Antworten:	
Hebung auf 4er-Stufe	= Verlängerung Sperre
3SA	= Abschluss
3 in neuer Farbe	= natürlich, 6er oder sehr gute 5er, forc.
4 in OF	= Abschluss
4 in and. UF	= Kontrollgebot, Fit, Schlemmint.
4SA	= quantitativ

3. Eröffnungen mit 3 in Oberfarbe (Seite 289)

3♥/♠	= max. 9-10-F, 7er mit 1 oder 2 Topfiguren, keine 2 Asse, max. 1 Ass oder König in Nebenfarben
Antworten:	
Hebung auf 4er-Stufe	= Abschluss, konstruktiv oder destruktiv
3SA	= Abschluss
neue Farbe unter Vollsp.	= Kontrollgebot, Fit, Schlemmint.
Vollspiel in neuer Farbe	= Abschluss
4SA	= RKCB

4. Eröffnung 3SA (Seite 292)

3SA	= stehende 7er-UF (oder 8er-Farbe) max. 1 Dame in den Nebenfarben
Antworten:	
4♣	= zum Spielen in Partnerfarbe (4♣ od. 4♦)

4♥/♠	=	Abschluss
4SA	=	quantitativ, Einladung zum Schlemm, falls Partner 8er-Farbe hat
5♣	=	zum Spielen in Partnerfarbe (5♣ oder 5♦)
4♦	=	konventionell!! Frage nach Kürze
Rebid Eröffner:		
4♥	=	Single/Chicane ♥
4♠	=	Single/Chicane ♠
4SA	=	kein Single/Chicane
5♣	=	Single/Chicane ♦ !!
5♦	=	Single/Chicane ♣ !!

5. <u>Eröffnung mit 4 in Unterfarbe</u> (Seite 294)

4♣/♦	=	4-8F, gebrochene 8er, oder 7-4 in UF
Antworten:		
Hebung	=	konstruktiv oder destruktiv
Neue Farbe im Vollspiel	=	Abschluss
4♦ auf 4♣	=	Kontrollgebot, Fit, Schlemmint.
4SA	=	Abschluss

6. <u>Eröffnung mit 4 in Oberfarbe</u> (Seite 295)

4♥/♠	=	8er, oder 7er mit AKD, oder 7er mit 4er-Nebenfarbe, max. 1 Ass od. König in Nebenfarben, keine 2 Asse, keine 2 Erstrundenkontr., Anforderungen an 2♣-Eröffnung nicht erfüllt
Antworten:		
4SA	=	RKCB
Neue Farbe	=	Kontrollgebot

7. Eröffnung mit 4SA (Seite 297)

4SA	= max. ca.12F, 6-5 in UF, max. 1 Ass, kein Defensivstich in OF
Antworten:	
5♣/♦	= Abschluss
5♥/♠	= Abschluss
5SA	= Großschlemminteresse (an 7♣/♦)

8. Eröffnung mit 5♣/♦ (Seite 298)

5♣/♦	= 8er, oder 7-4 in UF max. 1 Verlierer in langer Farbe max. 1 Ass max. 1 Defensivstich (eher keinen) max. ca. 11F
Antworten:	
5♥/♠	= natürlich, Abschluss
and. UF	= Erstrundenkontrolle, Großschlemmint.
5SA	= Großschlemmint., Frage nach Verlierern in Trumpffarbe 6♣ = 1 Verlierer 6♦ = 0 Verlierer

F. Die Schlemmreizung (Seite 303)

F.I. Die Konventionen

1. Splinter

Ungewöhnlicher Sprung oder Doppelsprung in neuer Farbe	= Bestätigt guten Fit, Single/Chicane in gereizter Farbe, Schlemminteresse

2. Kontrollgebot (Seite 306)

Nach feststehendem OF-Fit: neue Farbe oberh. 3 in Fitfarbe	= Kontrollgebot
Nach feststehendem UF-Fit: neue Farbe ab 4er-Stufe	= Kontrollgebot

Kontrollgebot zeigt Erst- oder Zweitrundenkontrolle in gereizter Farbe, auf 5er-Stufe i.d.R. Erstrundenkontrolle

3. Roman Key-Card Blackwood (RKCB) (Seite 309)

4 Asse und Trumpf-König sind Key-Cards

4SA	= Frage nach Key-Cards

Antworten:

5♣	= 0 oder 3 Key-Cards
5♦	= 1 oder 4 Key-Cards

nach 5♣/♦:

rollend Frage nach Trumpf Dame (5 in Trumpffarbe Abschluss)

Super-Relais für direkte rollende Königsfrage

5♥	= 2 Key-Cards ohne Trumpf-Dame
5♠	= 2 Key-Cards mit Trumpf-Dame

rollend Königsfrage

(5 in Trumpffarbe Abschluss; bei UF-Fit auch 5SA Abschluss, wenn der Befragte weniger als 3 Key-Cards gezeigt hat)

Antworten auf Königsfrage:

1.Stufe:	= 0 Könige
2.Stufe	= 1 König
3.Stufe	= 2 Könige
4.Stufe	= 3 Könige

4. Ergänzungskonventionen (Seite 313)

5 in Trumpffarbe ♥ oder ♠

je nach Situation: Sperre oder Schlemmeinladung

wenn Schlemmeinladung, je nach Situation:

➠ Frage nach Trumpfqualität

➠ Quantitative Hebung, weil kein Kontrollgebot möglich ist

➠ Frage nach Kontrolle in Gegnerfarbe

Exclusion Blackwood

Bei feststehendem Fit:

Sprunggebot in einer neuen Farbe oberhalb von Vollspiel zeigt Chicane in der gereizten Farbe und fragt nach Key-Cards unter Ausschluss der Chicane-Farbe.

Antwort in Stufen wie bei RKCB.

Josephine

Bei feststehendem Fit:

Sprung in 5SA fragt nach der Anzahl der Topfiguren in Atout.

Antworten:	6♣	= 0 Topfiguren
	6♦	= 1 Topfigur
	6♥	= 2 Topfiguren
	6♠	= 3 Topfiguren

DOPI ROPI

F.II. Empfehlung für die kombinierte Anwendung (Seite 321)

1. Bestätigung des Fits und Ermittlung der ausreichenden gemeinsamen Stärke für Schlemm unterhalb von Vollspiel, möglichst schon auf der 3er-Stufe.
2. Prüfung unterhalb von 4SA mittels Kontrollgeboten, ob in einer Farbe jegliche Kontrolle fehlt.
3. Prüfung mit 4SA (RKCB), ob nicht 2 Key-Cards fehlen und ob die Trumpfqualität ausreichend ist.

G. Optionale Zusatzkonventionen (Seite 327)

G.I. Spiral Scan

G.II. Steenberg (Seite 330)

Stichwortverzeichnis

Verzeichnis der Bietsequenzen

Dieses Verzeichnis soll das Auffinden von Bietsequenzen im Text erleichtern.

Dazu sind die im Lehrbuch vorkommenden Reizungen in einer systematischen Ordnung aufgelistet, bei der folgende Reihenfolge gilt:

Passe

1♣

1♦

1♥

... bis 7SA

Diese Reihenfolge gilt wie bei einem alphabetischen Verzeichnis nicht nur für die Eröffnung, sondern auch für alle Folgegebote; maximal bis zum Ende der dritten Bietrunde.

Da das Lehrbuch die ungestörte Reizung der Eröffnungspartei behandelt, finden im Bietverzeichnis nur die Ansagen der Spieler der Eröffnungspartei Berücksichtigung:

Eröff 1	=	1.Ansage vom Eröffner (gilt auch dann, wenn er in 1.Hand passt)
Antw 1	=	1.Ansage vom Antwortenden
Eröff 2	=	2.Ansage vom Eröffner
Antw 2	=	2.Ansage vom Antwortenden
Eröff 3	=	3.Ansage vom Eröffner
Antw3	=	3.Ansage vom Antwortenden

Die wenigen Bietsequenzen, bei denen der Gegner interveniert (z.B. Kapitel F.I.4.4. DOPI ROPI), werden darum im Verzeichnis nicht geführt. Ebenfalls nicht aufgeführt werden die Sequenzen aus dem Kapitel der optionalen Zusatzkonventionen; denn dort haben manche Gebote eine andere Bedeutung als im übrigen Buch. Ein Verweis dorthin könnte irreführen.

Findet man eine bestimmte Bietsequenz nicht im Verzeichnis, lohnt es sich oft, nach einer gleichwertigen Bietsequenz zu suchen.

Beispiel:

Man sucht eine Erklärung für folgende Bietsequenz:

Süd	West	Nord	Ost
4♠		4SA	

Im Bietverzeichnis findet man diese Sequenz leider nicht. Dafür ist jedoch eine gleichwertige Bietsequenz aufgeführt:

Süd	West	Nord	Ost
4♥		4SA	

Verweis auf Seite 296.

(Achtung: 4♣ - 4SA wäre keine gleichwertige Bietsequenz.)

Eröff 1	Antw 1	Eröff 2	Antw 2	Eröff 3	Antw 3	Seite
p	1♠	2♣	2♦	2♠		205
p	1♠	2♣	2♦	2SA		206
p	1♠	2♣	2♦	3♣		206
p	1♠	2♣	2♦	3♠		205
p	1♠	2♥				200
p	1♠	2♥	3♥			201
p	1♠	2SA	3♦			211
p	1♠	3♣				201
p	1♠	3♠				208
p	2♥					280
p	2♠					279f.
p	3♥					286
1♣						24f., 27, 287, 292, 301
1♣	1♦					37,38f.,41,45
1♣	1♦	1♥	p			39
1♣	1♦	1♥	2♦			109
1♣	1♦	1♥	1♠			151
1♣	1♦	1♥	1♠	1SA		152
1♣	1♦	1♥	1♠	2♣		153
1♣	1♦	1♥	1♠	2♦		153
1♣	1♦	1♥	1♠	2♠		152
1♣	1♦	1♥	1♠	2SA		152
1♣	1♦	1♥	1♠	3♣		153
1♣	1♦	1♥	1♠	3♦		153
1♣	1♦	1♥	1♠	3♥		152, 193
1♣	1♦	1♥	1♠	3♠		152
1♣	1♦	1♥	1♠	3SA		152
1♣	1♦	1♠	1SA	2♥		103
1♣	1♦	1♠	1SA	3♣		100
1♣	1♦	1♠	1SA	3♣	3♥	101
1♣	1♦	1♠	1SA	3♣	3SA	100
1♣	1♦	1♠	1SA	3♣	5♣	101
1♣	1♦	2♦	2♠			94
1♣	1♦	2♦	3♦			95
1♣	1♦	2♦	3SA			94
1♣	1♦	2♦	4♦			95
1♣	1♦	2♥	3SA			180
1♣	1♦	3♦	p			94
1♣	1♦	3♦	3♥			94
1♣	1♦	3♦	4♦			95
1♣	1♥					38
1♣	1♥	1♠	1SA			99
1♣	1♥	1♠	1SA	2♣		100

Eröff 1	Antw 1	Eröff 2	Antw 2	Eröff 3	Antw 3	Seite
1♣	1♥	1♠	2♣			119
1♣	1♥	1♠	2♦			144
1♣	1♥	1♠	2♦	3♣		149
1♣	1♥	1♠	2♦	3♦		150
1♣	1♥	1♠	2♦	4♣		149
1♣	1♥	1♠	2SA			104
1♣	1♥	1♠	3♣	4♣	4♦	321
1♣	1♥	1♠	3SA			104
1♣	1♥	1♠	3SA	4♠		107
1♣	1♥	1♠	4♣			306
1♣	1♥	1♠	4♥			110
1♣	1♥	1SA	2♣	2♦	2♥	156
1♣	1♥	1SA	2♣	2♦	3SA	195
1♣	1♥	1SA	2♣	2♥		161
1♣	1♥	1SA	3♥			159
1♣	1♥	2♣				60
1♣	1♥	2♣	2♦			129ff.
1♣	1♥	2♣	2♦	2♥		132
1♣	1♥	2♣	2♦	2♥	3♥	136
1♣	1♥	2♣	2♦	2♥	4♥	136
1♣	1♥	2♣	2♦	2♠		132f.
1♣	1♥	2♣	2♦	2♠	3♠	141
1♣	1♥	2♣	2♦	2SA		132
1♣	1♥	2♣	2♦	2SA	3♣	138
1♣	1♥	2♣	2♦	2SA	3♦	138
1♣	1♥	2♣	2♦	2SA	3♥	138
1♣	1♥	2♣	2♦	2SA	3SA	138
1♣	1♥	2♣	2♦	3♣		132
1♣	1♥	2♣	2♦	3♦		132
1♣	1♥	2♣	2♦	3♥		132
1♣	1♥	2♣	2♦	3♥	4♣	140
1♣	1♥	2♣	2♦	3SA		132
1♣	1♥	2♣	2♠			143
1♣	1♥	2♣	3♣			119
1♣	1♥	2♦	2♠			173,197
1♣	1♥	2♦	2♠	2SA		174
1♣	1♥	2♦	2♠	3♣		174
1♣	1♥	2♦	2♠	3♦		174
1♣	1♥	2♦	2♠	3♥		174
1♣	1♥	2♦	2SA	3♣	3SA	177
1♣	1♥	2♦	2SA	3♠	4SA	177
1♣	1♥	2♦	3♦			176
1♣	1♥	2♦	3SA			177

Eröff 1	Antw 1	Eröff 2	Antw 2	Eröff 3	Antw 3	Seite
1♣	1♥	2♦	4♦			176
1♣	1♥	2♦	4SA			177
1♣	1♥	2♦	5SA			177
1♣	1♥	2♦	6SA			177
1♣	1♥	2♦	7SA			177
1♣	1♥	2♥				52
1♣	1♥	2♥	2♠			85
1♣	1♥	2♥	2SA			85
1♣	1♥	2♥	3♣			85
1♣	1♥	2♠				55, 178
1♣	1♥	2♠	3♦			181
1♣	1♥	2♠	3♠	4♥	p	180
1♣	1♥	2SA				55
1♣	1♥	2SA	3♥	3♠		166
1♣	1♥	2SA	3♥	3SA		166
1♣	1♥	2SA	3♥	4♥		166
1♣	1♥	3♣	3♦	3♥	3♠	187
1♣	1♥	3♣	3♦	3♥	4♥	187
1♣	1♥	3♣	3♥			186
1♣	1♥	3♣	3♠			186
1♣	1♥	3♣	3SA			186
1♣	1♥	3♥				52
1♣	1♥	3♠				304
1♣	1♥	3SA				56,89
1♣	1♥	4♥	p			89
1♣	1♥	4♥	4SA			89
1♣	1♠					38
1♣	1♠	1SA				58
1♣	1♠	1SA	2♣	2♦	2♠	154
1♣	1♠	1SA	2♣	2♦	3♥	157
1♣	1♠	1SA	2♣	2♦	3SA	155
1♣	1♠	2♣				59
1♣	1♠	2♣	2♦			129ff.
1♣	1♠	2♣	2♦	2♥		133f.
1♣	1♠	2♣	2♦	2♠	2SA	137
1♣	1♠	2♣	2♦	2♠	3♦	138
1♣	1♠	2♣	2♦	3♣	3♦	139
1♣	1♠	2♣	2♦	3♣	3♠	139
1♣	1♠	2♣	2♦	3♣	3SA	139
1♣	1♠	2♣	2♦	3♣	4♣	139
1♣	1♠	2♣	2♦	3♠	4♦	140
1♣	1♠	2♣	2♥			141
1♣	1♠	2♣	2♥	3♣	3♥	142

Eröff 1	Antw 1	Eröff 2	Antw 2	Eröff 3	Antw 3	Seite
1♣	3♣					37
1♣	3♣	3♦				51
1♣	3♣	3♦	3♥	3♠	3SA	92
1♣	3♣	3♦	3♥	4♣	p	93
1♣	3♣	3♦	3♠			91
1♣	3♣	3♦	3♠	4♦		93
1♣	3♣	3♦	3SA			91
1♣	3♣	3♥				90
1♣	3♣	4♣				52
1♣	3♠					45
1♣	3SA					41
1♣	3SA	4SA				74
1♦						27, 213, 297
1♦	1♥					37
1♦	1♥	1♠				53
1♦	1♥	1♠	1SA			99
1♦	1♥	1♠	1SA	2♣		102
1♦	1♥	1♠	1SA	2♣	2♦	102
1♦	1♥	1♠	1SA	2♣	2♥	102
1♦	1♥	1♠	1SA	2♣	2♠	102
1♦	1♥	1♠	1SA	2♣	2SA	102
1♦	1♥	1♠	1SA	2♣	3♣	102
1♦	1♥	1♠	1SA	2♣	3♦	102
1♦	1♥	1♠	1SA	2♣	3♥	102
1♦	1♥	1♠	1SA	2♣	3SA	102
1♦	1♥	1♠	1SA	2♥		102
1♦	1♥	1♠	1SA	2♠		101
1♦	1♥	1♠	1SA	2SA		103
1♦	1♥	1♠	1SA	3♣		103
1♦	1♥	1♠	1SA	3♥		102
1♦	1♥	1♠	1SA	3♠		101
1♦	1♥	1♠	2♣			145
1♦	1♥	1♠	2♣	2♦		148
1♦	1♥	1♠	2♣	2SA		147
1♦	1♥	1♠	2♣	2SA	3♠	122
1♦	1♥	1♠	2♣	3♦		148
1♦	1♥	1♠	2♣	3SA		147
1♦	1♥	1♠	2♣	4SA		147
1♦	1♥	1♠	2♠			122
1♦	1♥	1♠	2SA			103
1♦	1♥	1♠	2SA	3♦		104
1♦	1♥	1♠	2SA	3♥		104
1♦	1♥	1♠	3♣			153

Eröff 1	Antw 1	Eröff 2	Antw 2	Eröff 3	Antw 3	Seite
1♦	1♥	1♠	3♦			120
1♦	1♥	1♠	3♠			122
1♦	1♥	1♠	3SA			107
1♦	1♥	1♠	3SA	4♦		107
1♦	1♥	1♠	4♠			122
1♦	1♥	1SA	2♣	2♦	p	159
1♦	1♥	1SA	2♣	2♦	2SA	155
1♦	1♥	1SA	2♣	2♦	3♦	157
1♦	1♥	1SA	2♦			160
1♦	1♥	2♣				54
1♦	1♥	2♣	2♠			126, 145
1♦	1♥	2♣	2♠	3♥		150
1♦	1♥	2♣	2SA			104
1♦	1♥	2♣	3SA			126
1♦	1♥	2♦	2SA	3♦		105
1♦	1♥	2♦	3♦			119
1♦	1♥	2♥	2SA			86
1♦	1♥	2♥	3♣			85
1♦	1♥	2♥	4♣	4♥		86f.
1♦	1♥	2♥	4♣	4SA		86f.
1♦	1♥	2♥	4♥			85
1♦	1♥	2♠	2SA			179f.
1♦	1♥	2♠	3♦			179
1♦	1♥	2♠	3♥	4♥	p	180
1♦	1♥	2♠	4♦			179
1♦	1♥	2SA	3♣	3♥	4♥	165
1♦	1♥	2SA	3♦			167
1♦	1♥	3♣				264
1♦	1♥	3♣	3♥			181
1♦	1♥	3♦	3♥	3♠	4♦	188
1♦	1♥	3♥	4♣	4♦		308
1♦	1♥	3SA	p			195
1♦	1♥	3SA	4♦	4♥	4♠	169
1♦	1♥	4♦				53
1♦	1♠					40
1♦	1♠	1SA				55, 58f.
1♦	1♠	1SA	2♣	2♦	2♥	156
1♦	1♠	1SA	2♣	2♦	3♣	159,195
1♦	1♠	1SA	2♣	2♦	3♠	158
1♦	1♠	1SA	2♥			157
1♦	1♠	1SA	2SA			155
1♦	1♠	1SA	3♣			158
1♦	1♠	2♣	2♦			112

Eröff 1	Antw 1	Eröff 2	Antw 2	Eröff 3	Antw 3	Seite
1♦	1♠	2♣	2♥			145f.
1♦	1♠	2♣	2♥	3♣		149
1♦	1♠	2♣	2♥	3♣	3♦	121
1♦	1♠	2♣	2♥	3♥		149
1♦	1♠	2♣	2♥	4♣		149
1♦	1♠	2♣	2♠			109
1♦	1♠	2♣	3♣			124
1♦	1♠	2♣	3♠			109
1♦	1♠	2♣	4♣			108
1♦	1♠	2♣	4SA			108
1♦	1♠	2♦				59
1♦	1♠	2♦	2♥			130f., 193
1♦	1♠	2♦	2♥	2♠		135
1♦	1♠	2♦	2♥	2♠	3♦	136
1♦	1♠	2♦	2♥	2SA	3♥	138
1♦	1♠	2♦	2♥	3♣		133
1♦	1♠	2♦	2♥	3♦	3♠	140
1♦	1♠	2♦	2♥	3♥		134
1♦	1♠	2♦	2♥	4♣		135
1♦	1♠	2♦	3♦	p		120
1♦	1♠	2♦	3♦	3SA		120
1♦	1♠	2♦	3♥			143
1♦	1♠	2♦	4♦			121
1♦	1♠	2♥	2♠			170
1♦	1♠	2♥	2♠	2SA		171
1♦	1♠	2♥	2♠	3♦		171
1♦	1♠	2♥	2♠	3♠		171
1♦	1♠	2♥	3♣			177
1♦	1♠	2♥	3♦			175
1♦	1♠	2♥	3♥			175
1♦	1♠	2♥	3♥	3♠		197
1♦	1♠	2♠	p			85
1♦	1♠	2♠	3♠			88
1♦	1♠	2♠	4♥			87
1♦	1♠	2♠	4♠			85
1♦	1♠	2SA	3♥			167, 184
1♦	1♠	3♣	4♣			184
1♦	1♠	3♣	5♣			184
1♦	1♠	3♦				60
1♦	1♠	3♦	3♠			188
1♦	1♠	3♥				304
1♦	1♠	3♠	p			88
1♦	1♠	3♠	4♠			88

Eröff 1	Antw 1	Eröff 2	Antw 2	Eröff 3	Antw 3	Seite
1♥	1♠	1SA	2♣	2♠	3♦	161
1♥	1♠	1SA	2♥			160
1♥	1♠	1SA	2♠			156
1♥	1♠	1SA	3♥			160
1♥	1♠	2♣				54
1♥	1♠	2♣	2♦			144
1♥	1♠	2♣	2♦	2♠		147
1♥	1♠	2♣	2♦	3♠		147, 195
1♥	1♠	2♣	2♥	2SA		111, 193
1♥	1♠	2♣	2SA	3♣	p	105
1♥	1♠	2♣	3♥			113
1♥	1♠	2♦	p			125
1♥	1♠	2♦				57
1♥	1♠	2♦	2♥			110
1♥	1♠	2♦	2SA			125
1♥	1♠	2♦	2SA	3♣		105
1♥	1♠	2♦	2SA	3♠		106
1♥	1♠	2♦	3♣	3SA	4♥	116
1♥	1♠	2♦	3♦			125
1♥	1♠	2♦	3♥			32
1♥	1♠	2♦	4♦			124f.
1♥	1♠	2♥				60, 118
1♥	1♠	2♥	2SA	3♦		106
1♥	1♠	2♥	3♦			142
1♥	1♠	2♥	3♦	3♥	4♥	142
1♥	1♠	2♥	3♦	3♠	4♠	142
1♥	1♠	2♥	3♦	3SA	p	142
1♥	1♠	2♥	3♥			32
1♥	1♠	2♠	4♥			87
1♥	1♠	2SA				56
1♥	1♠	2SA	3♣	3♥		165
1♥	1♠	2SA	3♣	3SA		165
1♥	1♠	2SA	3♥			168
1♥	1♠	2SA	4♣	4♦		168
1♥	1♠	2SA	4♣	4♥		168
1♥	1♠	2SA	4♣	4♠		168
1♥	1♠	2SA	4♣	4SA		168
1♥	1♠	3♣	3♦			182
1♥	1♠	3♣	3♥			182
1♥	1♠	3♣	4SA			184
1♥	1♠	3♦				54, 178
1♥	1♠	3♦	3♥			182
1♥	1♠	3♦	3♥	3SA		183, 197

Eröff 1	Antw 1	Eröff 2	Antw 2	Eröff 3	Antw 3	Seite
1♥	2♣	3♣	4♣	4♦		191
1♥	2♣	3♣	4♣	4♦	4SA	96
1♥	2♣	3♣	4SA	p		97, 325
1♥	2♣	3♦	3♥			183
1♥	2♣	3♠				61
1♥	2♦	2♥	2♠	3♠	4♣	323
1♥	2♦	2♥	3♦			109
1♥	2♦	2♥	3♥			117
1♥	2♦	2♥	4♥			114
1♥	2♥					111
1♥	2♥	2♠				47
1♥	2♥	2SA	3♣	3♥		81
1♥	2♥	2SA	3♣	4♥		81
1♥	2♥	2SA	3♥			80
1♥	2♥	2SA	4♦			80, 191
1♥	2♥	3♣	3♥	p		83
1♥	2♥	3♥				47
1♥	2♥	3♠				304
1♥	2SA	3♣				49
1♥	2SA	3♠				307
1♥	2SA	3SA				49
1♥	3♦	4SA				77
1♥	3♥	p				48
1♥	3♥					47
1♥	3♥	4♥				48
1♥	3♠					33, 303
1♥	4♥					50
1♠						23ff., 27, 296
1♠	1SA	2♦				70
1♠	1SA	2♦	2♥			144
1♠	1SA	2♦	2♠			110f.
1♠	1SA	2♦	3♥			126
1♠	1SA	2♦	3♠			126
1♠	1SA	2♦	3SA			126
1♠	1SA	2♥	p			123
1♠	1SA	2♥	3♥			123
1♠	1SA	2♥	3♥	4♥		123
1♠	1SA	2♥	3♠			124
1♠	1SA	2♥	3♠	4SA	5♦	124
1♠	1SA	2♥	3SA			124
1♠	1SA	2♥	4♣			124
1♠	1SA	2♥	4♥			123
1♠	1SA	2♠	3♠			118

Eröff 1	Antw 1	Eröff 2	Antw 2	Eröff 3	Antw 3	Seite
1♠	1SA	3♦	3♠			183
1♠	1SA	3♥				264
1♠	1SA	3♠				71
1♠	2♣					29, 35
1♠	2♣	2♦	2SA			128
1♠	2♣	2♦	2SA	3♠		106
1♠	2♣	2♦	3♠	3SA		118
1♠	2♣	2♦	3♠	4♥		118
1♠	2♣	2♦	3♠	4♠		307
1♠	2♣	2♦	3♠	4SA		118
1♠	2♣	2♦	4♠			114
1♠	2♣	2♦	4♠	5♣		317
1♠	2♣	2♥	3♦	3♠		151
1♠	2♣	2♥	3♦	3SA		151
1♠	2♣	2♥	3♥			127, 193
1♠	2♣	2♥	4♦			305
1♠	2♣	2♥	4♥			127
1♠	2♣	2♠	3♠	4♣	4SA	325
1♠	2♣	3♦				79
1♠	2♣	3♠	5♠	6♠	p	314
1♠	2♦					29
1♠	2♦	2♥				63f.
1♠	2♦	2♥	2SA			15f.
1♠	2♦	2♥	3♣	3SA	4♠	115
1♠	2♦	2♥	3♦			15f.
1♠	2♦	2♥	3♥			127
1♠	2♦	2♥	3♠			115
1♠	2♦	2♥	3SA			107
1♠	2♦	2♠				61, 63f., 67f., 79
1♠	2♦	2♠	3♠	4♣		117, 193
1♠	2♦	2♠	3♠	4♣	4♦	314
1♠	2♦	2♠	3♠	4♠		117
1♠	2♦	2SA				64
1♠	2♦	3♣				64
1♠	2♦	3♦				61, 96
1♠	2♦	3♦	3♠			13, 97f., 191
1♠	2♦	3♦	4♠			97
1♠	2♦	3♦	4SA			97
1♠	2♦	3♠	4♣	4♥		197
1♠	2♦	3SA				65
1♠	2♦	4SA				65
1♠	2♥					35
1♠	2♥	2♠				62

Eröff 1	Antw 1	Eröff 2	Antw 2	Eröff 3	Antw 3	Seite
1♠	2♥	3♣				63
1♠	2♥	3♦	4♣	4♥	4♠	325
1♠	2♥	3♥				62
1♠	2♥	3♥	4♣			191
1♠	2♥	3♥	4♥			89
1♠	2♥	3♥	4♠			89
1♠	2♥	4♣				62
1♠	2♥	4♣	4♥	p		322
1♠	2♥	4♥	p			63
1♠	2♥	4♥				90
1♠	2♠					28, 46
1♠	2♠	2SA				46, 80
1♠	2♠	2SA	3♣			80f.
1♠	2♠	2SA	3♦	3♥		82
1♠	2♠	2SA	3♦	4SA		82
1♠	2♠	2SA	3♥	4♥		81
1♠	2♠	2SA	3♠			80
1♠	2♠	2SA	3SA			80f.
1♠	2♠	2SA	4♣			80
1♠	2♠	2SA	4♠			80f.
1♠	2♠	3♦				82
1♠	2♠	3♥	4♥			83
1♠	2♠	3♥	4♠			83
1♠	2♠	4♣				47
1♠	2♠	4♠				47
1♠	2SA					29, 45, 48
1♠	2SA	3♦	3♥			83
1♠	2SA	3♦	3♠			83
1♠	2SA	3♥	3SA			84
1♠	2SA	3♥	4♥			84
1♠	2SA	3♠				48
1♠	2SA	4♠				48
1♠	3♣					74
1♠	3♣	3♦				79
1♠	3♦					36
1♠	3♦	3♥				75
1♠	3♥	3SA				76
1♠	3♠					28, 32
1♠	3SA					29
1♠	3SA	4♣				49
1♠	3SA	4♠				49, 79
1♠	3SA	5♦	5♥	5♠		316f.
1♠	3SA	5♦	6♣	7♠		316

Eröff 1	Antw 1	Eröff 2	Antw 2	Eröff 3	Antw 3	Seite
1SA	2♣	2SA	3♠			223
1SA	2♦	2♥	p			225f.
1SA	2♦	2♥	2♠			230
1SA	2♦	2♥	2♠	3♥		230
1SA	2♦	2♥	2♠	4♠		230
1SA	2♦	2♥	2SA			225
1SA	2♦	2♥	3♣	3♦		228, 259
1SA	2♦	2♥	3♣	3♥		228
1SA	2♦	2♥	3♣	3SA		228
1SA	2♦	2♥	3♣	4♣		228
1SA	2♦	2♥	3♦	3♥		229
1SA	2♦	2♥	3♥			226
1SA	2♦	2♥	3SA			225
1SA	2♦	2♥	4♥			226
1SA	2♦	2♥	4SA			225
1SA	2♦	2♥	5SA			225
1SA	2♦	2♥	6SA			225
1SA	2♦	3♥				224
1SA	2♥					224
1SA	2♥	2♠	p			230
1SA	2♥	2♠	2SA	p		225
1SA	2♥	2♠	2SA			227
1SA	2♥	2♠	2SA	3♠		225
1SA	2♥	2♠	2SA	3SA		225
1SA	2♥	2♠	2SA	4♠		225
1SA	2♥	2♠	3♣	3♥		228
1SA	2♥	2♠	3♣	3♠		228
1SA	2♥	2♠	3♣	3♠	4♣	311
1SA	2♥	2♠	3♣	3SA		228
1SA	2♥	2♠	3♦			227
1SA	2♥	2♠	3♥			232
1SA	2♥	2♠	3♥	3♠	4SA	232
1SA	2♥	2♠	3♥	4♠		233
1SA	2♥	2♠	3♠			226
1SA	2♥	2♠	3SA			227
1SA	2♥	2♠	4♦			227
1SA	2♥	2♠	4♥	p		232
1SA	2♥	2♠	4♥			231
1SA	2♥	2♠	4♥	6♥		232
1SA	2♥	2♠	4♠			226
1SA	2♠					234ff.
1SA	2♠	2SA				237
1SA	2♠	2SA	3SA			242

Eröff 1	Antw 1	Eröff 2	Antw 2	Eröff 3	Antw 3	Seite
2♣	2♦	2♥	3♦			265
2♣	2♦	2♥	3♥			265
2♣	2♦	2♥	3SA			265
2♣	2♦	2♥	4♥			265
2♣	2♦	2♠				263f.
2♣	2♦	2♠	2SA			265
2♣	2♦	2♠	3♣			265
2♣	2♦	2♠	3♠			265
2♣	2♦	2♠	3♠	4♣	5♦	325
2♣	2♦	2SA				263f.
2♣	2♦	2SA	3♣			266
2♣	2♦	2SA	3♣	3SA		277
2♣	2♦	2SA	3♦			266
2♣	2♦	2SA	3♥			266
2♣	2♦	2SA	3♠			266
2♣	2♦	2SA	4♣			266
2♣	2♦	2SA	4♦			266
2♣	2♦	3♣				263
2♣	2♦	3♣	3♦	3♥	3♠	267
2♣	2♦	3♦	p			266
2♣	2♦	3♦				263
2♣	2♦	3♦	3♥			266
2♣	2♦	3♦	3♠			266
2♣	2♦	3♦	3SA			266
2♣	2♦	3♦	4♦			266
2♣	2♦	3♥				263
2♣	2♦	3♥	3♠	4♣	4♥	267
2♣	2♦	3♠				263f.
2♣	2♦	3♠	3SA			267
2♣	2♦	3♠	4♣			267
2♣	2♦	3♠	4♠			267
2♣	2♦	3♠	4SA			267
2♣	2♦	3SA				263f.
2♣	2♦	3SA	4♣			268, 277
2♣	2♦	3SA	4♦			268
2♣	2♦	3SA	4♦	6♥	p	268
2♣	2♦	3SA	4♥			268
2♣	2♦	3SA	4♠			268
2♣	2♦	3SA	4SA			268
2♣	2♦	4♥				263f.
2♣	2♦	4♥	4♠			268f.
2♣	2♦	4♥	4SA	p		269
2♣	2♦	4♠	p			277

Eröff 1	Antw 1	Eröff 2	Antw 2	Eröff 3	Antw 3	Seite
2♥	2SA					280
2♥	2SA	3♣	4SA			280
2♥	2SA	3♣				281f.
2♥	2SA	3♦				282
2♥	2SA	3♥				281f.
2♥	2SA	3SA				281f.
2♥	2SA	4♣				281f.
2♥	2SA	4♦				282
2♥	2SA	4♥				281f.
2♥	3♥					280
2♥	3SA					280
2♥	4♥					280
2♥	4SA					280
2♥	5♥					313
2♠	p					281
2♠	2SA					281
2♠	2SA	3♣	3♦			283
2♠	2SA	3♣	3♠			283
2♠	2SA	3♣	4♠			283
2♠	2SA	3♣	4SA			283
2♠	2SA	3♦	3♠	4♥	4SA	283
2♠	2SA	3♠	3SA			283
2♠	2SA	4♦				301
2♠	2SA	4♠				282
2♠	3♠					281
2♠	4♠					281
2SA	p					244
2SA						215
2SA	3♣	3♦				244
2SA	3♣	3♦	3♥			245
2SA	3♣	3♦	3♠			245
2SA	3♣	3♦	3SA			245
2SA	3♣	3♦	4♣			245
2SA	3♣	3♦	4♣	4♦		245
2SA	3♣	3♦	4♣	4SA		245
2SA	3♣	3♦	4♦			245
2SA	3♣	3♦	4SA			245
2SA	3♣	3♥				244
2SA	3♣	3♥	3♠			246
2SA	3♣	3♥	3SA			246
2SA	3♣	3♥	4♣			246
2SA	3♣	3♥	4♦			246
2SA	3♣	3♥	4♦	4SA		261

Eröff 1	Antw 1	Eröff 2	Antw 2	Eröff 3	Antw 3	Seite
2SA	3♠	3SA				255
2SA	3♠	3SA	4♦			256
2SA	3♠	3SA	4♦	4♠		261
2SA	3♠	4♣				255
2SA	3♠	4♣	4♥	4♠	4SA	312
2SA	3♠	4♦				255
2SA	3SA					244, 254, 261
2SA	4♣					254
2SA	4♣	4♦				254f.
2SA	4♣	4♦	4♥	4SA	p	256
2SA	4♣	4♥				254f.
2SA	4♣	4SA				254f.
2SA	4♦					253f.
2SA	4♥					257
2SA	4♠					257
2SA	4SA					244
2SA	5♣					257
2SA	5♦					257
2SA	5SA					244
2SA	6SA					244
2SA	7SA					244
3♣						287, 294
3♣	3♥	3♠				288
3♣	3♥	3SA				288
3♣	3♥	4♦				288
3♣	3♥	4♥				288
3♣	3♠	4♦	4SA	5♥	6♠	288
3♣	4♣					289
3♣	4♦					288
3♣	4♥					288
3♣	4SA					288
3♣	5♣					289
3♦	p					288
3♦	3♥	4♣				301
3♦	3SA					288
3♥						284f., 289, 295
3♥	3SA					291
3♥	4♣					291
3♥	4♥					301
3♥	4SA					291
3♠	p					290
3♠						289f.
3♠	3SA					291